国家出版基金项目
NATIONAL PUBLICATION FOUNDATION

陈　桑
欣　兵　关晓红　主编
於梅舫　著

近代中国国学编年史

第二卷

◎

1909
—
1919

北京师范大学出版集团
BEIJING NORMAL UNIVERSITY PUBLISHING GROUP
北京师范大学出版社

目　录

总序、凡例、总目、索引、参考文献
请扫二维码查看

1909 年（清宣统元年　己酉）

1月12日（戊申年十二月二十一）　爱国女学校刊登招生广告，表明其重设文科，以振兴国学。

广告称：

闻之维持一国之文明，一国之男女咸有责焉。然男子研究名理往往逊于女子，盖女子赋性也静，故其穷理也易，有必然者。吾国近年普通学校日见发皇，而国文程度转形孤陋，有心世道者忧之，于是倡设存古、国粹等学堂，而趋者竟尔寥寥，岂非以世会之所迁移，功名利禄之日趋，迫致此独抱遗经穷年牖下者之所以少欤？然则推本穷源，业端蒙养，此一线文明基础，不责诸国民之母，而谁与责乎？本校教科初分文质两班，文科以国文、史地为主，质科以象数、理化为主。时校生程度尚稚，质科毕业，改文科为普通科，于今三年期满，目睹国学之凌夷，思寄文明于闺阃，重增文科，以符旧制。商之同人，草订规则，约为三部，以文学为主，"六经"大义，百氏奥旨，为学之本源，哲种新理，旁行字书，为文之新得，故并隶之。

又特立女范一门，冠于诸科之首，所以重本也。(《来件·爱国女学校重设文科招生启》,《申报》, 1909年1月12日, 第3张第4版)

1月22日（正月初一） 钱玄同立志要一心治国学，"以为保持种姓"，并劝谕友朋共治国学。

钱玄同记："故今岁以后，当壹志国学，以为保持种姓，拥护民德计。其有余暇，或治他国文字（如印、法、德、英等）。至于当世所谓当行□□之学，一切置之项后矣! ……午后作致景函贺岁，并劝其今后从事国学。"(杨天石主编:《钱玄同日记（整理本）》,北京大学出版社, 2014年, 第145页)

2月8日（正月十八） 御史李灼华提请恢复岁试、科试，认为此乃保存国粹之法。在奏停科举之后有恢复之议，引起舆论哗然，最终被驳复。

李灼华于是日上奏请复岁科两试。原折未见，所奏内容不晓。据《东方杂志》："给事中李灼华奏请复岁科两试。灼华所奏，未知内容若何。就交旨内摘由，称系因国文将废，中学就湮，拟请暂复岁科两试。"(《己酉正月大事记》,《东方杂志》, 1909年第2期)据《申报》："以规复岁科试，为保存国粹之法。"(《论说·敬陈所望于各台谏》,《申报》, 1909年2月16日, 第1张第2版)大体即是欲复岁科两试，以振兴国文、保存国粹。

李灼华上奏复岁科两试的消息很快外露，引起舆论极大关注。

2月13日《申报》北京专电，将打探到的新信息公布："御史李灼华请复岁科试，某军机有准如所请之意，惟不用岁科名目。"(《专电·电二（北京）》,《申报》, 1909年2月13日, 第1张第4版)

《申报》得知此奏或将准，于是连续发声，反对此议。对于李灼华及御史之责，多有评论。称："李灼华何人？曰预备立宪时代之一御史也。李御史之见识如何？曰当第二年筹备时代，尚请复岁科试之见识也。该御史之贤否不必论，智识不必论，而独虑于百度维新，经济竭蹶之顷，尚欲罗掘几许民膏，以供岁科考试。而独惜于变法图强人才消乏之际，尚欲几辈文人，消费精神于蝇头小楷词章帖括之中。余不禁额手贺，贺我政府之得人，而村学究乃得有生路。"（《清谈·李灼华》，《申报》，1909 年 2 月 15 日，第 2 张第 4 版）又称："自摄政王以鼓励言官闻，所谓言官者，遂争自濯磨，交章论事。然或不知大体，或迂腐可嗤，或撷拾似是而非之论，以图表见。于是李灼华则以请复岁科试入奏，某御史则谓宪政筹款，深恐滋事，而请自兴利裕民入手。前者以规复岁科试，为保存国粹之法，一若舍此无所谓国粹，并无所谓保存者。其迂谬不通，适足为台谏耻。后者模棱费解，一若立宪殊可不庸，苟能兴利裕民，不必事宪政之筹备者。其不知宪政为何物，并不知筹备之顺序当如何，尤足为台谏中无意识之特色。要之无论事之价值，而适足以淆朝廷之闻听，用则害政，不用则妄谭。此言官所宜自审也。"（《论说·敬陈所望于各台谏》，《申报》，1909 年 2 月 16 日，第 1 张第 2 版）

之后，学部对于此奏有所讨论，倾向于驳复。据称："李灼华侍御请复岁科两试一折，兹经学部会议，以复开岁科考试，未免有碍学堂定章，且恐全国学子无所适从。爰拟变通办法，饬各学堂一律以经史为主课，将来毕业如不通经史，无论何项科学，何等优长，概不发给毕业文凭。庶于变通科学之中，即寓保存国粹之道。惟兹事关系甚大，尚待磋议，再行覆奏，以昭慎重。"（《学部对于李

侍御请复岁科试之会议》,《华商联合报》, 1909 年第 2 期）据《申报》消息,
学部内不无赞成其说者。据称:"李灼华请复科岁考一折,现闻学
部已议过一次,颇有人赞成其说者。某侍郎尝语人云,余非谓学堂
多流弊,而必欲复科岁考也。第以近来士子之进学堂者,往往但为
求奖之计,且科学种数甚多,于中学实无根底,不数年间,将见国
粹沦亡。若于学堂中变通其法,每次卒业时,令提学使另试中文一
场,视为升降之据,则保存殊属不浅,于学堂师资一事,亦大有裨
益。初不必用科岁试之名云云。大约此事不久即可议决。"《申报》
又称:"又闻学部会议,此事某中堂谓国家设立学堂,原为造就人
才起见,各处学堂虽不能全收实效,然亦颇有进步。若复考试而废
学堂,不独学堂前功尽弃,且与立宪之前途大有妨碍。嗣后应饬令
各学堂,以经史为正科,借保根柢之学。责成各学堂认真办理。"
(《紧要新闻·学部会议请复科岁试纪闻》,《申报》, 1909 年 3 月 4 日, 第 1 张第
4 版)则某中堂之见颇起效力。此中堂或为荣庆。《大公报》记:"闻
荣尚书颇不以此举为然。"(《要闻·□□请复岁科试》,《大公报》, 1909 年
2 月 16 日, 第 4 版)荣庆似对饬各省注重国学,亦有不满。据称:"李
灼华请复岁科试折,学部将缮折驳复,惟请饬各省注重国学。闻荣
相不赞一词。"(《专电·电七(北京)》,《申报》, 1909 年 3 月 4 日, 第 1 张第
4 版)

2 月 20 日（二月初一）　伍达《实行普及教育分期办法》开始
分三期连载,其第五章第五节讨论推广教育实行法之开设国文专修
研究会,提出不论是师范生、中小学毕业生,无论从事何种职业,
都应研习国文国学,因其为根本,并见一国之精神。

伍达, 1880 年生,字博纯,常州阳湖人。20 岁中秀才,尝与蒋

维乔、庄俞、严练如等合请日本教师，听受日语及数理等科学。孜孜于学，编著《最新文法教科书》《乐典问答》，重视教育。1908年，伍达出任武阳（武进、阳湖）劝学所总董。任内全县增设100多所小学，推进了常州的普及教育。时值预备立宪期间，伍达专门撰写《论筹备宪政必以改良教育为起点》，表达改良教育的理念。《实行普及教育分期办法》，为其改良教育理念的一环。

《实行普及教育分期办法》共分叙言及五章正文，第五章《推广教育之实行法》之第五节为《设国文专修科研究会》。提议："各州县中学或高等小学堂内，应附设国文专修科课程。约分两种，甲种为卒业师范中学及曾充教员者人之；乙种为卒业高等小学初等实业等校者人之。须使知吾国经史子集之大要，学术之源流，文章之派别，以能窥见门径，得以随时自修，克求深造为主。至现任教员及其他学有根柢者，应集研究会，定期会晤，相与讨论。在会者倘有叩问，同会诸君必详审答复，以冀交换智识，共成通材。"（伍达：《实行普及教育分期办法》，《直隶教育官报》，1909年第3期）主要原因，既在于师范学生对国学国文未必擅长，故需在普通知识与科学之外，虚心研究国文国学。而卒业于高等小学、初等实业学校者，学习国文亦可使其文理通顺，占据优势。

文内详述其理，谓：

按国学为立国之要素。吾国开化最早，学术之盛，为五洲冠。明末朱之颐入日本，发挥阳明学说，风靡全国，用成倒幕府定宪法之伟功。日本之崛兴，实惟吾国学术之力。日人知之，而吾国转梦梦焉，可痛也。自学堂兴而一般之论者，谓自今以往，中国国学殆将扫地无余。盖以学堂科目繁多，不能专攻文学。其说非不确当，不知吾国自有科举以来，学术久已断丧殆尽。浅者盖误以八股策论为学，而不知八股策论之外，别有所谓学也。试观古今成学之士，大抵鄙视科举，而矻矻焉数年数十年，夙兴夜寐，图求彷徨，始于学术有几何之心得。如谓科举废而学术遂亡，几何不冷天下人之齿也。

惟是今日言普及教育，仅以增长人民普通之智识，而此横绝千古，为一国精神所寄之学术，诚不可不斤斤致意。在负教育之责者，于国学之浅深，关系尤巨焉。师范学校，既不可尽得国文优长之学生，则毕业宜酌量情形，先行专修国文若干时，然后担任教育。其已任学堂教员者，如能不自满假，仍入国文专修科，虚心研究，相期远大，则将来为一己计、为国家计，皆有莫大之利益。至毕业于中学，而不克入高等以上之学校者，亦宜入国文专修科若干时。盖一经入世，即与学问二字日益疏阔。惟中学毕业者，恃有完全普通学，不患应世之无具，然各项科学纯恃精深之学力以运用之，学力不充，则其事业之发展，不能宏远。且一国有一国之特性，我不先具一确乎不拔之识力，则必为输入之新智识占主位，卒之乃非我之运用新智识，而我实为新智识所奴使。于是今日具一见解，明日遇特异之境而易其初衷焉；今日刻苦自励，明日为利欲所袭而行为适反对焉。此所以酿成近今新学界浮嚣之现象，为举世所诟病，而有识者乃痛哭国学之沦亡。虽日日言革新，仍不能免亡国亡种之祸也。

毕业于师范学中学及身任教员诸君，吾何敢谓堂堂中国学有根柢者竟少其人。然学无止境，正惟其学有根柢，而后自知不足。诚能酌量入国文专修科，其于吾国精神上之进步，盖不可以数学计也。至卒业于高等小学初等实业等校，因迫于生计而不能渐进高深，此中之具美材而中辍者，何可胜道。苟能专修国文若干时，则无论投身何种事业，必占优胜位置。即以旧时商界论，文理通顺者，无不为业主所信用。今若于学堂开其智，专修国文以厚其学，积因成果，将来经营实业，必能左右世界。对内则相扶植而不相倾轧，对外则相争胜而不徒为外货之贩奴。郑弦高之却秦师，英人之以公司亡印度，皆实业之关系于国家存亡者也。

至现任教员及毕业于各项学堂，因生计艰难，不得不充任教员者，此时既不能入专修科，即应集一研究会，联合积学之士，虚心研究，互相调剂，共造高深。质言之为昌明国学之导师，广言之，即强种保国之根本。此固轻而易举，不需款，不择地，苟得三数同志，即可实行者也。

要而言之，自今以往，无论曾卒业何项学校，办何种事业，如欲希望成功之伟大，必于吾国数千年来精神所寄之国学，且行且顾，反复而寻绎之，而后中国之所以为中国，乃有发挥光大之一日。若其素无根柢，徒嚣然自夸曰，吾曾修业于某学，卒业于某学，或一二年、或三四年，上焉者喧宾夺主，下焉者既得复失，呜乎！天下岂有研求一科学而谓一二年三四年即可卒其业乎。（日本但言得业而不言卒业，因学业无止境也。）亦自欺而已矣。愿天下人勿以专修国文之说为迂远而不切事情，于研究教育之外必增此项社会也。（伍达：《实行普及教

育分期办法》，《直隶教育官报》1909年第3期）

　　△　陕西巡抚恩寿会同陕甘总督升允上奏请设存古学校，在省城贡院旧址建设，学制大体仿照湖北存古学堂成规，但学习期限先为三年，再推展至四年。

文称：

　　自三代以来，先圣哲王，莫不资经史文学，递相传守，而因文见道，学者赖以严礼义之防。近数十年，欧美列邦，发明新学，由格致以宏启悟，其推广化电声光之用，诚能以实际胜空言。然万国皆各有所长，断未可一意师人而失其故有。所谓两途并进，不可偏废者也。谨案《奏定学堂章程》，自中学以下均注重读经，高等以上复有经科以寓保存国粹之意。关中为两汉经师渊薮，宋元以来尤多守道笃学之士，近来风气渐开，好博矜奇，或吐弃故常，偏重新籍，而学堂分科肆习，钟点有限，于本国经史文学难求深造，自非专心设教，不能致广大而尽精微。查湖北江苏各省，均于高等学堂之外，设立存古学堂，以讲求中学。上年御史李浚奏请敕令各省一体建设存古学堂，用意至为深远。奴才当与司道等悉心筹议，意见相同，现拟就省城贡院旧址，建设存古学校一所，讲求经史词章各学，辅以舆地算术。查有前太常寺少卿高赓恩，宿学耆儒，善人师表，堪以聘为校长。并另延分教数员，以为之助。其学生，则就举贡生员及中学堂毕业生中择尤考取，学额暂定五十名，如多成就，再行扩充。一俟三年毕业，循序而进，推展四年，上之则升入专门大学以蔚通才，次之则养成中学教员以资传习。

其毕业奖励办法，均请仿照湖北学堂奏准章程办理。(《陕西巡抚恩寿奏遵设存古学校折》，《政治官报》，1909 年 2 月 25 日，第 11—12 版)

2 月（一月）　浙江官书局裁撤，官书局总纂姚丙然禀陈学部，拟以官书局场所及经费为基础，改设为浙江存古学堂。

浙江官书局创设于同治六年（1867），由浙江学政吴存义、布政使杨昌浚、按察使王凯泰创议，经巡抚马新贻奏设，藏书家丁丙"襄办书局"。

至是年，浙江官书局裁撤，如何处置官书局遗产成为一大争议。据称，"始则有归并藏书楼之议，继则有将经费分拨补助各学堂之议，终则又有改设图书馆之议。议论纷纷，莫衷一是"。官书局总纂姚丙然主张改设为存古学堂，并禀陈学部。姚氏禀学部文略云："前闻鄂省创设存古学堂，心焉向往。浙省除普通各学堂外，他如师范、法政、铁路、蚕桑、巡警、陆军亦皆次第设立，惟存古尚付阙如。窃思通经所以致用，温故乃能知新。际兹绝续之交，非设立存立学堂，无以植根本，而端趋向。"姚氏所禀存古学堂办法，拟在湖北省章程上，"略事变通，凡中学毕业，而于经史国文分数不足者，须入存古学堂补习后方予奖励。分设经史、掌故、文学等科，延聘绩学之士为教员"。至于场所，即沿用官书局原址，将"其校址设于官书局内，即以现有官书局每年经费八千余元暂作常年开支。如有不敷，再由绅等筹措"。且将官书局所刊旧版书籍，继续经营。"查浙省官书局设立四十年，所刊各种书籍，皆为立国之精神，亦即教育之根本。近以库款支绌，未能扩充，然不板之书，岂能尽废。所有官书局事宜，应即责成办学诸员绅兼管，事属公益，无须另行开支，以节糜费。此诚一举而两得焉。"（《学务·禀陈开办存古学堂》,《申报》，1909年2月5日，第2张第3版）

据《申报》消息，"张相国于创设存古学堂一事最为关心，日前又据浙江编书局总纂姚丙然禀请，速饬举办以存国粹。张相国深以为然，已饬司核议办法，以便通饬各省，遵照举行"。（《紧要新闻·京师近事》,《申报》，1909年2月23日，第1张第5版）

最终此事并未成议。是年3月，浙江巡抚增韫上奏"创建浙江省图书馆归并扩充"，奏将官书局、藏书楼"一并归入图书馆"。（《浙江巡抚增韫奏创建浙江省图书馆归并扩充折（清宣统元年）》,李希泌、张椒华编：《中国古代藏书与近代图书馆史料（春秋至五四前后）》,中华书局，1996年，第148页）准奏之后，于4月拟具《书局书楼归并图书馆行章程》,将官书局并入浙江图书馆，改为浙江图书馆附设官书印售所。

据预备立宪筹备分年事宜，宣统二年（1910）各省应行开设存古学堂，浙江同样在筹备当中。宣统二年浙江全省教育经费中，便已有存古学堂开办经费一项。据报称："浙提学司袁文宗以前奉学部电饬，凡师范普通专门实业各学堂，皆系学务重要之事，与预备立宪尤有关系，业经支前司会同学务公所议绅，暨教育总会、浙江旅沪学会，及两级师范学堂各绅妥筹会议，列表呈请奏咨。本署司伏查表内所开各项，皆关系宪政重要之事。"其中，宣统二年应行筹备经费项下，有"设立省城存古学堂"一项，"存古学堂需开办费一万二千元，常年费一万五千六百三十六元"。（《学务·呈报全省教育经费》,《申报》，1910年5月2日，第1张后幅第3—4版）最终，此事仍未见办成。

3月4日（二月十三）　因李灼华请复岁科两试一折，《申报》刊文辟之。

作者虽对外学兴盛、国学日废的状态深以为忧，然对于"一般迂拘陋儒，揣摩风气，仅持偏义，罔揆大理"，对于因"学堂流弊滋多"而"有以请复科举之说进，请复县试之说进"，大不以为然。文章称："中国中科举之流毒深矣，而自数年以来，一般国民稍有进化之萌芽者，全恃科举废、学堂兴，东西洋输入之学说，以有破其束缚而启其智识。顾种其毒于文章诗赋者，至今犹未尽消融也。"而"今日之学堂，固不能视为有效，然原其所以，腐败之故，一由于师资之不良，一由于课本之未善，一由于阶级之未能划一，一由于管理之未能适宜。顾其目的尚在启发国民之智识、造就国民之资格，强国富家尽基于此，复科举而欲保存汉学者独何欤？……总之若辈智识之浅薄，安足望其高论。而胡言乱道，每足惑人听闻，则遗祸洵非浅鲜。此记者所以不得不辞而辟之。盖学堂办理不善，其弊仅至进步迟缓而止，若一复科举，则其弊有不可胜言者"。（《论说·力辟请复考试之谬妄》，《申报》，1909年3月4日，第1张第3版）

3月7日（二月十六）　时人有感于复科举及批评学堂国文将废之论，刊文从正面建议小学堂应注意国文教育，以培植根基、稳固学堂之地位。

《小学堂急宜注意国文说》指出："近日之訾议学堂者，不曰国文骤废，即曰汉学将湮。尤其甚者，率沾沾以复岁科试为言，而推其所持以立言者，则莫不啧啧于国文之浅薄。"其中，"高等大学之生徒，类皆科举出身之举贡生员，各科学虽未精研，而国文则充乎有余矣"，且尚未毕业，无从考核。中小学堂的毕业生徒，"中学数少，小学数多，即彼等所见之汉学，所指之国文，所谓必须岁科试入泮，始准入学堂者，揣其意，亦目击夫家中之小学生，入学数年，绝无效果，反不如旧日之科举时代，尚得循名，而核其实，遂冒天下之不韪而据以立言欤"。因此，作者尤其关注小学堂教育。称：

> 教育之系统，层累递进。就学问上言之，莫不以小学堂为始基，而于国文一科为尤甚。望枝叶之茂者，必先求其根本之坚；欲水流之广者，必先求其翕受之富。彼云汉学，彼云国粹，彼固等于痴人之说梦耳。国家富强之原，在乎多数一般之国民，而不在少数穷经之学子，居今日而言造就，必先造就切用之人才，使人人有自治力，有爱国心，道德知能，义主普及，固不必沾沾于国粹之研求、汉学之保守。然国文实司修身格致历史地理各科之囊钥者。国文精娴，则各科亦随之以俱进。遍观各国皆授科学，皆设小学堂，何莫非以国文植其基者？我国今日之小学堂，其国文果何如乎？一星期中，教授之时间，不过三十六小时耳，消耗于西文西语者五之一，侵夺于讲经读经者四之一，而被分于修身历史地理格致唱歌体操各科者，且不啻其全数之半。（孚：《论说·小学堂急宜注意国文说》，《申报》，1909年3月7日，第1张第3版）

因此特"贡三策"，分别为：宜屏除西文西语，宜急定经学教科书，宜规复复习旧制。"诚以言语文字，为国民精神所攸寄。"（孚：《论说·小学堂急宜注意国文说》，《申报》，1909年3月11日，第1张第2—3版）

3月中旬（二月下旬）　四川省"拟仿江、鄂两省开办存古学堂，又以经费支绌，暂难议及"。故廖平、范玉宾、彭兰荪"组织一国学研究会"，愿入会者"纷纷不一"。(《国学研究》,《四川官报》,1909 年第 4 册）

先是，1908 年 8 月前后，四川眉州乡绅邹炳琅筹议预备存古学堂，并拟定章程十条，由眉州知州上呈督宪立案。

四川总督赵尔巽批文，以为"查存古学堂，惟鄂省奏设有案。体大用繁，断非一府一州之力所能举"。又"并未经学部核定通行，何能援以为例。前此湖南请设景贤学堂，河南请设尊经学堂，折内均称有仿照湖北存古学之语，先后均经部驳在案"。另外，"该禀称见懿旨有云，专以经史国文为根本，技艺不能可补习等语。又该章程首条称体上谕第七条注重经史国文之意。查兴学以来，懿旨并无此语，亦并无条列之上谕。朝命尊严，岂容臆造，殊属不合"。

至于筹议预备存古学堂，"欲保存国粹，力固根本，所见未尝不是"。然而在现行学堂章程内，实已有在普通知识内保存国粹之意。"本督部堂，已于通饬学务规程内，明白宣示在案。且奏定学堂章程，于中小学堂极重国学，若至大学，则经史文学各有专门，是定章于讲普通科学之中，实寓有保存国粹之意。"

反而预备存古学堂章程，新旧骑墙，不知所从。所谓："该章程既称为预备存古，而又于经史文学各立专门，是于存古之溪径既已不清，而又杂以外国语言文字声光汽化诸学，尤属骑墙之见。来详谓章程十则，核与钦章毫无悖谬，但学堂章程内并无存古学堂章程，未审该州何所依据。"

因此赵尔巽反对设立预备存古学堂，而饬令改建初级师范学堂。称："惟既据详称校地图书经费，均粗有基础，仅可因势利导，建为初级师范学堂，选中学具有根柢之学生，肄习其中，注重中学，即可达保存国粹之宗旨，而固教育之本根，于定章既符，于群情亦顺。实本督部堂所乐观厥成也。仰提学司转饬督同该绅等另行筹议办法，详候核夺，缴章程存。"（《督宪批眉州筹设预备存古学堂章程详请立案文》，《四川官报》，1908 年第 18 册）

至 1909 年 3 月中旬，四川存古学堂因经费不足，暂难议及。故当时乡绅学人廖平、范玉宾、彭兰荪，拟先组织一国学研究会。《四川官报》消息称："昔日本维新，中间经历之时代，有所谓欧化主义，又有所谓保存国粹主义者。为进化必历一定之阶级，不足为异。蜀省开办学堂以来，科学渐臻完备，拟仿江鄂两省开办存古学堂，又以经费支绌，暂难议及。昨闻井研廖君季平、华阳范君玉宾、双流彭君兰荪组织一国学研究会，定期于每周星期三，会地在南区官立小学堂及桂王桥西街太史第，先由赏鉴图书入手，予以门径，俾人易寻。现愿入会者，纷纷不一，其人要以中学略有根柢为限云。"（《国学研究》，《四川官报》，1909 年第 4 册）至是年春，据闻国学研究会已成立。《广益丛报》报道："井研县廖季平君中学根柢颇称纯富，今春间约集华阳范君玉宾、双流彭君兰孙组织国学研究会，每会以星期三日，会地一在省垣南区官定小学堂，一在桂王桥西街太史第，入会以中学有根柢者为合格云。"（《国学研究会成立》，《广益丛报》，1909 年第 5 期）近一月后，四川省城教育总会会员及评议员，"闭会后午后一钟，同人又借会地议开国学会事"。（《本省近事》，《四川官报》，1909 年第 7 册）

3—4 月（闰二月） 广东发布存古学堂招考简章，以"研求古学，永保国粹，养成教材，兼备从政之选为宗旨"。

广东存古学堂发议与江苏存古学堂创议时间大致相当，是张之洞奏设存古学堂，随即入都兼掌学部、推动存古学堂开办的早期呼应者，但其实际举办时间则要晚得多。据《同文沪报》消息："大吏前拟将学海堂或菊坡精舍改设存古学堂，招选生徒肄习中国经史子集，俾期保全国粹。刻已饬由学务公所议定办法，惟此学堂科目年期并无成法可遵，故特札委知县陈大令佩实前赴鄂省调查一切。定于春间举办。"（《决设存古学堂》，《四川教育官报》，1908 年第 3 期）1908 年春，广东存古学堂并未举办。8 月 16 日，陈澧之子陈宗颖致函马贞榆道："前任王学使奉学部饬立存古学堂，即就应元、菊坡两处为校地，发款兴修，延丁伯厚侍读为监督，现已办理就绪，不日即招考开学。"（崔燕南整理：《曹元弼友朋书札》，上海人民出版社，2018 年，第 82 页）显示即将开学。9 月 15 日，《广东存古学堂章程》由广东当地《现世史》半月刊登载。

《广东存古学堂章程》规定"本学堂以专精中学、保全国粹为宗旨"，"以广造教材，并预备升入大学堂经学文学诸科而达于从政为成效"。广东存古学堂"就粤秀山麓菊坡精舍、应元书院旧址修改开办"。学生额数暂定一百八十名，皆不寄宿、不供膳。"每日功课六点钟，七年毕业"。

章程确定了学科分年教法，基本全录自湖北存古学堂章程课表。不同者，在于其根据《奏定学堂章程》"大学堂经学门附理 [学]"，故相关授课内容按照此办法进行。"每星期讲习一二点钟，如《御纂性理精义》《朱子全书》《近思录》《大学衍义》《宋元明学案》等部均须次第点阅"。[①]（《广东存古学堂章程》，《现世史》，1908 年第 7 期）

---

① 所见《现世史》不全，目前 1908 年第 7 期后未见，故此章程并未载完。

至宣统元年（1909）年初，广东提学使发布了存古学堂的招考示谕，并附上简章。示谕宣示宗旨，称：

> 为学本无今古，陆沉聋聩，达识交讯，国粹首应保存，泰远东西，自强所本。方今环球各国，黉校如林。娴技术则不耻相师，爱乡土则溯源文化。是以课程繁赜，而国语尤重于诸科。智巧新奇，而文字独尊夫拉顶，理求其是，新故可与相忘。教所由兴，智体不先德育。况夫冠冕神洲，文明先进，昭垂谟训，同五纬以经天，不废江河，与长流而万古。其书为五洲所矜贵，其学历万祀而常新。道德人伦，方员规矩，声名洋溢，血气尊亲。值群言淆乱之时，必衷诸圣，作吾道干城之寄，有待传人者乎。

并"预定仲春试期"，优选"读书之种子"，以"广培国学之良师"，"道因存而不坠，学与古而为新"。规定"所有堂内章程，悉仿鄂中"。科目"旧新相配，不惟邃密加商，性质与师范差同，免行束脩"，"深造逢原，备选科之大学"。

附列招考简章。规定："一宗旨。本堂以研求古学，永保国粹，养成教材，兼备从政之选为宗旨。二校地。暂就省垣粤秀山麓应元书院、菊坡精舍旧址修改开办。三名额。暂定一百八十人，分为三班。四学科。照鄂章以经史词章为主课，诸子地理算学外史法政实业专门为通习课，酌增理学一门，附入经学之内。五考选。以举贡生员及高等小学毕业生为合格，此外如有文理优胜、年在二十以上、性气驯良、不染嗜好者，亦予一体收考。由各地方官暨素有名望之正绅，查明保送，限正月二十日起二月初十日止在本堂报名填册。六规则。悉照《奏定学堂章程管理通则》办理。惟不给膳、不住宿，一学期后如有屡列上考、品业兼优者，酌予膳资，以示尤异。七奖励。照鄂章七年毕业，准照高等学堂奏请奖励，并送入京师大学肆业，储为各师范各普通中学高等学大学等学堂文学之专师。八附设校外生。”（《广东提学使开办存古学堂招考示（附简章）》，《政治官报》，1909年4月10日，第21—22版）

4月15日（闰二月二十五）　两江总督端方批准民立通州师范学校创始人张謇之咨请，通饬江苏各州县选派学生投考张謇所开国文专修科，以为可以在保存国粹之中，仍寓物竞天择之意。

端方札饬各州县：

> 教育贵乎救偏，文字期于应用。我国自科举停废，士竞科学，熏染欧化，弁髦国文，晋宋不知，乌焉误写，求一普通书记之才，绝不可得，诚有如张绅所称者。而旧时承学之士，则又媚古过深，矫枉过正。视鞶帨为布帛，比蘅芷于稻粱，往往目营九流，而技穷一牍，壮夫羞语，扬子所以喟然何必读书，季路因而发愤。张绅有鉴于此，特设国文专修科以救学堂之荒陋，又于学科内标明宗旨，注重办事以矫文士之浮夸，于保存国粹之中，仍寓竞存天演之意。又恐考选学生限于通州，范围太隘，拟请通饬各州县，送生投考，以期普及。用意周详，宅心公普，深堪佩仰。自应按照来咨，通饬江苏全省各州县，每州县按章挑送合格学生一名，如期投考。如有学生自费不足者，应由该州县官酌量拨助学资，分任艰难，共襄美盛。（《学

务·国文专修科之开幕》,《申报》, 1909年4月16日, 第2张第3版）

5月15日（三月二十六） 时人论存古学堂改良之难。

自1908年11月, 光绪与慈禧相继过世, 溥仪继位, 摄政王载沣监国, 袁世凯等汉族大臣暂时失势。载沣对之前各项政事皆有更张。对于存古学堂, 则召集枢臣, 筹议改良。当时传闻："学部堂宪以各省设立存古学堂, 原为保存经学国粹起见, 惟恐持之过当, 以致沾染迂陋腐败之习, 于新学隐相反对, 殊为学务前途之障碍。现议由部拟定完善章程, 颁行各省以便遵照。"（《紧要新闻·京师近事》,《申报》, 1909年4月15日, 第1张第6版）

针对此议, 时人多有讨论。是日,《申报》刊载《论存古学堂改良之难》。大旨以为, 古学不明, 非因今日新学之冲击, 乃由于科举功利之积弊, 迂腐庸陋已成心习, 而心习既深, 更之则极难。"于是古学之真相, 渐渐澌灭以尽, 而惟古学之名号, 存留于天壤之间。一二儒冠儒服者流, 窃其名号, 守之弗失, 犹兢兢焉自谓一脉之传。读书则不能明理, 学古而不知通今, 迂腐庸陋, 讹以传讹。"

对于"摄政王前日召见枢臣, 特命通谕各省, 设法改良, 以期免去此弊"以为切要之图,"第其事则有难言者耳"。原因在于, 存古学堂之设, 本出于新学日盛、惧古学之不存, 以资补救。然"我国所谓学者", 未尝知礼教古学之本, 又"多从科举中来, 沾沾于章句之末。稍有余暇, 则借古学之名号, 以为旁通之径、敲门之砖, 学不足以专家, 文不足以眩众, 盖古学之亡已数百年于兹。不俟新学日盛, 始皇皇焉有夺席之虑矣"。既不知古学之真, 保存古学,

"不过穷年累月，钻研故纸而止"，"无人能探其本而达其用"，又不能"会各国之通"，探学术之本。而主持存古学堂之人，"非雍容翰苑之文才，即科举时代之老宿。其深入心坎者，不外汉宋门户、骈体古文之等。一般学子，圭臬奉之，寝馈依之，几若舍此别无所谓学、更无所谓文。是导而入于迂腐庸陋之途也。以导人入于迂腐庸陋之人，责以改良迂腐庸陋之弊，其能有效与否？"故以为："我国古学之亡，或不在新学之输入，而反在号称保存古学之人。"（西禅：《论说·论存古学堂改良之难》，《申报》，1909 年 5 月 15 日，第 1 张第 3 版）

5 月 22 日（四月初四）《申报》得知消息，政务处拟将翰林院改为国学馆，编检以下职务皆改作编修官，以编撰高等、中等、初等程度的历史、国文、伦理教科书。

之前，内阁侍读学士延昌与邮传部左参议李稷勋先后奏请变通翰林院官制。5 月 11 日，政务处奉旨会商此事。稍后，《申报》得到消息，表示对于此事，"前已广征说帖，妥议办法。闻各大臣之意，则以该衙门与政学两界关系均浅，似宜裁撤。惟闲员过多，无可位置，拟将该衙门改作国学馆，自编检以下，均改作编修官，编纂高等、中等、初等历史、国文、伦理教科书，编成后发交学部详细审定，作为高等中小各学堂课本。特未知翰院闲曹能胜编纂课本之任否耳"。（《紧要新闻·京师近事》，《申报》，1909 年 5 月 22 日，第 1 张第 5 版）

5 月（三月中旬—四月中旬） 刘师培第三次上书端方，建议在南京朝天宫设立"两江存古学堂"，培训国学教员。

刘函称：

是则守礼即所以保邦，为学首基于植本。自外域之学，输入中土，浅识之士，昧其实而震其名，既见彼学足以致富强，遂诮国学为无用。端倪虽微，隐忧实巨。道衰学敝，职是之由。伏读叠次兴学谕旨，并学部奏定各章，于尊孔爱国诸大端，谆谆致意；而读经、修身、国文、中史诸科，定为必要科目。乃数年以来，学校林立。公立、私立各校，固多遵守定章，然阳奉阴违、视若具文者，亦所在多有。国学教师，恒以乡曲陋儒，滥竽伺选。后生小子，入学肄业，于经史巨谊，浅尝辄止。读经则潜缩时间，作文则日趋浅率。甚至年逾弱冠，竣业有期，西文、数学，程度甚优，而读书未知句度，书字未识偏旁。倘使举世风靡，相沿莫返，恐数载而降，校舍日益，而教授国学之员，猝不易得。此则今日所当深虑者也。

或谓居今之世，学崇实用。成编所载，用以施治，未必悉适于今。不知泰西各邦，学士大夫，敦崇考古。埃及残碑，希腊诗曲，均参互考验，递相阐明。则察来之用，首恃藏往。若侈陈通今，罔知鉴古，本实先拨，用于何有？况中国学术，兴于三代以前。圣贤懿训，固炳若日星，足俟百世而不惑。即六书雅故，九流绪言，亦赓续相延，篇目均较然可按。至于国朝，士崇稽古。魁儒大师，纂述尤盛。上者足以训俗，次者亦有裨博闻。试观日本维新，尊王大义，窃取《春秋》；侠义之士，身所执持，不外宋、明儒术。此又中国学术足以效用之证也。

且近年以来，欧、美诸国，竞治泰东古学。都会各书馆，恒远致汉文典籍。断碣残碑，珍袭备至。而日本大学，亦列汉学为专门。使中国士风，长此僿陋，非惟自丧其所守，且将贻诹于邻封。加以青年失学，士习日漓。或留学外邦，侈为忘本之谈；弁髦道德，蔑侮圣贤；故书雅记，弃若糟粕，排摈翦刈，靡所不用其极；邪说蔓延，固知所届。又或稍窥故编，昧于择别，援饰前言，穿凿附会，妄歧种界，撼国本而基内忧。思乱之徒，遂得资彼片言，荧惑民庶。是则学术不正，下之则为人心之蠹，上之则贻宗社之忧。欲祛其弊，必自振兴国学始。

伏念两江所辖，地大物博。自明公莅治以来，学风移易，均知崇实黜虚。复创设图书馆，以冀保存典籍。惟国学一科，尚缺专门学校。查湖北、苏州，创设存古学堂，均经奉旨允准在案。窃以宁垣之地，亦可仿彼成例，奏设两江存古学堂，暂以城西朝天宫为校址，广延绩学之士，分任教师。肄业之生，限以八十人，均以学有根柢、敦品励行者为合格。所授学科，略仿湖北定章。复将教师所编讲义，月刊成册，颁发所属各州县，使官立、民立各校，奉为参考之资，以矫孤陋寡闻之习。至学生毕业之期，限以三载，俾得各出其所习，施教于其乡，以膺国学教员之任。庶尊孔爱国之词，克以实践；即正人心、息邪说之功，胥于是乎在。（〔清〕刘师培著、万仕国点校：《仪征刘申叔遗书》，广陵书社，2014 年，第 5123—5124 页）

△　有消息称，开办分科大学后，经、文两科学生由存古学堂毕业生升入。

《申报》称："分科大学经、文两科学生，闻将来开办时，拟令存古学堂毕业生升入。不识确否？"（《紧要新闻·京师近事》，《申报》，1909年5月9日，第1张第5版）此消息恐非空穴来风，而系事出有因。陈衍尝建议初掌学部时的张之洞将存古学堂"推广各省。省设一区。所以存中国学问于万一。上备大学文科、经科学子之选。下储伦理、国文、史学、舆地教授之材。所操甚约。而收效甚大也"。（《与唐春卿尚书论存古学堂书》，陈衍撰、陈步编：《陈石遗集》，福建人民出版社，2001年，第492页）此即存古学堂存书种之意。

7月上旬（五月下旬） 湖北职绅黄学琨组织经学会，旨在保存国粹，鄂督拨款提倡。

据称："湖北职绅黄学琨等现组织一经学会，专为保存国粹起见，惟经费无着，因特禀请鄂督在学款项下拨给以维学务。"经鄂督批云："该绅等因新学日昌、经学无人讲求，特鸠集同志组织经学会以保存国粹，殊堪嘉许，自除饬司在学款项下每年给助经费洋二百元外，并由本部堂给发开办经费一百元，以示提倡。"（《鄂督资助经学会经费》，上海《大同报》，1909年第8卷第24期）

7月23日（六月初七） 山东巡抚袁树勋奏设停办传习所，改设完全初级师范学堂，拟略改成章，前两年授课内容以经学、国学为主。

此奏为《山东巡远袁树勋奏衍圣公孔令贻请领御书匾额据情代奏折》的附片。片内文字据署提学使罗正钧所详称，初师级范学堂"照章原应每一州县设立一所"，山东"前为急求师资，仅饬各属赶办传习所及简易各科"。学期较短，选材授课缺点不少，故培养的师资往往不能胜任，有启人轻视学务之心。间有郡县设置初级师范学堂，功课内容也未能尽合办法，因此急需整顿。故根据学部奏准《各项学堂招考限制章程》，停办省内的传习所，将所有经费合并一府或二府，开办初级完全师范学堂。"先就十府三直隶州开办完全师范学堂，名额至少以六十人为率。"

按照章程，完全初级师范学堂一律以五年为毕业期限。奏折内对此五年的学课略有申说："惟各国教育宗旨，于其本国文字特为注重，即研究各项学科，亦必从本国文字入手。师范为教育根基，尤宜慎之于始。""拟于前二学年将理化、博物两科时间量加入经学国文，视为主课，至后三学年仍将所移之时间一复其故，以资补习。似此变通移配，既于研究国学大有裨益。"强调国文国学的根基。（《山东巡抚袁树勋奏衍圣公孔令贻请领御书匾额据情代奏折》，《政治官报》，1909 年 7 月 28 日，第 11—12 版）

7月25日（六月初九）　两江总督端方会同江苏巡抚瑞澂奏请将江阴南菁高等学堂（以下简称"南菁"）改为文科高等学堂，以此沟通中西文学，谓于国学前途大有裨益，隐约有取代存古学堂之意。

早在 1906 年，南菁改设文科高等学校已有计划。张謇尝于光绪三十二年（1906）冬代表江苏教育总会致函两江总督、江苏巡抚、江苏提学使，详细交代南菁改章的缘起与宗旨："南菁性质本与文科为近，且近来新学大昌，非中学稍有根抵，亦必无以为吸受之具，若坐视荒废，十数年后恐此等教习，亦将如晨星硕果，有斯文将坠之惧。不如将南菁改为文科高等学校，其工农医法理各科，则分设宁苏沪等处，因地择人，而支配之。""并拟请缪绅荃孙主持校务，而辅之以马绅良担任教科，庶于校务大有裨益。"（《江苏教育总会拟请将南菁高等学堂改为文科高等学校上督抚帅及提学使书》，《申报》1906 年 12 月 30 日，第 4 版）由此可见，其宗旨正在注意中学。

　　然南菁改设文科高等学校（即文科高等学堂）之议，并未得到江苏巡抚陈启泰的支持。与南菁竞争者，为江苏存古学堂。虽然，南菁改设文科高等学堂之议，早于江苏存古学堂的筹议，然而江苏存古学堂的方案最终得到陈启泰的大力支持，文科高等学堂的筹设则进展较缓，远落后于江苏存古学堂。

　　至1909年6月21日，陈启泰因病出缺，由江苏布政使瑞澂升任江苏巡抚。南菁改设文科高等学堂的障碍消失，江苏教育总会随即大力推动此事。

　　江苏教育总会设立文科高等学堂的建议，在此之前已一定程度得到两江总督端方的支持。江苏教育总会在与江苏存古学堂竞争时，尝寻求端方的支持，端方的回函称："盖今日之学堂，办理尚未完全，人才致难成就，此中关系至为紧要。苏省高等学堂既有基础，于全省学子高等学业所关尤重，不及此时增筹经费，使学科仪器概臻完备，将来毕业程度必不能齐，升入京师大学者必致寥寥。蒋编修谓影响及于全省学界者甚巨，所见远到，敬佩无量。"（《本埠新闻·江督复江苏教育总会函（为苏省游学预备科改办存古学堂事）》，《申报》，1908年2月22日，第3张第2版）而对于江苏存古学堂，言下则颇有一些保留。但当时的端方，碍于江苏巡抚陈启泰，声称最终决定仍需陈启泰作出。

　　故是日端方奏南菁改设文科高等学堂请予立案，便成为自然之举。其奏称：

　　　　窃于光绪三十三年七月准学部咨开据江苏教育总会函称"南菁高等学堂程度既不符合，改为优级师范，于苏省情形经费地势均不相宜，仍请改办文科高等，请饬司就近考查详细情形，酌拟办法"等情。当经饬。据前江苏提学使毛庆蕃详称，遵往江阴详加履勘，并集深通中西教育员绅一再筹议，佥谓宁苏省会早设师范，各府直隶州亦多分设，目前办法仍拟设文科高等，其学科遵照奏定章程高等学堂第一类课程。法文德文，暂请缓设；军政学一门，则陆军已有专门学堂，毋庸兼设。学科既稍有减省，所习各科必可深造，详请核办等情具详。前来奴才查江苏教育总会会长、学部头等咨议官张謇等原拟江阴南菁高等学堂改设文科高等学堂，办法系依据高等学校第一类，并文科大学之主要科目参酌配置，以保存国粹；并沟通中西文学途径，养成完全文学家，发挥各科学之义蕴，俾国学日有进步为宗旨，实能洞明学理，造就通才。据开科目名额班次，及招录生徒、添修校舍各事宜，亦均条理秩然，可资采用。现在京师开办分科大学，文科高等即为升入文科大学之预备，亟应厘定名目，次第图成。合无仰恳天恩，俯准将江阴南菁学堂改设文科高等学堂，敕部立案，实于国学前途大有裨益。（《两江总督端方奏江阴南菁学堂改设文科高等学堂请立案折》，《政治官报》，1909 年 7 月 29 日，第 14—15 版）

自此，文科高等学堂得以立案，其教学内容又以国文为主，对于保存国学大有关系，与江苏存古学堂形成直接竞争。然文科高等学堂并未得到端方的持续支持，上奏的同时，端方即升任直隶总督，由两广总督张人骏接任两江总督。

1909 年 10 月底，江苏教育总会在提交江苏咨议局第一届常年

会审议的"本省教育费案"中关于"苏属者"提出，江苏存古学堂
"宜移江阴，使南菁校舍不至虚设"。(《各省开办咨议局·江苏咨议局议
案》，《申报》，1909年10月30日，第3张第2版) 张謇等人的原意，在于
借两江总督奏设将南菁改设文科高等学堂之东风，一并将江苏存古
学堂归入南菁，以获取更多经费，促成文科高等学堂成立。然此事
并未成议。11月20日，咨议局议场宣布丁祖荫所提"宁苏合办女子
师范学堂请就南菁学堂改设案，全体赞成，即行呈报改设"。(《紧要
新闻二·江苏咨议局初八日议场纪事》，《申报》，1909年11月22日，第2张第
2版)《申报》之后似获得了该议场的速记稿，故又对此事作了更为
详细的报道。报道称当时宣布丁祖荫、金祖泽提议"宁苏合办女子
师范学堂请就南菁学堂改设案"时，"议长问此案有赞成者，即可表
决，赞成者甚多"。当时只有一位议员提到，南菁已有改办文科高等
学堂之议，五十四号议员问，"前教育总会曾请将南菁学堂改办文科
高等学堂，后又有存古学堂归入之说，均有案否？"张謇既为江苏
教育总会的会长，系南菁改设文科高等学堂的推动者，又是咨议局
议长，回答道："已有案。昔由教育总会呈请改办文科后，拟将存古
移去，当时曾有文科可包存古，存古不可包文科，故已经宣布，藩
司承认联合苏藩、皖藩、赣藩匀筹每年二万两，作为经费，故现在
须研究事理当作如何办法。"议员们对于文科高等学堂似并不注意，
支持改办为宁苏女子师范者更众。一百二号议员称："南菁学堂有
校舍有经费，而无所用，改办女学，亦甚相宜。"五十七号议员称：
"南菁学堂改议甚多，但工科则产物不多，商科则商务不盛，文科则
非急务，无已则农科稍近，而设置不易。今女子师范为江苏最要之
校，又其地势风俗，比沪宁苏三处为胜，一万四千之常年款，亦可

敷用，故以改办女子师范为切近，又最相宜。"七十一号议员也附议："女子师范为教育事最为重要，似比各科专门为急，应即改设。"最后议长请赞成改设女子师范学校者起立表决，多数赞成。(《专件·江苏咨议局议场速记录》，《申报》，1909 年 11 月 26 日，第 4 张第 2—3 版)最后宁苏合办女子师范学堂成为"决议案"之一。

同日，宣布议员屠宽补议江苏教育事宜案交学务审查会。(《紧要新闻二·江苏咨议局初八日议场纪事》，《申报》，1909 年 11 月 22 日，第 2 张第 2 版)谓："本省教育事业应行研究者甚多，除江苏教育总会请议案中已具之各条件外，谨再补述七事。"包括应筹设、应裁撤、应推广、应补助学堂各条，应裁撤者仅列一条，即是存古学堂。屠氏略说理由为："中小学堂既有读经一科，识其粗浅，京师复有经科大学，究其精微。存古之设，实为赘疣。"(《各省开办咨议局·江苏议员屠宽请补议江苏教育事宜案》，《申报》1909 年 11 月 27 日，第 3 张第 2 版)此事背后，存古学堂实有占先一步。学部预备立宪分年筹备事宜中，存古学堂与女子师范都是宣统二年（1910）应行之事。此时存古学堂已经开办，女子师范便成为应行开办的首务，即相比于"文科"，成为更"重要"的急务。然而开办女子师范虽为急务，南菁改设文科高等学堂亦非毫无转机。原因在于，女子师范合办有其必要，但未必一定要取南菁之地。

宁苏合办女子师范成为决议案后，按照程序，两江总督开札学司，开具清折呈送。学司回复为："南菁学堂，初议设师范，教育总会嗣复议改文科高等。近又因中学毕业人数太少，未能遽办文科高等正科，拟先从中学办起，俟中学学生足敷升学，再行停办中学、专办高等。此案业经先后奏咨，事已定议，未便再改他项学堂。"事实上反驳了移用南菁校址与经费开办宁苏合办女子师范之决议，支持南菁继续改革为文科高等学堂。对于合办女子师范，则另筹办法："惟女子师范本为学部预备立宪第二年即须筹备之事，现在宁垣如官立粹敏女学堂、江南女子学校、公立毓秀女学，均设有师范一班，并有公立女子初级师范学堂一所。……是女子师范宁垣虽尚未完备，业已粗具规模。"故拟"就宁垣现有之官立粹敏等校合并数堂款项，办一完全女子师范学堂，宁苏通力合作，以期有成。应由宁苏两学司会同两藩司，妥商办理此案，应交咨议局复议"。当时"会集学务公所议绅，暨办事各员绅，就公所宣示会议，佥以南菁僻在江阴，交通不便，以之改设女子师范，女学难期发达。似不如两属合筹经费，另择适中之地建设为正办"。（《学务·宁苏女子师范决定合办》，《申报》，1910年3月26日，第1张后幅第3版）

　　1910年2月11日与3月5日，两江总督与江苏巡抚分别札咨议局，复议南菁改设及宁苏合办女子师范事，前者因已有成案，不再复议。后者成为复议议案。（《要件·复议宁苏合办女子师范请就南菁学堂改设一案》，《申报》，1910年5月3日，第2张后幅第2版）1910年4月21日，江苏咨议局第二次议事，其中一项为"复议宁苏合办女子师范请就南菁学堂改设案。"（《江苏咨议局第二次议事日表》，《申报》，1910年4月22日，第1张后幅第3版）最终，咨议局公议，以为拆原先之女校、合其经费，对于先前女学破坏太多，非教育必求普及之旨，建议"宁垣汉西门内，已有前督部堂端购定之地一百六十亩，专备建筑女子师范学校之用，可以作为基础，仍以从新缔造为宜。若实有为难，或就官款最多之一校改设之。本校师范班生，固可入完全之新校。其余各班生，亦可转入本城同等之校。不得已而思其次，尚为较便理合"。(《要件·复议宁苏合办女子师范请就南菁学堂改设一案》,《申报》,1910年5月3日,第2张后幅第2版)两江总督、江苏巡抚相应札复,有藩司、学司照议会商妥办。(《要件·江督札复宁苏合办女子师范就南菁学堂改设案》,《申报》,1910年5月4日,第2张后幅第2版;《要件·苏抚札复宁苏合办女子师范就南菁学堂改设案》,《申报》,1910年5月17日,第2张后幅第2版)

因此,南菁改设文科高等学堂便成为定案,江苏存古学堂地位更加岌岌可危。即是在此次咨议局常年会上,决议通过了"宣统三年地方行政经费预算案",删去了江苏存古学堂预算经费项目。对此的说明是:"因高等学堂第一类本注重文科,南菁又定文科高等,均已注重国粹。此项经费,自可移缓就急。原有学生,可察其程度及志愿分别移送。"(《专件·江苏苏属试办宣统三年地方行政经费预算册》,《申报》,1910年11月26日,第2张后幅第2版)

8月7日(六月二十二)　时人感于韩人传播孔子之道,强调孔学应振,国学亟须保存。

其言称:"有志之士,惕乎西学之寝盛、孔学之日微,乃日日提倡国学,竞言保存国粹,亦既异口而同声矣。然起视各学校,于国学一门,则有退步而无进步。中等以上之学校,招考学生,每叹小学升送之学生,其国文恒不及私塾投考者之顺适,识者引为大戚。今观某西报载韩人以近来基督教传布日广,为韩国教育前途之障碍,爰组织一会,名曰大韩会,以传播孔子之道为宗旨,冀借孔教以驱除他教云云。呜呼,韩人保卫孔教之热心犹如是,使我中国而不能自保其孔教,直韩人之不若。虽然,孔教云者,非仅仅设一会、立一名目所能保卫者也。"(《清谈·韩人犹不忘孔子》,《申报》,1909年8月7日,第2张第4版)

9月9日（七月二十五） 学部上奏筹设京师图书馆，以"保固有之国粹，而进以世界之知识"。

早在1896年，李端棻上奏推广学校即主张"自京师及十八行省省会，咸设大书楼"，以与推广学校相配合，增广中西学说。（《李侍郎端棻请推广学校折》，《时务报》，1896年9月27日，第6册）由此他也成为了推行设立公共藏书楼的先行者。1906年，学部参事罗振玉在《教育世界》提出在京师创设图书馆的私议，称："保固有之国粹，而进以世界之知识，一举而二善备者，莫如设图书馆。方今欧美日本各邦，图书馆之增设，与文明之进步相追逐，而中国则尚阒然无闻焉。鄙意此事亟应由学部倡率，先规画京师之图书馆，而推之各省会。"并将创设京师图书馆的办法一一罗列，包括择地建筑、赐书以立其基、开民间献书之路、征取各省志书及古金刻石、设置写官、采访外国图书等条例。（罗振玉：《京师创设图书馆私议》，《教育世界》，1906年第14期）

随后各省陆续筹设创立图书馆。宣统元年（1909），翰林院庶吉士范溶禀设图书馆一案，由四川提学使司批复称："我国图书馆肇自湖南、江苏，而直隶、河南、湖北、陕西、黑龙江诸省学务公所，相继建设。"各省皆以保存国学、输入文明为创设图书馆之一大缘起。此批复中即称："国学之当保存。"（《翰林院庶吉士范溶禀设图书馆一案》，《四川教育官报》，1909年第3期）如浙江图书馆创设之奏折，亦称："际兹风会大通，智能日出，非保存国粹无以扶植人伦，非输进文明无以博通事理。"（《学务·浙省创建图书馆办法》，《申报》，1909年4月25日，第2张第3版）

1909年4月18日，学部将"分年筹备事宜"上奏朝廷，表示在"宣统元年（预备立宪第二年）"，应行"颁布图书馆章程"，"京师开办图书馆（附古物保存会）"。在"宣统二年（预备立宪第三年）"，应行"各省一律开办图书馆"。（《奏分年筹备事宜折》，《学部官报》，1909 年第 85 期）

之后，学部上奏"筹建京师图书馆"，称："本年闰二月臣部奏陈预备立宪分年筹备事宜，本年应行筹备者，有在京师开设图书馆一条。奏蒙允准，钦遵在案。自应即时修建馆舍，搜求图书，俾承学之士得以观览。"交代上奏之缘起。又述京师图书馆创设之要因与前缘：

> 惟是图书馆为学术之渊薮，京师尤系天下观听，规模必求宏远，搜罗必极精详，庶足以供多士之研求，昭同文之盛治。我国家稽古右文，远迈前代。圣宗［祖］仁皇帝，世宗宪皇帝，临雍讲学，特颁图籍，藏之成均。高祖［宗］纯皇帝开四库之馆，荟萃载籍，建阁储藏，著录之数，综十六万八千册。又于热河及镇江扬州杭州等处，并建藏书之阁，颁给四库全书各一分。士子就阁读书，得以传写，所以嘉惠艺林，启牖后学者，至周至渥。嗣后东南三阁，悉烬于兵。私家藏书，往往流播海外。近年各省疆臣，间有创建图书馆，购求遗帙以供众览者。江宁省城经调任督臣端方首创盛举，不惜巨款，购置杭州丁氏八千卷楼藏书，存储其中，卷帙既为宏富，其中尤多善本。并购得湖州姚氏、扬州徐氏藏书数千卷，运寄京师，以供学部储藏。并允仍向外省广为劝导搜采。兹者京师创建图书馆，实为全国儒林冠冕，尤当旁搜博采，以保国粹而惠士林。

无如近来经籍散佚，征取良难，部款支绌，搜求不易。且士子近时风尚，率趋捷径，罕重国文，于是秘籍善本多为海外重价钩致，捆载以去。若不设法搜罗宝存，数年之后，中国将求一刊本经史子集而不可得。

建设图书馆，有内外之别。内为图书之征集，称："窃查中秘之书，内府陪都而外，惟热河文津阁所藏尚未遗失。近年曾经热河正总管世纲、副总管英麟查点一次，与避暑山庄各殿座陈设书籍一并查明开单具奏在案。拟恳圣恩俯准，将文津阁《四库全书》并避暑山庄各殿座陈设书籍一并赏交臣部祗领，敬谨建馆存储。庶使嗜奇好学之士，得窥石室金匮之藏，实于兴学育才大有裨助。"外为图书馆之建筑，称："至建设图书馆地址，必须近水远市，方无意外之虞。前经臣等于内城地面相度勘寻，惟德胜门内之净业湖与湖之南北一带，水木清旷，迥隔嚣尘，以之修建图书馆，最为相宜，尤足以昭稳慎。拟于湖之中央，分建四楼，以藏《四库全书》及宋元精椠；另在湖之南北岸，就汇通祠地方，并另购民房添筑书库二所，收储官私刻本；海外图书，勿庸建造楼房，以节经费。其士人阅书之室、馆员办事之处，亦审度地势，同时兴修。"此奏附片，奏请"饬内阁翰林院所藏书籍移送图书馆储藏。"

又附奏派缪荃孙等人充任图书馆监督等职。奏称"图书馆开办之初，事务较烦，应派专员经理其事"。故奏请派翰林院编修缪荃孙任京师图书馆监督，国子丞徐坊任副监督，总务司郎中杨熊祥为提调。（《奏筹建京师图书馆折》，《学部官报》，1909 年第 100 期）

1910 年 1 月 27 日，学部根据"分年筹备事宜"，宣统元年

（1909）应行确立图书馆章程，又"图书馆之设，所以保存国粹，造就通才，创办伊始，头绪纷繁，非有整齐划一之规，未由植初基而裨文治"。故上奏拟定章程二十条。

第一条　图书馆之设，所以保存国粹，造就通才，以备硕学专家研究学艺，学生士人检阅考证之用，以广征博采，供人浏览为宗旨。

第二条　京师及各直省省治，应先设图书馆一所。各府厅州县治，应各依筹备年限以次设立。

第三条　京师所设图书馆定名为京师图书馆。各省治所设者名曰某省图书馆，各府厅州县治所设者曰某府厅州县图书馆。

第四条　图书馆地址以远市避嚣为合宜，建筑则取朴实谨严，不得务为美观。室内受光通气，尤当考究合度，豫防潮湿霉蚀之弊。

第五条　图书馆应设藏书室、阅书室、办事室。

第六条　图书馆应设监督一员，提调一员。（京师图籍浩繁，得酌量添设以资助理。）其余各员，量事之繁简，酌量设置。京师图书馆呈由学部核定，各省图书馆呈由提学使司转详督抚核定，各府厅州县治图书馆呈由提学使司核定。（各省治暨各府厅州县治图书馆事务较简，图籍较少，只设管理一人，或由劝学所总董学堂监督堂长兼充。）

第七条　图书馆收藏图籍，分为两类，一为保存之类，一为观览之类。

第八条　凡内府秘笈、海内孤本、宋元旧椠、精钞之本，皆在应保存之类。保存图书，别藏一室。由馆每月择定时期，另备券据，以便学人展视。如有发明学术，堪资考订者，由图书馆影写刊印钞录，编入观览之类，供人随意浏览。

第九条　凡中国官私通行图书、海外各国图书，皆为观览之类。观览图书，任人领取翻阅，惟不得污损剪裁及携出馆外。

第十条　中国图书凡四库已经著录及四库未经采入者，及乾隆以后所出官私图籍，均应随时采集收藏。其有私家收藏旧椠精钞，亦应随时假钞，以期完备。惟近时私家著述，有奉旨禁行及宗旨悖谬者，一概不得采入。

第十一条　海外各国图书，凡关系政治学艺者，均应随时搜采，渐期完备。惟宗旨学说偏驳不纯者，不得采入。

第十二条　京师暨各省图书馆，得附设排印所、刊印所，如有收藏秘笈孤本，应随时仿刊印行或排印发行，以广流传。

第十三条　京师图书馆书籍钤用学部图书之印。各省图书馆书籍由提学使钤印。各府厅州县图书馆书籍由各府厅州县钤印。无论为保存之类、观览之类，概不得以公文调取，致有损坏遗失之弊。

第十四条　图书馆每年开馆闭馆时刻，收发书籍、接待士人各项细则，应由馆随时详拟。京师图书馆呈请学部核定，各省图书馆暨各府厅州县图书馆呈请提学使司核定。

第十五条　图书馆管理员均应访求遗书及版本，由馆员随时购买，以广搜罗。惟须公平给价，不得借端强索，其私家世守不愿出售者，亦应妥为借出，分别刷印影钞过录，以广流传。原书必应发还，不得损污勒索。

第十六条　海内藏书之家，愿将所藏秘籍，暂附馆中，扩人闻见者，由馆发给印照，将卷册数目钞刻款式收藏印记，一一备载，领回之日凭照发书。管理各员，尤当加意保护，以免损失。其借私家书籍版片钞印者，亦照此办理。

第十七条　私家藏书繁富，欲自行筹款随在设立图书馆，以惠士林者，听其。书籍目录办理章程，应详细开载，呈由地方官报明学部立案。善本较多者，由学部查核酌量奏请颁给御书匾额，或颁赏书籍以示奖励。

第十八条　京师图书馆经费由学部核定筹拨，撙节开支。各省由提学使司核定筹拨，撙节开支。各府厅州县由地方公款内，撙节开支。

第十九条　京师及外省各图书馆均须刊刻观书券，以便稽察。凡入馆观书，非持有券据不得阑入。

第二十条　图书馆办事章程，如有未尽事宜，应随时增订。在京呈由学部核定施行，在外呈由提学使转详督抚核定施行。（《奏拟定京师及各省图书馆通行章程折》，《学部官报》，1910 年第 113 期）

同时为了推动馆务、筹划方针，京师图书馆特请学部准聘柯劭忞、王宝田、董康、罗振玉、吴昌绶、震钧、蒋黼淳、于鸿恩八人为顾问。时人对京师图书馆之创建寄予深望。

9月13日（七月二十九）　宋恕录存《国粹论》，辨析国粹及连带而起的反对、平对名词之名义。

此文从论理学（名学、逻辑学）的角度，详细辨析国粹之名义，称："凡名词，有平对、有反对。国粹哉！国粹哉！于文：粹与糠为反对。"因此创立国粹的反对名词为"国糠"。粹与糠的界说，以有益或有损于社会为断。世上"尚未有纯粹无糠之社会，学者方寸中，固不可不悬国粹之一名词"，同时，也应兼悬与之反对的"国糠"一名词。

　　由"国粹"，延伸出"平对之名词"，如国之上，"有种粹焉，有人粹焉"。"种粹者，人类中一种或数种之所共有之粹是也。如支那种人有支那种粹，印度种人有印度种粹，拉丁若日耳曼种人有拉丁若日耳曼种粹之类是也。""人粹者，世界人类之所共有之粹是也，如仁义忠信非耶？盖虽极野蛮之种人，安有全无仁义忠信之性者哉！所异于文明之种人者，乃合此性浅深之问题耳。故仁义忠信者，人粹也。好学深思者，种粹也。"因此提出："苟以人粹、种粹为国粹焉，则于论理学为犯以广为狭之病矣。"如国之下，"有族粹焉，有盟旗粹焉，有省、道、府、厅、州、县乃至一城一乡之粹焉"，"族粹者，一国中一族或数族之所共有之粹是也。如我大清之为帝国也，非合满、蒙、汉、回、苗、藏六族而成者乎，故如有一粹焉而为六族之所共有，则真我大清帝国之国粹矣。如其粹局于一族也，则止可目为我国中某族之粹耳。即其粹遍于五族矣，而但使一族尚缺，则亦不可目为我国中某某族之粹耳，岂可目为国粹哉！苟以族粹为国粹焉，则于论理学为犯以狭为广之病矣"，"认粹宜然，认糠亦宜然"。

　　又辨"保"之名义。以为"保粹"一语，"对于粹之尚存者之一方面则可言保，若对于粹之已亡者之一方面，则所谓'保'者无着落，而非言'复'不可矣！"因此对于"粹"，"应有二主义焉：则保也、复也"。"粹之尚存者，例如我国中族粹之易卜、占梦、相人、相地、亳笔书画、围棋、柔术之类"，为保；"粹之已亡者，例如士必习射御、无故不去琴瑟，为周代族粹；儒者佩剑、文官骑马、上流社会女子皆寓体操于秋千，为宋代以前族粹之类"，为复。对于糠，"亦应有二主义焉：则谋弃也、谋弃尽也。谋弃者，所以对于糠之众未谋弃者也……谋弃尽者，所以对于糠之众已谋弃者也"。

针对"各粹其所粹、各糠其所糠"，即分辨粹与糠之原则，以为应"解决于众而已"，如选举然。（胡珠生编：《宋恕集》，中华书局，1993 年，第 458—461 页）

9 月 29 日（八月十六）《民呼日报》改名为《民吁日报》，于《申报》广而告之，声称"以提起国民精神、痛陈民生利病、保存国粹、讲求实学为宗旨"。

广告称："本社近将《民呼日报》机器生财等一律过盘，改名《民吁日报》，以提起国民精神、痛陈民生利病、保存国粹、讲求实学为宗旨。"（《民吁日报出版广告》，《申报》，1909 年 9 月 29 日，第 1 张第 1 版）后在 9 月 30 日、10 月 1 日、10 月 2 日、10 月 3 日、10 月 4 日皆重登此广告。

10 月 4 日（八月二十一）　张之洞过世，当世舆论纷纷试图盖棺论定其人其学其事，尤其关注张氏对于中西新旧的先后取舍权重，及其对于政治、学术的影响。

是日，张之洞病逝。10 月 6 日，内阁奉上谕，总评张之洞"公忠体国，廉正无私"，任疆吏"提倡新政，利国便民。庚子之变，顾全大局，保障东南，厥功甚伟"，"入参机要，管理学部事务，宗旨纯正，懋著勤劳"。总之，"服官四十余年，擘画精详，时艰匡济经猷之远大，久为中外所共见"。（《上谕》，《申报》，1909 年 10 月 7 日，第 1 张第 2 版）盖棺论定张氏一生功绩。舆论界并未一概接受朝廷官方的定评，纷纷品评张之洞一生事业。

10 月份，时人将上海各报章对于张之洞的身后之论汇集成《张文襄公事略》，在绪言中既集合各家看法，又表明立场，称："夫张公之洞之得名，以其先人而新，后人而旧。十年前之谈新政者，孰不曰张公之洞、张公之洞哉？近年来之守旧见，又孰不曰张公之洞、张公之洞哉？以一人而得新旧之名，不可谓非中国之人望矣。然至今日而誉张公，誉之者以为改革之元勋；今日而毁张公，毁之者以为宪政之假饰。不知誉者固非，而毁之者亦未剧得其真相也。彼其胸中，岂真有革新守旧之定见？特见于时势之所趋，民智之渐开，知非言变法不足以自保其名位，而又虑改革过甚，而己益不能恣其野蛮之自由，亦出于万不得已而为此一新一旧之状态，以中立于两间。虽然，一新一旧之张公，今为过去之人物矣，而环顾满朝，衮衮诸公，其能与一新一旧之张公并驾而齐驱者，竟何人耶？"（《张文襄公事略》，巴蜀书社整理：《清代野史》第六辑，巴蜀书社，1988年，第97页）虽然各家论评对此是非不定，却大多集中在张之洞面对中西新旧的前后相异，落于教育与学制：新则在于开学堂、引入科学，旧则在于保存国粹、注重国学。

10月7日，《申报》在张之洞逝后三日，发表《对于张文襄公薨逝之观感》，称张之洞"四十年来之事业功名，今而后得盖棺以论定矣"。论其："出任封疆，入赞枢垣，政绩之脍炙人口者，往往排众疑、决大议，能以一身开天下之风气，而不为风气所转移。誉之者则曰沟通新旧，立宪元勋；毁之者则曰骑墙中立，天性执拗。然记者窃尝平心论之，毁者庸或过情，即誉之者亦未必尽得其真。"（《论说·对于张文襄公薨逝之观感》，《申报》，1909年10月7日，第1张第2—3版）同样提到舆论不论毁誉，多涉及张氏的新旧举措，而各家舆论态度迥异。

外人同样觉得张氏行事不易揣摩。《申报》引《字林报》述外人对于张文襄之评论，即谓："张大臣之行事，忽若深谋远虑、无不洞烛，忽若浅识短见、靡有定向。忽若聪敏，忽若愚蠢。忽若维新，忽若守旧。忽若友好邻国，忽若抗拒外人。"（《译论·外人对于张文襄之评论一（字林报）》，《申报》，1909 年 10 月 7 日，第 1 张第 3 版）

当然，外人同样关注张之洞对于中西新旧的态度。《申报》引《文汇报》言谓："张之洞虽为旧学界之英杰，而能晓然于西学之利益，虽天性笃信中国之旧学，而能提倡国民之教育。是其见识诚非他人所及也。"（《译论·外人对于张文襄之评论二（节译文汇报）》，《申报》，1909 年 10 月 8 日，第 1 张第 3 版）

"先新后旧"，为舆论对于张之洞的一大看法。10 月 10 日，《申报》谓："张相督鄂时，首先采用欧西学制，开办文武各学堂，注重科学，学界翕然称之曰新。及入都以后管理学部，则翻然一变，不喜西国科学，一意注重经学以保国粹，学界又哗然贬之曰旧。是为学界上之两截人。"（《清谈·张文襄》，《申报》，1909 年 10 月 10 日，第 2 张第 4 版）

《教育杂志》不署名文章表示，张之洞在地方时，是推动新教育的先驱，而到中央主持学务后，反主保守、主缓进。这是因其"不明教育原理"，比如说小学本应注重普通知识，但从光绪二十九年（1903）的《奏定学堂章程》到宣统元年（1909）的《变通初等小学堂章程》，都强调小学生读经。晚清"欧风东来，学说为之一变，文襄不能调和利用以促进国家之文化，乃牢守保存国粹之政见，不论有益无益，概斥之为西人谬论，尽力反对之压制之"，故"吾国文化之不进，文襄实尸其咎"。张之洞本人不愧"为一代伟人，惜其生于过渡时代，致有此不新不旧之宗旨，误我国文化之进步"。（《张文襄公与教育之关系》，《教育杂志》，1909 年第 10 期）

又有人称张之洞对于中西新旧之态度，在于渐进，而无中西新旧的先后不同。10月9日，《论张文襄之与项城》谓："南皮旧学之名宿也，而好言新政、好延揽人才。项城无学者也，而亦好言新政、好延揽人才。故一时谈新政者，争投二人之门下。武昌则有湖北才子之名称，北洋则为新政道台之渊薮。南皮之行新政，主保存国粹者也。项城之行新政，主开明专制者也。一言以蔽之，则皆主渐进而不主激进者也，主默化而不主强迫者也。"（《论说·论张文襄之与项城》，《申报》，1909年10月9日，第1张第3版）

舆论极为关注者，不仅在于张氏之身前，更有张氏之身后，尤其是张之洞逝后中国教育与学术的走向。10月6日，《申报》以一文，谓"其管理学务则表著之事甚夥，画一全国学制也，规定各项章程也，编纂各科学课本也，无一非出于张相所主张。而括其宗旨，则以保存国粹为主，而以重经为入手之方"。至其逝后，不能不问："我国教育之大势或有变迁之日欤？未敢知也。"（《评事·张相出缺》，《申报》，1909年10月6日，第2张第4版）

10月12日，《申报》更是以《所望于后之管理学务者》为题，谓："张文襄管理学务，最以热心著称者也，其宗旨、其手段，稍知学务者，皆能言之者也。今文襄薨矣，管理学务之实不知谁属。窃谓后之继张相而起者，如欲变文襄所持之宗旨也，则极宜慎所变；如不变文襄之宗旨也，则亦宜稍变其手段。夫读经固宜注重，而小学之读经宜改；文科固宜添设，而中学之文科宜改；经科固宜开办，而目前之经科大学不必先他科而开办。盖国粹固宜保存，而手续当略为变通者也。"（《清谈·所望于后之管理学务者》，《申报》，1909年10月12日，第2张第4版）

当时亦有风闻，谓欲维持张之洞所拟的教育与学术制度。谓："某相国面请摄政王，以当庚子之后，新学振兴，时髦少年，舍华逐洋，斯文几有将丧之虑。幸赖张故相管理学务，力挽颓风，处处以保存国粹为宗旨，国学因以复彰。应请饬下学部，凡张故相所订之学务章程，均须依旧遵守，不得轻议更改等语。闻王已有许可之意。"（《要闻·某相请保存张相学制》，《大公报》，1909 年 10 月 14 日，第 5 版）《张文襄学堂章程之影响》谓："枢府以庚子后新学振兴，国学衰替，幸赖张文襄管理学务，以保存国粹为宗旨，国学因以复彰。请饬学部，凡张文襄所订之学务章程，均须遵守，不得轻议更改云。"（《张文襄学堂章程之影响》，《教育杂志》，1909 年第 11 期）

10 月 17 日（九月初四）　高旭在《民吁日报》上发表《南社启》，宣布结社宗旨，主张"欲存国魂，必自存国学始"，国学之中心则为文学，表示要"一洗前代结社之积弊，作海内文学之导师"。文谓：

> 国魂乎，盍归来乎！抑竟与唐虞、姬姒之版图以长逝，听其一往不返乎！恶，是何言，是何言！国有魂，则国存；无魂，则国将从此亡矣！夫人莫哀于亡国，若一任国魂之飘荡失所，奚其可哉！
>
> 然则国魂果何所寄？曰：寄于国学。欲存国魂，必自存国学始；而中国国学中之尤可贵者，断推文学。盖中国文学为世界各国冠，泰西远不逮也。而今之醉心欧风者，乃奴此而主彼，何哉？余观古之灭人国者，未有不先灭其言语文字者也。嗟乎，痛哉！伊吕倭音，迷漫大陆；蟹行文字，横扫神洲。此

果黄民之福乎！人心世道之忧，正不知贻［伊］于胡底矣！

　　或谓：国学固不宜缓，又奚必社为？曰：一国之事，非一二人所能为，赖多士以赞襄之。华盛顿之倡新国也，非一华盛顿之力，乃众华盛顿之力也。社又乌可已哉！然则社以南名，何也？《乐》："操南音不忘其旧。"其然，岂其然乎！南之云者，以此社提倡于东南之谓。"率土之滨，莫非王臣"，原无分于南北，特以志其始也云尔。

　　鄙人窃尝考诸明季复社，颇极一时之盛。其后，国社既屋矣，而东南之义旗大举，事虽不成，未始非提倡复社诸公之功也。因此知保国之念，郁结于中，人心所同然，岂非无所激而然哉！当是时，主盟者为张天如。余观天如，文学亦未有大过人者，所以能倾倒余子者，徒以名位而已。一时风气所趋，吴门、金陵两次大集，莅会者不下数千百辈，亦可谓壮举。特余所深鄙者，科举痼疾，更甚曩时；门户标榜，在所不免。要其流弊，历史遗羞。艾千子，文学未必过人，而论文之见，实远出张、陈诸子上。千秋论定，当以鄙言为不谬。

　　文章公物，无庸杂私意于其间。污其所好，君子所大戒。欲知来，先知往。当世得失之林，安能不三致意耶！善哉，吕晚村之言乎：今日之文字坏，不在文字，其坏在人心风俗。父以是传，师以是授。子复为父，弟复为师，以传授子弟者，无不以躁进躐取为事。吕氏之言，诚感慨弥穷矣！

　　今者不揣鄙陋，与陈子巢南、柳子亚卢有南社之结，欲一洗前代结社之积弊，以作海内文学之导师。余惟文学之将丧是忧，几几乎忘其不自量矣！试问今之所谓文学者，何如乎？

呜呼，今世之学为文章、为诗词者，举丧其国魂者也。荒芜榛莽，万方一辙，其将长此终古耶！其即吕氏所谓"其坏在人心风俗"者耶！倘无人也以撑柱之，则乾坤或几乎息矣。此乃不特文学衰亡之患，且将为国家沉沦之忧矣！二三子有同情者乎！深望同声相应，同气相求，与之同步康庄，以挽既倒之狂澜，起坠绪于灰烬。若是者，岂非我辈儒生所当有事乎！（《来稿·南社启》，《民吁日报》，1909 年 10 月 17 日，第 9 版）

10 月 18 日（九月初五）　赖古堂以"流通国粹"之名刊登图书广告。

赖古堂将周栎园精选《明末国初九百名贤书牍》、初选新钞二选《藏弆集》、三选《结邻集》三种合刻，在《申报》刊登"半价售预约券仅三百部"广告。广告称"今特公诸同好，以餍保存国粹诸公之望……本书社为流通国粹书籍起见"云云。（《赖古堂三种合刻广告》，《申报》，1909 年 10 月 18 日，第 3 张第 6 版）10 月 18 日—11 月 14 日、11 月 16 日、11 月 19 日、11 月 20 日、11 月 23 日、11 月 24 日皆重复刊登。此广告后改为以"保存国粹诸君注意"开头，陆续在 11 月 30 日、12 月 1—8 日刊登。

10 月 28 日（九月十五）　中华商务总会在新加坡设立道南小学堂，以便华侨子弟就近学习中国经史、文字之学。记此事者叹国内同胞保存国学之心不如海外同胞之深切。

其文称："新嘉坡华侨子弟日渐增多，中华商务总会，拟设立道南两等小学堂，以便就近入学，并拟遵照学部奏章，以中国文字经史为主课，禀明福建提学使转咨学部立案准行。记者曰：嗟我神州数千年来之国粹，迄今几至沦亡，探厥原因，大率由莘莘学子，醉心欧化，睨视祖国之文明，有以致之。兹观道南学堂之定章，而益叹保存国学之心，吾国内之同胞，不若海外同胞之深且切也。"（《新嘉坡华侨注意国学》，《华商联合报》，1909年第17期）

11月2日（九月二十）　章太炎在日本致信《国粹学报》社，刊于《国粹学报》1909年第10期。信中概述东京国学讲习会之讲学内容及宗旨，又论今文经学之妄，有针砭《国粹学报》社讲及今文公羊学之意。

其函称：

《国粹学报》社者，本以存亡继绝为宗。然笃守旧说弗能使光辉日新，则览者不无思倦，略有学术者，自谓已知之矣，其思想卓绝不循故常者，又不克使之就范，此盖吾党所深忧也。弟近所与学子讨论者，以音韵训诂为基，以周秦诸子为极，外亦兼讲释典。盖学问以语言为本质，故音韵训诂其管籥也；以真理为归宿，故周秦诸子其堂奥也。经学繁博，非闭门十年难与斠理，其门径虽可略说，而致力存乎其人，非口说之所能就，故且渐置弗讲。音韵诸子自谓至精，然音韵亦有数家异论，非先览顾江戴孔诸家之说，亦但知其精审，不知精审之在何处也。诸子幸少异说（元明以来亦有异论，然已无足重轻，近世则惟有训诂，未有明其义理者，故异说最少）。而我所发明者，又非汉学专门之业，使魏晋诸贤尚在，可与对谈，今与学子言此，虽复踊跃欢喜，然亦未知其异人者在何处也。其稿已付真笔誊写，字多汗漫，恐刻工不审，暇当斠理一过，却再寄上。虽然学术本以救偏，而迹之所寄，偏亦由生。近世言汉学以其文可质验，故衒言无由妄起，然其病在短拙，自古人成事以外几欲废置不谈。汉学中复出今文一派，以文掩实，其失则巫。若复甄明理学，此可为道德之训言（即伦理学），不足为真理之归趣（理学诸家皆失之汗漫、不能置答，则以不了语夺之）。惟诸子能起近人之废。然提倡者欲令分析至精，而苟弄笔札者或变为倡狂无验之辞，以相诳耀，则弊复由是生，此盖上圣所无如何也。贵报宜力图增进以为光大国学之原（肉食者不可望，文科经科之设，恐只为具文，非在下者谁与任此），延此一线，弗以自沮，幸甚！（《通讯》，《国粹学报》，1909 年第 10 期）

12 月 12 日（十月三十）　学部传闻，某相国拟议严行查禁剪发辫，以为剪发有伤国粹。后续多有留发辫是否为国粹之辨。

《大公报》消息："闻学部人云，日前某相国到部提议，以近来京内外学生多有无故自行剪落发辫者，不独有伤国粹，且恐乡愚之民反生疑虑，殊为教育前途之阻碍，应札饬督学司各提学司严行查禁等语。惟某某两侍郎均不以为然，故尚未发表。"（《要闻·某相国之保存国粹》，《大公报》，1909 年 12 月 12 日，第 5 版）

后一年的 6 月 22 日，《申报》"谐谈"一栏刊发《保存国粹谈》一文，称："中国儒者，崇尚国粹。保守之心，亦云瘁矣。残编断简，败鼓荒碑，好古专家，昕夕搜辑。而今而后，庶无散佚，惟遗风流俗，余韵亦多。代远年湮，虑或澌灭，类而别之，或亦好事者之责乎。"戏以鸦片、八股、缠足、发辫为"国粹"，讽刺守旧者。

称："鸦片流毒，亘三百年，诏谕禁止，行将斩绝。然而烟具制造，罂粟栽种，得臻今兹之完善者，决非一朝一夕之功矣，从此失传，宁非恨事。设鸦片专门部一。八股向恃以取士者，自科举停止，八股道废。二三十年后，将无复知起承转合者。呜呼，英雄入彀，尽两朝珊网之搜罗，金陈已遥，痛天上奎章之失曜。设八股专门部二。缠足之风，近稍退化。通都大邑，维新女士，高视迈步，气焰益张。回顾弱质，削趾适履，前尘未昧，凌波之芳躅宛然，顾影无俦，响屧之回廊孰步。亦可怜也，伊可怀也。设缠足专门部三。发辫为当王之定制，是固未易更张者。惟世界棣通，最难独异，现在军警各界，类以盘辫为剪辫之朕兆。况厌故喜新，尤为世人所同具之心理。发辫前途，殆难永久。先事豫防。设发辫专门部四。"（《谐谈·保存国粹谈》，《申报》，1910年6月22日，第1张后幅第4版）

1910年8月23日，舆论记亲贵持剪发主义，尤以涛、朗、洵三贝勒为最，而朗贝勒入军机已力陈辫发之害，监国亦为所动。论者以剪辫为"国粹将失之先声"。（《要闻·国粹将失之先声》，《大公报》，1910年8月23日，第5版）之后，舆论又记"某侍御之保存国粹"，即谓各国自有制度，不必强同外国剪发。（《要闻·某侍御之保存国粹》，《大公报》，1910年9月17日，第4版）

12月13日（十一月初一） 大学堂监督刘廷琛与同人讨论经科大学办法，重编经学讲义，以保存国粹为宗旨。

张之洞去世前，有消息称学部尝"奏变通经科大学办法，凡各省举人优拔贡，均可投考。五年后即以翰林用。闻其折已于十六日缮就，十七日具奏请旨"。（《京师近事》，《申报》，1909年7月10日，第1张第5版）张之洞去世后，舆论流传其遗言，涉及经科大学："我经营经科大学，煞费苦心。此后恐一般新进之徒玩视国学，将此科裁去。若辈务须勉绍父志，竭力维持，毋令我死不瞑目云云。"（《张相国之遗言》，《教育杂志》，1909 年第 10 期）至此，开始讨论经科大学开办办法。

据《申报》记："日昨大学堂监督刘廷琛，在学堂会议开办经科大学之宗旨，谓我国国粹以经学为最要，此时开设经科，编辑讲义，不重在保存固有精旨微言，而在此三年中造就一班经学人才，毕业后做成一二绝大事业，以收通经致用之效，使经学从此日益发挥光大，则不必言国粹保存，而国人皆知国粹之果足以救国，此乃为经科大学设立之宗旨。而该监督所聘之经科大学教员胡君则谓，今年在选拔生内收取之经科学生，多宏通博雅经术粹深之士。此时讲授经学，若在《皇清经解》各书内取材，则皆陈羹冷饭，学生早已知之；若不取材《皇清经解》，则背经学家法，又致离经叛道之咎。不如不编讲义，听学生在学堂自修，毕业考后授以翰林，以观将来入官后之建树，较为妥洽。刘监督则始终主持前说，谓编辑讲义如汉时以经学治狱等事，固已早著经义价值。如今日中国苟能发煌经学，必不难转危为安，转弱为强，无取乎新学说云云。"（《紧要新闻一·经科大学开办前之议论》，《申报》，1909 年 12 月 14 日，第 1 张第 5 版）

12 月 16 日（十一月初四）　时人谈上海之风气，称不论输入新说或保存国粹，皆输入金钱、保存私利而已。

其称："上海之风气变迁最速。科举停罢以后，各书店争印教科书，旋以供求过差，销流顿滞，则一变而印小说，旋又一变而印碑帖，旋又一变而印古字古画，今则又一变而印旧书矣。其印教科书小说也，则曰输入智识。其印碑帖字画旧书也，则又曰保存国粹。风气有变迁，宗旨亦可变迁耶。换言之，则输入金钱、保红［存］私利而已矣。"（东吴:《通俗谈》,《申报》, 1909年12月16日, 第2张第4版）

1910年（清宣统二年　庚戌）

1月15日（己酉年十二月初五）《申报》称《奏定学堂章程》因拘泥于保存国粹之义，致使小学程度不高。

1909年12月28日，赵炳麟上奏财政、学务亟须整顿。《申报》称有关学务方面，赵氏"原折内容，略谓现行之《奏定学堂章程》，于小学堂学生程度太不相洽，殊与教育前途大有关系。现在朝廷预备立宪，小学堂为培养人材根本之地，现行章程，阻碍儿童教育发达之处甚多，亟宜修改云云"。（《紧要新闻一·赵侍御封奏之内容》，《申报》，1910年1月14日，第1张第3版）

赵炳麟奏折及政务处会议，皆未提及保存国粹之处为"阻碍儿童教育发达之处"。然稍后《申报》的评论，则以为："现行《奏定学堂章程》，于小学堂学生程度太不相洽。此其议，教员言之，职员言之，即非教员非职员亦无不言之，久已认为天下之公言矣。特无如格于保持国粹之主义，而培养人才根本之地转为阻碍儿童教育发达之阶。今者赵侍御亦抗疏言之矣。且试观其效力何如？"（《时评·学务果有改良之一日乎》，《申报》，1910年1月15日，第1张第6版）

1月15日—3月21日（己酉年十二月初五—庚戌年二月十一）

存古斋作为《四库全书提要》的总发行所，在《申报》连续刊登广告，以保存国粹为号召。

广告词或称："近今学子醉心欧化，问以经史子集之名，茫然不能举要领，用为叹憾。"（《印行四库全书提要出售预约券广告》，《申报》，1910年1月15日，第1张第1版）或称："近今学子醉心欧化，经史子集反等弁髦，数典忘祖，良堪浩叹。"（《印行四库全书提要出售预约券广告》，《申报》，1910年2月21日，第1张第1版）而"是书系纯庙钦定，分经史子集四大纲，又别标子目四十三类，条理分明，于神州四千年来学术渊源，虽未窥各种全书，而已了若指掌。但卷帙浩繁，印行非易，本书局为扶植国粹起见，用本国上等洁白纸，仿殿版石印，特为印行，俾学堂家塾，各置一编。裨益学界，前途正复不鲜"。（《印行四库全书提要出售预约券广告》，《申报》，1910年1月22日，第1张第1版）

11月至12月，存古斋在《申报》刊登《四库全书总目提要》的第二次预约广告，称之为"国粹之粹"。

广告词标为："四库全书，浩如渊海，是为提要，实撷菁华，经史子集，纲目完备，研究考证，国粹之粹。"又详称："吾国十余年来学风之变迁，大抵可分为三个主义。戊戌以前为科举主义，庚子以后为欧化主义，至近数年来则鉴于文学之退步，惧国粹之沦丧，又盛倡国粹主义。如各省之创办存古学堂，及学部奏定之图书馆章程，均以此为唯一宗旨，即其明证。本斋志在存古，曾于今春仿照殿板石印《四库全书总目提要》，预约发行，蒙各处藏书家、书报社、高中小各学堂纷纷订购，出版即罄。足见海内学子均趋重于经史根本之学，不禁为国学前途，私心庆幸。今因求过于供，刻日重印，计全书二百卷，分经史子集四大纲，又别标子目四十三，门分类别，既可上窥历代著作之林，又可穷究古今学术之变，其裨益士林，正非浅鲜。"（《钦定四库全书总目提要第二次预约告白》，《申报》，1910 年 11 月 5 日，第 1 张第 1 版）此广告在《申报》11 月 6—8 日、11 月 20—22 日、12 月 13—19 日连续刊登。

1 月 20—23 日（己酉年十二月初十一—十二月十三）《申报》刊登评论小说界的署名文章，以为舍撰述而翻译小说为迁就之计，但译才难得，不仅需有文学与教育的基本知识，又需通外国文字并兼通国学，故颇有质疑。

作者于小说极为看重，称："吾人须知小说者，乃社会教育必要之书类也。而撰小说者，乃文学家又教育者之事业也。小说既为社会教育必要之书类，故不合于社会教育之小说，吾人宁勿著勿译，小说既为文学家、教育者之事业，故其人苟无文学之素养及教育之经验，宁勿著勿译。"

小说有关于社会教育，而"所谓社会教育者，指全社会普通之人知书识字者而言，非一部分之文人而言"。故其评价小说，亦从此理念出发，以为："故凡所作小说，只能供文人学士之浏览，而普通之人不能解其文义及洞其道理者，决不得谓为合于社会教育也。"

因此，小说家又应为社会教育家，在作者眼里，"所谓文学家、教育者者，指其人能通哲学、社会学、心理学、教育学、生物学、伦理学、论理学、法理学而言，其业至博至难。故凡仅仅能作雅达之文字及用典赡之字眼者，决不得以文学家、教育者目之，谓彼足当小说家之席位也（因小说家必须备以上诸种之知识，否则不能下笔成一字也）"。

正是因为小说的社会教育职能，小说家兼顾诸种新学科知识，故小说必难为。因此作者以为："世人亦知小说所占之地位颇为重要，又知文学家、教育者之不易为，于是舍撰著而事翻译，以为吾苟能以欧美名家所著之小说译为邦文，则不耕而获、不织而衣，岂不用力省而成功多哉？此十年来所生之新观念也。"

作者对此舍撰述而趋于翻译之途，有所疑问。

第一层疑问在于：撰述"今既难得其人，则舍撰著而言翻译，事本出于迁就，自不得不降而求第二等之人物。所谓第二等者，即略知文学梗概及教育原理原则之人也，今试问若其人并不知文学梗概及教育之原理原则，只能作美术的之文字者，其人果足翻译小说否？"（樊：《论说·小说界之评论及意见》，《申报》，1910年1月20日，第1张第2版）

第二层疑问在于："翻译小说者，其人是否必须自通外国文字乎？夫学问者与年而俱进也，故今日国中称为积学能文之士，其年齿皆在四十以上。顾此辈人材多半只通本国文字，其能兼通外国文字者，百不得一，而彼通外国文字之人，又未必尽通国学。且彼之治外国文字也，其所挟之目的，未必与文学教育相近。故此辈之材，只可谓为通方言之才，而谓其能领会文学之意味，能看透文学家之手眼者，恐彼自问，亦未敢信也。今试问若翻译小说之人，并不通晓外国文字，只与一能通外国文字者为伙，一口述，一笔译，而小说之精神于彼欧美名家之作，果能丝毫不失否？"另外，"不通国学之人，则翻译小说，亦有二病"。一为意见不能一致，二为疑误不能互证。

第三层疑问在于："翻译小说，其文字之价值，尚典雅乎？抑尚通俗乎？抑通俗与典雅并尚乎？"（樊：《论说·小说界之评论及意

见》，《申报》，1910 年 1 月 21 日，第 1 张第 3 版）

作者最终主张将已译小说中具有社会教育、国民教育者，演绎成新读本。（樊：《论说·小说界之评论及意见》，《申报》，1910 年 1 月 23 日，第 1 张第 3—4 版）

1 月 22 日（己酉年十二月十二）　学部传出消息，拟控制设立存古学堂数量。

张之洞去世后，当时已有人悬揣张氏力推的教育举措能否继续。存古学堂为张氏掌管学部时的重要兴学举措，并且在学部上奏的分年筹备事宜中，为宣统二年（1910）应行之事。至此时，从学部内部人员传出，学部内议"以各省设立存古学堂，原为保存国粹起见，惟各省富于存古思想，设立日多，亦于新学前途大有妨碍，拟即严定缔制章程，嗣后凡欲禀请设立该存古学堂者，大省不得过三处，小省不得过两处，每处限百名为定额，借示限制"。（《要闻·议限制设立存古学堂》，《大公报》，1910 年 1 月 22 日，第 4 版）

2 月 7 日（己酉年十二月二十八）　曲阜学堂发议数年后，宣统皇帝下旨度支部核议经费，推动开办，"以端学风，而存国粹"。

1908 年秋，舆论风传曲阜学堂已建成，由衍圣公与山东巡抚商议一切章程，并开始聘请教习。据称："山东夏间钦奉明诏，在曲阜县建立大学堂一所，现已筹画一切。"（《曲阜大学堂延聘教习》，《直隶教育杂志》，1908 年第 20 期）"奉旨后抚宪即由藩库拨提巨款派委妥员监修学堂，以便克期开学。现闻工程告成。"（《曲阜大学堂工程报竣》，《直隶教育杂志》，1908 年第 4 期）故应"衍圣公之意，拟请京师大学堂中文教员楚南郭立三 [山] 先生为经学教习"。（《曲阜大学堂延聘教习》，《直隶教育杂志》，1908 年第 20 期）"专函聘请京都大学堂教员郭君立山为该学堂中之总教习。郭君受聘应允，不久即来东。现上公正与抚宪商订学堂一切章程矣。"（《曲阜大学堂工程报竣》，《直隶教育杂志》，1908年第4期）"将来教育宗旨，注重国文一科。"（《曲阜大学堂延聘教习》，《直隶教育杂志》，1908年第20期）

事实上，此事与教育宗旨有关，山东一省并不能定议。学堂也并未建成。1909年10月张之洞去世，曲阜学堂事一度中断。1910年，衍圣公孔令贻称曲阜附城一带有地可以拨用。此时学部上奏酌拟学堂办法并请派员充当监督，以推动曲阜学堂的建设。学部以为曲阜学堂"非徒宏教泽于一时，实以肇同文于无外"，故酌议"拟以通今合古为该学堂一定宗旨"。其大概办法，则效仿湖北存古学堂，分为正科、预科两级。"正科为专门学，分习经学、史学、文学各门，选录学生以旧章中学堂暨新章中学堂文科与初级师范毕业生为合格。"预科课程按"奏定中学堂文科章程"拟定，选录学生为高等小学堂合格毕业生。所学除中国固有学问之外，西方文字也应学习，"以资博通而广闻见"，并强调"文学之外，仍以注重行谊为专归"。至于学堂监督一职，推举梁鼎芬。有关经费，光绪朝时所颁发帑银十万两，凡建造校舍、购置图书各款皆从此出。至于常年经费，计每月需银三四千两，故"拟请旨饬下度支部核议，或指拨库款，或摊派各省以资应用"。（《奏酌拟曲阜学堂办法并请派员充当监督恭折》，《学部官报》，1910年第114期）

之后，山东省优级师范选科学堂，被要求应于1910年7月照章即行停止。其所遗留校舍，当时有主张办实业学校者，有主张办存古学堂者，为曲阜学堂开办的一层插曲。经提学司详院咨学部，请示现接部复，"曲阜学堂之学科程度，均与存古学堂相符。而其经费均为东省所筹，则该省之存古学堂，自以归并曲阜学堂办理为宜，不必另行设立，以节糜费"。故曲阜学堂并未得到实际利益，"所有师范选科校舍，应即改为中等工业学堂"。（《学务·存古学堂归并曲阜大学之决定》，《申报》，1910 年 5 月 11 日，第 1 张后幅第 3 版）明确了曲阜学堂实际包含山东省的存古学堂。

曲阜学堂监督久不得人，导致学堂建设停滞。2 月 23 日，学部电促梁鼎芬由湖北北上京师，"面商一切"筹办事宜。梁以"学行才志本不能称，加以病久体衰"，电辞监督。（《紧要新闻一·梁廉访电辞曲阜学堂监督》，《申报》，1910 年 3 月 3 日，第 1 张第 5 版）随后具折陈请学部代奏，另行选派他人。当月底及翌月，学部又两次电促梁氏到部面商，梁氏皆"复电力辞"。（《学务·梁鼎芬坚辞曲阜学堂监督》，《申报》，1910 年 3 月 23 日，第 1 张后幅第 3 版；《北京·梁鼎芬电辞监督之任》，《大公报》，1910 年 3 月 24 日，第 9 版。《紧要新闻一·京师近事》，《申报》，1910 年 4 月 2 日，第 1 张第 5—6 版）学部在同年 6 月再次致函梁鼎芬说："公一日不起，兹校一日不开，揆诸奏请初志，恐亦不能恝然。务祈力疾强起，布置一切。"梁氏接电后仍"毫无俯就之意"，回电表示："足疾加剧，鄂无医，拟即回粤调治。"（《紧要新闻二·梁鼎芬坚辞曲阜监督》，《申报》，1910 年 6 月 23 日，第 1 张后幅第 2 版）当年夏，据传梁鼎芬"骤得中风之疾"。日本医生治疗后，表示"即可全愈，并无大碍"。（《杂记·梁星海忽患中风症》，《申报》，1910 年 8 月 24 日，第 1 张后幅第 4 版）舆论同时风传梁氏"以中风之疾曾电辞曲阜学堂监督一席，未邀学部允准，兹病虽渐愈而精神颇为衰减，已再具正式呈文力辞其任矣"。（《学务·梁星海再辞曲阜学堂监督》，《申报》，1910 年 9 月 21 日，第 1 张后幅第 3 版）

至当年 11 月 30 日，学部始上奏选派新的曲阜学堂监督。折

称梁鼎芬以"久病未愈"为由辞任曲阜学堂监督。虽经多次"婉
留"，梁氏"一再恳辞，坚不愿就"，故"请旨派臣部候补参议李
熙充曲阜学堂监督"。（《又奏派本部候补参议李熙充曲阜学堂监督片》，
《学部官报》，1910年第143期）然1911年9月，学部又上奏称李熙"因
患病未愈，迭次请假"，因其"病虽稍痊而调摄尚需时日"，呈请
另行"简员接充"曲阜学堂监督一职。学部推举"翰林院侍读学
士王锡蕃，学问淹通，资望素著，且籍隶山东，于本地官绅亦多
浃洽，于筹办学堂事宜自可措置裕如，拟即请旨派充曲阜学堂监
督"。（《学部奏山东曲阜学堂监督请改派侍读学士王锡蕃片》，《内阁官报》，
1911年11月6日，第14版）

　　2月15日（正月初六）《申报》刊登讽刺小说，以犬喻人，谓
一犬"惧国学之丧失，益肆力国文"，谋充存古学堂监督。

　　《犬争》称：

　　　　华界黄色之犬与租界黑色之犬善。元旦，两犬遇于途，黄
　　犬急趋就之，且曰今年我族当令，得意之日至矣，合相贺。言
　　毕，拱其前足作人立。而黑犬偃蹇不为礼，徐徐曰：若曹久居
　　僻陋之地，习于谶纬运数之说，而不知时势之有变迁者也。大
　　抵天下事，有人为，无帝力。论今日之时势，非稍习洋务，必
　　不能得意。不观我之给事某西人家乎，以谙西俗，解西语，主
　　人遇我厚，食则欧器，宿则洋楼，居则驰逐园林草地之上以为
　　乐，出则与主人并坐双马之车，见者皆曰此一世之雄也。岂若
　　依天任命，默守旧学者，必待时而后兴乎？黄犬闻言意不怿，
　　思以词折之。乃曰：我闻西俗爱犬者，多系妇人，或镶金牙，

或裹绒衣，外观非不有耀，然虑其多日也，出必幂汝首，防其横行也，走必索汝颈。韩信国士无双，而为一雉所算，吕布少年豪勇，而为一蝉所迷，我堂堂犬戎氏之苗裔，乃玩弄于妇人之掌中，岂不重羞当世之士哉？余虽身居内地，不睹欧化，然行路不受巡警之干涉，居家不听主妇之指挥，自谓胜若辈谄事他族，乞怜裙带者多矣。黑犬大怒，不俟其言之毕，直前扑之。黄犬力不敌，遂遁。见一鸡栅，思匿身其中，而黑犬已追至，乃哀栅主排解之。栅主允诺，转身立。红冠锦衣，气概赫然。侧一目斜睨黑犬，黑犬愈怒，大噪曰：若为餐时之物，尚敢傲睨向人乎？栅主曰，止。尔残同种不仁，媚异族不智，欺朋友不义，追穷寇不勇，以一畜类，而冒此四不韪，尚敢与老夫饶舌乎？老夫髦矣，然一鸣则英英拔剑而起舞，一跃则儿童拍手而色喜，角斗之技，犹有余勇可贾。盍前与老夫一试，且言且张翼奋喙而前。黑犬惧，仓皇遁。黄犬乃出谢之。栅主曰：若曹同类相残，甚非所喜。今以尔尚知爱国，尚有傲骨，故为尔作一不平鸣，然相尔皮毛，似系文士。大抵文人落拓，好以利口伤人，今日非遇老夫，且为租界洋奴凌辱死矣。黄犬惭谢乃去。或曰，此犬自闻黑犬狂吠，惧国学之丧失，益肆力国文，今方谋充存古学堂监督云。（东吴：《盲话·犬争》，《申报》，1910年2月15日，第1张后幅第4版）

2月27日（正月十八）　报载宣统皇帝典学在即，摄政王拟选"国学优粹""娴熟科学"的两三名大员进讲。

据《大公报》消息，宣统皇帝典学在即，"摄政王交谕枢臣以上书房承差人员除慎选国学优粹者外，尚须物色精娴科学之大员共二三人以便专为进讲科学"。国学与科学交融并重，系自上而下的时风。

（《北京·监国讲选科学帝师》，《大公报》，1910年2月27日，第9版）

3月10日（正月二十九）《教育今语杂志》在日本东京创刊，以期保存国故、振兴学艺、教育救国。

该刊由光复会主办，是章太炎、陶成章等与同盟会分裂后重组光复会创办的刊物，共出版六期，其中5、6期为合刊，设有社说、群经学、诸子学等八个栏目。

钱玄同交代杂志创办缘起，称："环球诸邦，兴灭无常，其能屹立数千载而永存者，必有特异之学术，足以发扬其种姓，拥护其民德者在焉。中夏立国，自风姜以来，沿及周世，教育大兴，庠序遍国中，礼教昌明，文艺发达，盖臻极轨。秦汉迄唐，虽学术未泯，而教育已不能普及全国。宋元以降，古学云亡，八比诗赋及诸应试之学，流毒士人，几及千祀。十稔以还，外祸日亟，八比告替，兼欧学东渐，济济多士，悉舍国故而新是趋，一时风尚所及，至欲斥弃国文，芟夷国史，恨轩辕厉山为黄人，令己不得变于夷。语有之，国将亡，本必先颠，其诸今日之谓软？同人有忧之，爰设一报，颜曰《教育今语杂志》。明正道，辟邪辞，凡诸撰述悉演以语言，期农夫野人皆可了解，所陈诸义均由浅入深，盖登高必自卑，升堂乃入室，躐等之敝，所不敢蹈，真爱祖国而愿学者，盖有乐乎此也。"（钱玄同：《刊行教育今语杂志之缘起》，《教育今语杂志》，1910年第1期）

该杂志章程第一条规定宗旨："本杂志以保存国故，振兴学艺，提倡平民普及教育为宗旨。"第二条定名："本杂志依上列宗旨，演以浅显之语言，故名《教育今语杂志》。"第三条分门类："本杂志之门类大别为八。"其门类大体为国故之具体。章太炎讲学东京，以国学相号召，即以为文字与历史为中国所独有，并兼讲经学、诸子学、文学、佛学，而以语言文字为最核心。

《教育今语杂志》八大门类。第一类为社说，本于办刊宗旨而立论。除此之外，即以"中国文字学"为第二类。其称："我国文字，发生最早，组织最优，效用亦最完备，确足以冠他国而无愧色。惟自唐宋以降，故训日湮，俗义日滋，致三古典籍，罕能句读。鄙倍辞气，亦登简牍。习流忘源，不学者遂视为艰深无用，欲拨弃之以为快。夫文字者，国民之表旗，此而拨弃，是自亡其国也。故本杂志于此门，演述特为详尽。凡制字原流，六书正则，字形字音字义诸端，悉详加诠释，务期学子得门而入，循序渐进，不苦其难，以获通国人人识字之效。"

《教育今语杂志》亦以章氏所持"六经皆史"之意为本，其第三类为群经学，称："经皆古史，古之道术，悉在于是。后世子史诗赋各自名家，其原无不出于经，故本杂志于群经原流派别，及传授系统，一一详言，以为读经之门径。"

第四类为诸子学，称："九流百家，各不同，悉有博大精深之理在。后人就其一家研钻，毕世有不能尽者。本杂志于其原流分合，及各家宗旨之所在，胥明其故，俾国人得因以寻其涂辙也。"

第五类为中国历史学，称："典章制度，礼仪风俗，以及社会变迁之迹，学术盛衰之故，悉载于史。我国史乘，各体具备。欧洲诸国，所万不能及。近世夸夫，拾日人之余唾，以家谱、相斫书诋旧史，诚不值一噱者。本杂志于史法史例，悉为演述，并编为通俗史。于学术进退，种族分合，政治沿革，一一明言，期邦人诸友，发思古之幽情，勉为炎黄之肖子焉。"

第六类为中国地理学，称："禹域疆土，广大无垠，其间河道变迁，山峦障隔，悉与民俗有关。本杂志演述本部形势，凡五土异宜，刚柔殊性，语言风俗习惯之不同，咸为明其故焉。"

第七类为中国教育学，称："三代教育制度之见于《戴记》者，彬彬可观。秦汉以降，教育之事，虽日见废弛，然大儒讲学，往往而有。如胡安定设学湖州，颜习斋施教漳南，观其学制，咸可师法。其他关于教育之粹语精言，尤更仆难数。本杂志当详加搜讨，演述于篇，以为有志教育者师法焉。"

第八类附录，包括算学、英文、答问、记事，皆为应事所需。（《〈教育今语杂志〉章程》，《教育今语杂志》，1910年第1期）

《教育今语杂志》皆用"今语"，即通俗文字。杂志整体上用"今语"演述"中国全部的学问"——国学。章太炎在创刊号中即称（文章署名独角）："六百年前，宋朝有个文天祥说的，一部十七史，从何处说起。十七史尚且无从说起，何况中国全部的学问。"而若要讲中国全部的学问，即从伏羲、仓颉、孔子、老子开始。称："中国第一个开化的人，不是五千年前的老伏羲么？第一个造文字的人，不是四千年前的老仓颉么？第一个宣布历史的人，不是二千四百年的孔子么？第一个发明哲理的人，不是二千四百年前的老子么？"（独角：《社说》，《教育今语杂志》，1910年第1期）该文之后，依次即为《中国文字学说略》《中国政治史略论》《中国地理沿革说略》，可见一斑。

《教育今语杂志》在章太炎的考虑中便是做"白话教育"（独角：

《社说》，《教育今语杂志》，1910年第1期），有编辑教科书的计划。创刊号的封底有"本社编辑教科书预告"："本社为振兴教育起见，特由同人中公推学问深邃者，各就专门，编辑初学教科书若干种。定五月后，渐次出书。已起稿者，列如下：（一）中国历史教科书（二）中国地理教科书（三）算术教科书（四）理科教科书。特此预告。"（《教育今语杂志》，1910年第1期）

3月31日（二月二十一）　署名沧江者，撰文讨论改革文官选拔制，旨在不分生员来源而特重选拔之道，以为其利之一即为可以调和新旧，沟通"国学与外学"。

作者列举官员选任的三大问题，而提出解决之道谓："法当采各国试验文官之制，标举政治、法律、生计诸科学若干种，岁集天下之士而试之于京师，其应试者不必留学生、不必本国大学或高等学之卒业生，不必有旧时之举贡等科第，凡国中人士有相当之学力者，皆得与，惟留学生、卒业生等则直以咨达京师，其他则先试于本省提学使，及格然后以咨达京师。其试之之科目，则一曰国家学（宪法未布，以此代之），二曰大清新刑律，三曰大清民法（未颁定以前暂缺之），四曰比较行政法，五曰生计学，六曰国际法，以上六者不许规避（民法未布前则为五）。七曰财政学，八曰大清商律，九曰民事诉讼法，十曰刑事诉讼法。以上四者，任择其一。都凡每人所试者七事，中程者赐以出身。"作者认为实行上述办法可有五项好处，其一为："老辈与新进，国学与外学，缘此调和，不致相轻相轧。"（沧江：《官制与官规》，《国风报》，1910年第5期）

3月（二月）　四川华阳县士绅朱华国等禀开国学研究会。

朱华国等人开设国学研究会的宗旨与相关简章的详情未知，据提学司批复："比年以来，中学日替，争孳新而蜕故，渐蔑古而荒经，舍田芸人，孟氏于焉垂戒；数典忘祖，籍谈所以蒙讥。夫以我国道德之闳深，文学之渊懿，人方竞为采取，我顾任其湮沦。言念方来，曷胜浩叹。诸绅有鉴于此，结旧学商量之社，订朋友讲习之规，文行兼修，体用必备，芝兰独芳于空谷，松柏后雕于岁寒。薪尽火传，庶斯道之不坠。澜回川障，欣同志之有人。深所赞成，应予立案。"可见大概。（《华阳县士绅朱华国等禀开国学研究会公呈一案》，《四川教育官报》，1910年第2期）

4月28日（三月十九）　四川总督赵尔巽奏设存古学堂，主张以国学立讲科学之基，熔铸新旧。

四川存古学堂之议，虽然最初发起于1908年，然迟迟未能开设。1909年4月18日，学部将"分年筹备事宜"上奏朝廷，将学部配合预备立宪诸事分年详列，奏准实行。其中规定，宣统二年（1910），即预备立宪第三年，"行各省一律设立存古学堂"。（《学部奏分年筹备事宜折》，《直隶教育官报》，1909年第6期）四川的存古学堂事必须提上日程。

1909年6月底至7月初，湖北试用道范溶等禀请设立存古学堂，赵尔巽批复："国文为根本所关，自应与各种科学同时并重，方足收温故知新之效。据呈该职等拟在省开办学堂，注重国学，以维文化，用意甚善。候札饬提学司通查近年湖北、湖南、江南设立成案，集众共商。该绅等亦即自诣学司，详细会筹办法，俟有成议，再拟呈核夺可也。"（《督宪批湖北试用道范溶等请设存古学堂禀》，《四川官报》，1909年第15册）

在此之前的1909年3月中旬，赵启霖署理四川提学使。赵启霖本就与张之洞及存古学堂渊源较深，之前张之洞即坚邀赵启霖主持湖北存古学堂，后虽未果，已结前缘。赵启霖主掌四川学政后，正式在四川高层推动下，启动存古学堂的创设。

至迟至1910年3月中旬，四川存古学堂择定了校址，确立了基础，开始筹备招考，初定当年秋季即可开学。据《四川官报》消息："存古学堂为九年筹备期限开办之件，各省奏报设立者已多，川省因无校址，迄未兴办。自赵提学莅任以来，屡与学绅磋商，择定南门外杨宫保府改建校舍。已于去腊竣功。惟该屋原系典押，尚非公有。今年新正，经学务公所普通科科长龙君心梅等会商，杨子敬观察由学务公所补银五千两，合成万金，作为断买。现正筹备招考，大约秋间可以开学矣。"（《存古有基》，《四川官报》，1910年第2册）

筹设初备，赵启霖拟成存古学堂章程，并详述创办缘由，提请四川总督赵尔巽上奏创立存古学堂。其详称理据："立国于世界，其政治、学术、风俗、道德，所以经数千年递嬗而不可磨灭者，莫不寄于本国之文字。其优美独到之所在，即其精神根本之所在。非是，则国无以立。"然而，"比年以来，朝廷惩外侮，罢制科，广设学堂，采东西各国科学，期于取长补短，宏济时艰。而风会趋新，后生厌故，学校虽逐渐推广，国粹反日就湮微"。而落实于四川省，"署司所见考试优拔诸生文艺及各学堂国文试卷"，"俚俗窳陋，触目皆是。循是以往，窃恐不及十年中等以上学堂，可任讲经课文之教师不易觏觅，而升入大学经科文科通儒院之资格，更无其人"。故有此议。

又述具体缘起及筹备进展，称："署司上年到任后，即筹思及此。适在籍绅士湖北补用道范溶等呈请创立学堂以维国学，奉宪台批候，饬学司通查湖北、江南设立成案，集众共商等因。嗣奉学部札开按年筹备事宜，宣统二年各省一律设立存古学堂。署司禀承宪示，遵即派员就省城南门外规定校舍，量加修葺，现已一律就绪。拟通饬各属，选求文理素优之生徒，备文申送，严加甄考，暂定一百名为额。即于本年下学期开办，以致力于理学、经学、史学、词章为主，其余必需之学科，亦略予酌量兼习，借收温故知新之益。"

至于一切管理规则，"仍照学堂定章，期于深造精研，储后来之师资，维本国之学术"。然因经费所限，以及交通等诸多限制，学堂规模与学堂设施皆需因地制宜，先粗据基础，之后"徐俟规模之扩充"。

宗旨则在于以国学培植本原："东西各国，每务推广其文字之势力，以恢拓其国力。我不亟图维持国学，将输入之文，既有喧宾夺主之患，固有之文，反有礼失求野之时。议者谓文学但取适用，若中国经籍之浩博、文理之渊深，不必汲汲焉专精以从事。不知中国之所以立国，既在文教，若举数千年优美独到之处，任其消蚀，将来更无以动人民思古之念，而激志士爱国之心。故普通之文学，以适用为宜，而精诣之文学，尤以保粹为要。既有各种科学之学堂，以增进智识；不可无讲求国学之学堂，以培植本原。"

所拟四川存古学堂开办简章分十条，规定存古学堂旨在保存国学，为此后中等以上学堂提供教师，优秀者还可升入大学，成就通儒。学科以理学、经学、史学、词章为主课，兼习地理、算学，并添讲教授管理法以培养师资。举贡生监及中学堂毕业生皆可入选，学生名额暂定一百名，皆在学堂膳宿。学堂配监督一人，兼授理学。经学、史学、词章正教员各一人、副教员各一人。教务长、斋务长即以经学、词章正教员兼任，史学正教员兼授地理。算学教员一人，监学二人，庶务长一人。学习年限，仿照江苏办法，三年毕业、发放文凭，提学司根据其程度之深浅，派至中小学堂充当中文教员。三年学习期满、愿留堂深造者，即参仿湖北省相关章程，七年毕业。可见其开办简章兼采湖北、江苏两省办法。

附则计划，定于四月初一考取学生，应考各生自三月初一起至学务公所报名。(《本署司详请奏设存古学堂文》,《四川教育官报》, 1910 年第 4 期)

四川总督赵尔巽批复："详悉所论。近今学术流弊，洞见症结，保存国粹，自属不可缓之图。附呈存古学堂简章亦尚妥协，仰候奏咨立案，该司即一面妥筹开办，俾该堂得以及时成立，俟奉到部章，再行遵照办理。"(《督宪批提学司呈详设立存古学堂暂定简章请示遵办文》,《四川官报》, 1910 年第 3 册)

提学使赵启霖所拟四川存古学堂章程内，相比湖北存古学堂增设理学一门，虽看似与江苏存古学堂的做法相近，实则大有不同。江苏存古学堂理学附于经学一门内，四川存古学堂则单列理学一门，且居于经学之前，由学堂监督兼授，可见理学在四川存古学堂课程中的地位。赵启霖提请在存古学堂附设范镇、范祖禹、张栻、魏了翁四座理学先正祠堂，以重视人伦道德，维持纲纪，扫除学堂之科举习气。赵尔巽批复："立意甚善，应予如详立案。"(《督宪批提学司请于南城外设立存古学堂并附设四先正祠文》,《四川官报》, 1910 年第 3 册)

筹备妥当，赵尔巽于是日上奏筹设四川存古学堂。在详述提学使所请文之外，又述及自己批准创办四川存古学堂的考虑，提出存古学堂保存国粹，并非抱残守缺，而在于维持道德、建立讲求科学的基础。其称：

> 立国今日，非广求智识，无以应繁变之时机；非注重本根，无以维固有之学术。而中外理本大同，欲知人者，必先求诸知己。故人文鼎盛之地，常为开通最早之区；而识力远到之材，绝无跬步自封之虑。彼此孳乳，息息相关。该司遵设存古学堂，系为保存国粹起见，亦即所以立讲求科学之基，当予批准照办。从此朝弦夕诵，讲学有资治事，明经分途并进，数年以往，冀将有鸿博俊伟、明体达用之材出乎其中，以佐国家而一道德。若夫抱残守缺，备儒生稽古之资；摘藻扬菜，为润色升平之助，犹其后焉者也。（《四川总督赵尔巽奏筹设存古学堂折》，《政治官报》，1910年5月3日，第11版）

赵尔巽此奏折，原为四川拣选知县戴姜福所拟，赵尔巽删改较多，体现其意。戴氏认为用教科书讲授经学将导致学生不读本经："学堂既设，不能纯用儒术，讲经学者大都别撰课本，知经之本文者盖鲜。"不如让全国学童皆诵读《论语》之白文，不过一年半载即可卒读，"稍长讲贯，开卷有益。要使屠沽下材，悉范围于圣学之中。斯其阴固国本，非浅鲜也"。在其为赵尔巽所拟关于四川存古学堂的奏折中说："教育之理，首重普及。以省一学堂存古，必不如使全国各学堂相与存古。经书以《论语》为最纯，本文无多，童习易成。拟乞特命通谕，申明尊孔之旨，令全国学生皆必读《论语》。并饬下部议定制，嗣后开学考试，小学堂学生非默写《论语》

无讹者，不得升入中学堂；中学堂学生非讲解《论语》无谬者，不得升入高等学堂。如此明示准则，庶几通国之人不坠圣教，所操者约，而所及者广，其存古之效，宜尤大也。"（戴姜福：《遵拟筹设存古学堂奏折》，宣统二年二月，赵尔巽档案，中国第一历史档案馆藏，案卷号468；转引自罗志田：《国家与学术：清季民初关于"国学"的思想论争》，生活·读书·新知三联书店，2003年，第128页）

　　戴姜福指出四川存古学堂名额不过百人，"三年毕业，计三十年之通不过毕业千人；无论学成如麟角，即令皆成就，幅员而分之，每县当不过数人，聊可藉以抱残守缺而已，世所不重，若存若亡，可决言也。"（《拣选知县戴姜福禀文》，宣统二年二月十八日，附在其《遵拟筹设存古学堂奏折》，赵尔巽档案，中国第一历史档案馆藏，案卷号468；转引自罗志田：《国家与学术：清季民初关于"国学"的思想论争》，第127页）赵尔巽并未采纳戴姜福拟稿中关于全国学童皆读《论语》的建议，更强调保存国学在于立讲求科学之基，且特别指出，存古学堂保存国粹，抱残守缺为第二义。

　　在此之前，约在宣统二年（1910）三月底，赵启霖礼聘谢无量为存古学堂监督。（郭书愚：《四川存古学堂的兴办进程》，《近代史研究》，2008年第2期）是年8月26日，存古学堂开学，四川总督赵尔巽及各官绅均陆续莅临开学典礼。赵尔巽及谢无量皆有讲演。（《存古学堂开学》，《四川官报》，1910年第19册）

　　5月8日（三月二十九）　章太炎在《教育今语杂志》发表《论教育的根本要从自国自心发出来》（文章署名独角），主张"自国的人，该讲自国的学问，施自国的教育"，可谓一篇白话国学宣言。但章太炎并不故步自封，主张教育的根本"要从自国自心发出"的同时，对于本国所无的学说，也要引入资为补助。

　　章太炎开宗明义称："本国没有学说，自己没有心得，那种国，那种人，教育的方法，只得跟别人走。本国一向有学说，自己本来有心得，教育的线路，自然不同。"故先讲中国一向就有的学问，以白话讲述一番中国学术的历代变迁史。大体称"中国学说，历代也有盛衰，大势还是向前进步，不过有一点儿偏胜"，周朝偏重历史政事，民间无学，哲理较少涉及。老子、孔子时期，历史、政事、哲理民间渐有所知。"汉朝以后，懂六艺的人虽不少，总不如懂历史政事的多"，哲理则全然不讲。魏、晋、宋、齐、梁、陈时期，讲哲理比得上六国，六艺之礼、乐、数"一日明白一日"，"书只有形体不正一点，声音训诂，仍旧没有失去"。历史政事"容易知道"，"总算没有什么偏胜"。隋唐时候，只剩"历史、政事"是唐人擅场。宋朝人做考据、讲经世、求心性，"还算没有偏胜，只为不懂得礼，所以大体比不上魏、晋几朝"。明朝"理学只袭宋儒的唾余"。到明末顾炎武，渐成气候。清朝历史学比得上宋朝，讲政事颇少，不成大体。"至于哲理，宋明的理学，已经搁起一边了"。至于"现在"，"书学、数学，比前代都进步。礼学虽比不上六朝，比唐宋明都进步。历史学里头，钩深致远，参伍比较，也比前代进步。经学还是历史学的一种，近代也比前代进步。本国的学说，近来既然进步，就和一向没有学说的国，截然不同了"。

　　总之，"到底中国不是古来没有学问，也不是近来的学者没有心得"。但先存主观，以"偏心去看，就看不出来"。偏心有两种："只佩服别国的学说，对着本国的学说，不论精粗美恶，一概不采，这是第一种偏心。在本国的学说里头，治了一项，其余各项，都以为无足重轻，并且还要诋毁。……这是第二种偏心。"

因此主张：

> 自国的人，该讲自国的学问，施自国的教育。像水火柴米一个样儿，贵也是要用，贱也就要用，只问要用，不问外人贵贱的品评。后来水越治越清，火越治越明，柴越治越燥，米越治越熟，这样就是教育的成效了。至于别国所有中国所无的学说，在教育一边，本来应该取来补助，断不可学格致古微的口吻，说别国的好学说，中国古来都现成有的。要知道凡事不可弃己所长，也不可攘人之善，弃己所长，攘人之善，都是岛国人的陋见，我们泱泱大国，不该学他们小家模样！（独角：《论教育的根本要从自国自心发出来》，《教育今语杂志》，1910年第3期）

5月23日（四月十五）　报载学部有再次拟设国学院之议。

先是，1909年9月28日，舆论记："政界人云，枢府以建设国学院一事，上年即经决定，嗣因要政纷繁，其议遂寝。昨特饬交学部务于日内将草案一切章程筹定，俟张相国假满后，妥加核议，当即奏请施行。"（《要闻·仍有建设国学院之耗》，《大公报》，1909年9月28日，第5版）后因张之洞去世，遂中辍。故在是年又提此议，舆论记："张文襄在时，曾有建设国学院之议，并已决定今春设立，嗣因遽尔长逝，赞成者无人，其议遂置高阁。现世中堂为保存国粹起见，日昨特邀学部唐尚书至东四牌楼灯草胡同相府内妥订该院草章，以便奏请建设。"（《北京·世相国保存国粹》，《大公报》，1910年5月23日，第9版）

5月25日（四月十七）《申报》驳斥学部各堂认为保存国粹应以经义与小楷为要素的观点。

其文称："学部各堂提议谓保存国粹实为当今急务，而经义与小楷二门尤国粹中之要素。近年屡次廷试留学毕业皆未注重及此，故所进多非真才；此次再不注重，不惟真才难出，且于保存国粹一事恐至终托空言云云。惟某侍郎则谓保存国粹有优拔举贡在，若留学生似宜拔取实学，各堂闻均不以为然。现廷试诸子得此消息皆异常惶恐云。"（《紧要新闻一·异哉学部之所谓保存国粹》，《申报》，1910年5月25日，第1张第5版）5月26日，《申报》又论及此事，以保存国粹与欧化的先后次序为说，称：

　　呜呼！今之提倡保存国粹者，国粹与欧化冰炭不相容也。今欲将数千年冰炭不相容者，而顾使之陶冶于一炉，不亦戛戛乎其难者。虽然，此其中有界说焉。当欧化始入之时，宜亟亟以提倡欧化为主，国粹之进退不必计也。迫夫欧化大行，群彦竞新，国粹之存亡，不绝如线，有心世道者于是始进，而以保存国粹之说，为众人倡。如是，则国粹与欧化，相背而适以相成矣。否则匪惟欧化之进行，南辕北辙，将国粹之保存，亦有保非所保者矣。呜呼！今日之提倡保存国粹者，果何以异是。我于是不得不为当代之经义精研、小楷优美者，窃欣欣然浮一大白。（《清谈》，《申报》，1910年5月26日，第1张后幅第4版）

6月3日（四月二十六）　盛宣怀拟在上海建立图书馆，以存国粹，托山东巡抚孙宝琦联络购买聊城杨氏藏书。

盛宣怀《寄济南孙慕帅》谓："中国旧书愈久愈佚，上海为万国通商巨埠，可保久安，宣怀拟在沪建立图书馆，广为收罗，以存国粹。据罗矩臣云，山东东昌府聊城杨氏为有名藏书家，杨至堂河帅之孙，凤阿舍人名绍和，所著书目名曰《楹书隅录》，其收藏宋元板精钞本富于丁松生、陆存斋，今其子孙大半不能自存，恐京中书肆捷足先得，务求台端迅即遴派妥实员幕速赴东昌查询杨氏藏书，如尚未散，请即电示，拟派罗君携带书目款项赴济请示。尊处亦派人协同赴聊，设法全数购买，以成大观。将来富拥百城，必为上海藏书之冠。"（盛宣怀：《愚斋存稿》卷七十五，见《清代诗文集汇编》编纂委员会编：《清代诗文集汇编》第 755 册，上海古籍出版社，2010 年，第753 页）

6月7日（五月初一） 章太炎《国故论衡》在日本初版，分小学、文学、诸子学一一论述。

《国故论衡》分上、中、下三卷，上卷小学十篇，中卷文学七篇，下卷诸子学九篇，共二十六篇。无著者署名，书内各篇题下则分署"章氏学"。此书版权所有者为国学讲习会，由秀光社印刷，总发行所为小石川区小向台町一丁目四十七番地国学讲习会。出版日期为"庚戌年五月朔日"。铅字排印，共 216 页。内中篇什，《原学》依据《訄书》重订本首篇论文修改，《原道》上中下三篇的雏形见于《訄书》之"儒道"。上卷"小学"内的《一字重音说》《古今音损益说》《古音娘日二纽归泥说》《古双声说》《语言缘起说》，中卷"文学"的《文学总略》《原经》《辨诗》，下卷"诸子学"的《原学》《原儒》《原道上》《原道中》《原道下》《原名》皆曾刊于《国粹学报》。（朱维铮：《〈国故论衡〉校本引言》，《复旦学报（社

会科学版）》，1997年第1期）

　　《国故论衡》早于正式刊行前，已在杂志刊发广告。陶成章等人主办、钱玄同实际主持的《教育今语杂志》，在创刊号内即已广告："本书分小学、文学、诸子学三类，用讲义体裁，解说简明，学理湛深，诚研究国学者所不可不读也。"（《国故论衡广告》，《教育今语杂志》，1910年第1期）《教育今语杂志》第3期的广告略详，交代了为学会讲演的汇集，与第1期讲义体裁相呼应，称："本书分小学、文学、诸子学三类，本在学会口说，次为文辞，说解明畅，学理湛深，语皆心得，义无剽取。要使治国学者，醇笃之士，弗以短见自封；高明之士，弗以谬想自误；多闻之士，弗以记诵自安。诚不可不读之书也。"（《国故论衡广告》，《教育今语杂志》，1910年第3期）

　　学会，即是国学讲习会。国学讲习会，不论是大成中学校的大班，还是民报社寓所的小班，讲习内容都以音韵训诂、诸子学、文学为主。经学与历史虽为章氏所重，却并未作为其讲说的重点。

　　5月28日，《国粹学报》刊登《国故论衡》广告，将之安于《文史通义》《经义述闻》《东塾读书记》《说文解字注》《诗声类》脉络中，称："此书为余杭章先生近与同人讨论旧文而作，分小学、文学、诸子学二十六篇。叙书契之原流，启声音之秘奥，阐周秦诸子之微言，述魏晋以来文体之蕃变，凡七万余言。昔章氏《文史通义》括囊大典，而不达短书小说不与邦典。王氏《经义述闻》甄明词例，而未辨俪语属辞古今有异。陈氏《东塾读书记》粗叙九流，而语皆钞撮，无所启发。段氏《说文解字注》始明转注，孔氏《诗声类》肇起对转，而段误谓转注，假借不关造字，孔不知声有正变，通转甚繁。先生精心辩秩，一切证定。口授既毕，爰著纸素。同人传钞，惧其所及未广，因聚录成帙，以公诸世。有志古学者，循此以求问学之涂，窥文章之府，庶免摛埴冥行之误，亦知修辞立诚之道。为益宏多，岂待问哉！今已出版，每册定价日币七十钱（合洋八角）。"（《国故论衡出版广告》，《国粹学报》，1910 年第 4 期）

同期的《国粹学报》"绍介遗书"栏目之"近儒新著类"版块介绍《国故论衡》，刊黄侃发挥章氏学说的文章。

文谓：

> 夫学者多贵古而贱今，谈者有废视而任听，先民已病其然，况复学术衰息之世哉！今朴学者所至，惠、戴、钱、段也；玄学者所至，二程、朱、陆也；文学者所至，汪、李、姚、张也。循兹矩度，可以弗畔。然不窥其取材所由，而徒校其成器所至，守法则易，规始即已难矣。狂狷之伦，或云不阡不陌，不章不句，卒令条理紊乱，文辞破碎，乃愈庳于前也。

> 余杭章先生，遭濡首之运，处亢龙之位，愍此国故，蔽于魖愚，讲诵多暇，微言间作。刚以顽质，获侍君子，尝闻文字之本，肇于语言，形体保神，声均是则。晓徵、揭约，独能寻理。若夫探赜索隐，妙达神指，声有对转，故重文滋多；音无定型，而转注斯起，斯尽二君之所未尽。且名言孳乳，各有渊泉。私以苍颉造文，形皆独体，声义递衍，不离其宗，乃得九千余字。然有采音而遗其形，见彼而隐乎此，此精微之独至

也。不晓其故，子韶右文，转为支诎。尝因侍论，有所陈献，既见称许，规为《文始》。夫其比合殊文，征之故老，和理内发，符采外章，则必度越数子矣。

又文辞之部，千绪万端，仲任、彦和，独明经略。萧嗣《文选》，上本挚君，盖乃钞选之常科，非尽文辞之封域。伯元所论，涤生所钞，弁侈殊涂，悉违律令。俗师末士，醒醉不分，以所知为秘妙。自非胡莘之器、卓尔之材，其孰不波荡者哉！刚昔属文，颇得统绪，比从师学，转益自信。念文学之蔽，悼知者之难，请著篇章，以昭来叶。尔乃顺解旧文，匡词例之失；甄别今古，辨师法之违。持论议礼，尊魏晋之笔；缘情体物，本纵横之家，可谓博文约礼、深根宁极者焉。

又诸子之业，兼会精埒。江左区区，玄学未泯。自玄成《治要》，钞疏班志，九流之部，独汰名家。退之粗犷，横以老庄深美之言，下厕黄巾祭酒。自尔录略，淆杂无分。故科目作而九流讹，对策盛而玄理紊。宋世高材，独欲修补儒术。周氏始作，犹近巫师，惟彼土苴，非足珍腴。二程廓尔，取资禅录，寻其从迹，未越郭象、皇侃之流；犹复外拒释老，内弹荀氏，斯盖屈于时会，非其本怀。晚有伯安，自任黠慧，强梁故可以为教父，跛眇故可以任武人，哗噪故可以树朋党。不阅众甫，故不能立主客；不明分理，故不足成家言。比及近世，颜、戴代兴，假令陈于校舍，则材技精妍；施于有政，而民萌忘死，自一时良书也。若其原本情性，推论仁义，肤受不精，弥益湫溢。尔则时有文质，论有屈伸，持为常度，未知其可。夫见古人之大体者，不专于邹、鲁；识形名之取舍者，无间于儒、墨。其惟先生，和以天倪，要之名守，通众家之纷蔽，衡所见之少多；令庵丁废其踌躇，为斫轮言其甘苦。咨可谓制割大理，疏观万物，以浅持博，以一持万者也。

方今华夏凋瘁，国故论[沦]胥，西来殊学，荡灭旧贯。怀古君子，徒用蠹伤，寻其痯残，岂诚无故？老聃有言，物壮则老，是谓不道，不道早已。然则持老不衰者，当复丁乎壮矣；于穆不已者，必自除其道矣。凡所第录小学十首、文学七首、诸子学九首，略抽微旨，以谂达者虽牛蹄之涔，非尽大海；而金石之奏，发乎寸莛。（见《国粹学报》，1910年第4期）

章太炎对《国故论衡》自视甚高。《国故论衡》第二版、第三版分别于1912年12月和1913年4月由上海大共和日报馆印行，其封面及正文与第一版完全相同，变更的是版权页。1915年上海右文社铅印本《章氏丛书》中的《国故论衡》，删去《古今音损益说》，增《音理论》和《二十三部音准》，各文多有修正。1919年浙江图书馆木刻刊行的《章氏丛书》，其《国故论衡》篇目一如上海右文版，文字有校订，而收入《章氏丛书》者都是章氏较为自珍的作品。章氏被袁世凯幽禁于北京钱粮胡同寓所时，在信中与女婿龚宝铨讨论浙江图书馆木刻刊行《章氏丛书》事，嘱咐龚氏："《国故论衡》原稿亦当取回存杭，此书之作，较陈兰甫《东塾读书记》过之十倍，必有知者，不烦自诩也。"（《与龚宝铨》，马勇编：《章太炎书信集》，河北人民出版社，2003年，第593页）

10月29日—11月1日（九月二十七—九月三十）　江谦在《申报》发表《小学教育改良刍议》，主张推行简字，以此可增进国粹的保存。

其文称："日本习汉文，尊如国学，数百年矣。至明治维新而不废，而普及教育必用拼音假名，专习国语，行之三十年，而民志隶通，战胜中国，教育之誉，追步欧西，此真简字之成效大验。"（江谦：《论说·小学教育改良刍议》，《申报》，1910年10月29日，第1张第3版）

作者以为，推行简字，不仅有普及教育之利，且无国粹沦亡之忧，反可增进国粹的保存。称：

> 知简字则知声韵，知声韵则知反切之根，略涉韵书，便窥奥窔。故简字风行，而古来反切等于无用，以其繁也。然简字风行，而反切之事，亦人人能知通其本也。经籍训诂，转注假借，大都双声，盖源于《尔雅》。汉儒毛郑诸家，承授如一，刘熙《释名》，尤为专书。朱子注经所引，率本汉儒。俗学承诵，莫知所以。知简字，知声韵，则于古人转注假借之方考而求之，心通其故，而他日之从事文学专科者，经学之盛，国粹之昌明，必倍于曩时，断可知也。夫合声简字之通今通古，利北利南，宜于中流以下之人民，而尤宜于学士大夫之子弟也。如此或者可无疑于吾言矣乎。桐城吴挚父氏，固近世学士大夫之尤贤者，当学部未设，奉命往日本调查教育，骛其进步之速，与日本学士屋胜浦伊泽等谈论，而知其假名文字效用之神，即欲归国主张推行合声简字以助教育。夫以吴子之精通旧学，褒然巨子，而心往简字教育若此，诚见之通也。惜其归国，遽见凋谢。使吴子者而主持学部之教育以至于今，吾知简

字教育之风靡而响应，藉藉于时矣。（江谦：《论说·小学教育改良刍议》，《申报》，1910 年 11 月 1 日，第 1 张第 2 版）

11月（十月）　江苏咨议局审议通过"宣统三年地方行政经费预算案"，删去了存古学堂预算经费项目，经总教曹元弼等人力争，得以延后半载，稍得维持。

江苏存古学堂自开设之初，即与江苏教育总会所力主的南菁陷入争斗当中。自 1910 年 4 月，南菁改设文科高等学堂已成定案，存古学堂地位更加岌岌可危。6 月 9 日，学部调查各省教育情况正式上奏，有关江苏存古学堂的考核评价较低，以为"湖北、江苏之存古学堂，意在保存数千年相传之文学，然未免仍沿书院之旧习"，应行整理改良。（《学部奏派员查学事竣大概情形折》，《政治官报》，1910 年 6 月 19 日，第 12 版）而学部来函中的考语更加严重。江苏省存古经学总教曹元弼将此考语转示同为江苏省存古史学总教的叶昌炽，叶氏看后感叹："今中丞以鄂学最为完备，示之标准，而承示学部来函，鄂学考语至有'内容腐败，并从前书院之不如'之说，每下愈况，此校岂复有余地。"（崔燕南整理：《曹元弼友朋书札》，第 224 页）11 月份，江苏咨议局常年会上，决议通过了"宣统三年地方行政经费预算案"，删去了存古学堂预算经费项目。对此的说明是："因高等学堂第一类本注重文科，南菁又定文科高等，均已注重国粹。此项经费，自可移缓就急。原有学生，可察其程度及志愿分别移送。"（《专件·江苏苏属试办宣统三年地方行政经费预算册》，《申报》，1910 年 11 月 26 日，第 2 张后幅第 2 版）江苏存古学堂顿时陷入危机之中。

江苏存古学堂经学总教，同是实际主持学堂事务的曹元弼，即因此事上书学部尚书唐景崇。与曹元弼同为湖北存古学堂经学总教的马贞榆[①]，收到曹氏来函，得悉"知贵省存古为群小排挤，得公独立支持，得以无事"，于 12 月 21 日回函，道："此功不止在贵省，即邻省存古，实嘉赖之。"并有相同感慨："鄂省存古现时亦为京城咨议局排挤，鄂督瑞公亦力与维持，当亦同声相应者也。"（崔燕南整理：《曹元弼友朋书札》，第 94 页）曹氏函内所称事，当即应是咨议局预算案。马氏数日后读《时报》，得知此预算案，马上致函曹氏，称："十一月十七日，《时报》言贵省存古已为咨议局议决废去，果尔，则中国之大变也。今日中国存古，惟贵省及湖北，所费比之各学堂不及百中之一，而保存国粹者无限，不审议者何心。此其人必当永堕入地狱，终无转入人道之日，然后可也。"（崔燕南整理：《曹元弼友朋书札》，第 95 页）曹氏在回函当中表示："来函言与群队豺狼为敌，以少击众，百折不回，尚能延一线之命。来岁尚有大战。"（崔燕南整理：《曹元弼友朋书札》，第 96 页）

　　以少击众，确实是曹元弼当时写照。在预算案之后，史学总教叶昌炽即有辞去教席之意。11 月 20 日，叶昌炽收到曹元弼函，商量学堂事，大体即因预算案事。叶昌炽复函道："国粹一线，惟存古是赖，稼公维持盛意，可敬可感。又得莘、雪两帅提倡而扶翼之，公道在人，此议当可望转圜。惟如下走，老病颓唐，终年不常到校，上愧师友，下惭同学。"故提出辞去教席。以为"存古事关奏案，且列宪政筹备单内，原无议废之理，但当力求整顿。如下走之腐败，自知甚审，惟有据实沥陈，请即引退，以塞议者之口"。（崔

---

①　此时的曹元弼仍兼任湖北存古学堂经学总教，到宣统三年（1911）二月才辞去此席。（崔燕南整理：《曹元弼友朋书札》，第 97 页）

燕南整理：《曹元弼友朋书札》，第234页）之后提学使樊恭煦两次上门挽留，叶昌炽仍去意坚定。其致函曹元弼，称："稼公辱临两次，其至诚可感，隆礼见推，亦非弟所克当。下情仍未蒙见谅，然区区之忱，并无一字虚饰，进退维谷，稍缓仍须仰求公解围也。"此信又附言："然弟闻外间又有整顿之说，且不及他校，但于此有微词。"（崔燕南整理：《曹元弼友朋书札》，第223页）因此，曹元弼在复函内出示学部考语。叶昌炽故有湖北省如此，"此校岂复有余地"之感，辞去教席之志更坚，称："总校虽同负责任，弟之衰病，终年不到校舍，'腐败'二字，百喙难辞，不俟终日，已惭见几之哲，若再因循恋栈，不独清议可畏，亦非所以自谋也。昨备一函致稼公，请芸巢前辈转递，但求息肩，措辞不敢激烈。"（崔燕南整理：《曹元弼友朋书札》，第224页）

与唐景崇一函，当是曹氏以少击众的重要一举。曹氏函内，将存古之存亡与纲纪沦亡、国家兴亡联系于一体，称自己"治经二十余年，不敢随俗为破碎无用之学，以忝师传。覃精研思，惟求通大义、致实用，足裨补国家万一。而目击世变，沧海横流，烈火燎原，不胜杞忧"。所忧者在于，"人才败坏，浮言胥动，民气嚣张，岌岌乎阴疑阳战，不可终日。安危治乱之几，间不容发"。挽回危局，"非有公忠体国、正学匡时、深识远虑之君子，陶铸天下智勇辩力之士"，激发其忠君爱国之心不可。正学则在"正三纲，明五伦，尊尊亲亲长长"，为大本大原，可以"使天下之人相爱相敬，各竭其聪明才力，以相生相养相保，而不相贼害"。而自"甲午乙未以后，外侮日迫，异能之士，图救弊扶衰，讲求新学。夫新学诚济时急务也，然以心术正学术正之人治之，则取彼之长，补我

之短，否则弃我之长，从彼之短，甚至包藏祸心，变乱是非，颠倒
彝伦，非圣无法，创为古今万国所未有之邪说。簧鼓雷动，举国皆
狂，革命流血排满，种种逆天悖理，臣子所万不忍闻者"，到处流行。
存古学堂之设，正是救时良方，"民俗士风，始稍稍归正"。（曹元弼：
《上唐春卿尚书师书》，《复礼堂文集》卷九，1917年刊本，第877—881页）

　　针对时人以存古为存旧的议论，曹氏重申存古学堂之宗旨，称：
"夫存古非存旧也。有时而敝者，谓之旧；无时而敝者，谓之古。度
量器械，如人衣服宫室，本不求旧，此可得与民变革者也。'六经'
之教，三纲五常，如天地日月江河，万古常新，此不可得与民变革
者也。时文试帖等往日科举之学，有时而敝，旧也。圣经大训，历
代史志，成败法戒，无时而敝，古也。往者日本变法之初，党祸蜂
起，几不国矣。及采三宅雄次郎保全国粹之议，而后民志定，国势
日强，存古关系，即此可见。盖变法危事也，有存古以奠其根本，
而后奸人不能猾乱名教，以荡众心。立宪创业垂统，可大可久之计
也，急培存古之人才，使天下多通经术明于大谊者。""兴利除弊，
内有与安，外有与御"，故以为，"存古者，立宪之本也"。

　　存古既然为国家立宪根本，因此，"今闻诸道路，汹汹有欲废
存古之说，此乃与乱贼之甚，而为宪政之大梗者。乡里一二贤者，
太息扼腕，为世道人心惧"，"试思存古当日为何而立，则今日欲毁
之者，是何居心，不问可知"，可谓将废存古之议，上升至毁弃纲
常伦纪的高度，与乱贼同道了。（曹元弼：《上唐春卿尚书师书》，《复礼
堂文集》卷九，第881—883页）

　　以上系从存古学堂的大端宗旨入手论辩，至于具体，曹氏进
而有所辩。

其一，针对"或者以为京师有经科大学、文科大学，则各省存古可以不设"的说法，加以辩驳，显是与前述江苏省相关预算案相关。在现实的论辩中，或同时涉及文科高等学堂与文科大学、经科大学的衔接。对此，曹氏于函内辩道："经科、文科所收录有限，且教员多于现在京员取之，势不能尽天下之名儒，遍得天下之英才而聚之一两校之中。各省存古，则各就一省中德行最高、学问最深之人，隆礼敦聘。"即以江苏、湖北两省为例，表示其延请者皆行高学深之名儒。存古毕业生"又为各学之师，登于朝则善治，处于野则善俗，教忠孝，遏逆乱，敦品节，达政事"，故"存古建立愈广，人才愈多，则宪政推行永永无弊。此岂经科、文科两校之所得而包，且以学堂阶级论之？"另外，"存古毕业，当送入经科、文科，递升通儒院，若各省无存古，则他日经科、文科之士，将于何取之？"

其二，针对江苏存古学堂应改设江宁之说，加以驳斥。曹氏称之为"无理妄言"，指出："苏宁提学，既分为二，高等师范，皆苏宁别设，则存古亦当两省垣分设，如欲合一，则苏省已先设两年半，苏宁两属皆江督苏抚政教所施，无分畛域。""况苏州省会，为经学极盛之区"，顾炎武、惠栋、沈彤、江声、陈奂，"诸先生皆苏人也"。加之江苏省经费较省，如果迁移，又是一层劳民伤财。

故曹元弼提请唐景崇，仗义主持其事，以免江苏存古学堂湮灭。（曹元弼：《上唐春卿尚书师书》，《复礼堂文集》卷九，第883—888页）

与此同时，曹元弼致函大学士陆润庠，称"自丁酉以来，吴中不祥少年，奋其奸智，变乱是非，颠倒纲常"，"及戊申之春，陈伯平、朱竹石两先生建立存古，敦聘师儒，讲求正学，士风始翕然知归。当创建之初，众邪侧目，幸定力坚持，克以有济。两年以来诸生学业，蒸蒸日上"。而"今议者多欲废存古，尤欲废苏省存古"，"夫存古为各学之标准，苏存古诸生治经者真能通经，治史者真能通史，治词章者真能识文章流别"。"故存古，则所守者仁义，所志者忠孝，又推本'六经'大义，历代治乱得失之迹，参考时事利病中西政治异同，温故知新，权衡常变，其才识足以兼新学之长，其道义足以塞乱党之源，此乃乱贼所深忌"，乃视废存古者为乱党。（曹元弼：《上陆凤石相国书》，《复礼堂文集》卷九，第894—895页）

曹元弼与马贞榆函内，称经过百折不回的以少击众，存古"尚能延一线之命"。（崔燕南整理：《曹元弼友朋书札》，第96页）一线之命，当即指江苏巡抚程德全将裁撤存古学堂的时间往后迁延，定于宣统三年（1911）上学期结束之后。（程德全：《奏存古学堂暂行停办折》，台北"国史馆"藏学部档，档号：195/134）如此办法，学生可以按原定章程正常毕业，不致如预算案所说"察其程度及志愿分别移送"至别校。江苏存古学堂得以完整培养一批学生。此方案为咨议局所接受。预留曹氏所说的"来岁尚有大战"。此事背后，当有唐景崇之力。叶昌炽于曹元弼处见唐景崇函，"兴学宗旨与中丞若合符节"，并言"此校虽暂可保存"。

但虽然如此，叶昌炽辞去教席之意仍非常坚定，与提学使樊恭煦函称"此校虽暂可保存，教授之法，亟宜整顿，自是至当不易之论。晚老病颓唐，滥竽已久"，不能再恋栈不去。（崔燕南整理：《曹元弼友朋书札》，第225页）对于存古人事仍是一伤，后以唐文治为代。因唐景崇函，存古校方以总教唐文治、曹元弼的名义向学部提出改办高等文科学堂的计划，当是入室操戈之击，为"来岁尚有大战"

的战略。（唐文治、曹元弼：《致学部电》，台北"国史馆"藏学部档，档号：195/134）然唐文治于第二年又辞去史学总教一席。《申报》记唐氏咨苏抚文，称："窃文治于上年十二月间接准照会，充存古学堂史学总教一席，数月以来，于诸生毫无裨益，内疚良深。文治于中西史学本无心得，近又接准部咨筹办商船学校，诸事创始，于存古一席断难兼顾。"并推荐曹福元、邹福保为代。（《本埠新闻·唐蔚芝侍郎坚辞存古总教》，《申报》，1911 年 6 月 16 日，第 19 版）

11—12 月（十月—十一月） 资政院议员孟昭常质问学部，涉及存古学堂一项，称之迂谬可笑。学部答以存古学堂旨在调停新旧，现拟酌量财力归并办理。

自张之洞过世之后，存古学堂遭到舆论与官场的大量质疑。张之洞去世后，报章杂志对其一生盖棺论定，多称其早新晚旧，寓有褒贬高下。自此之后，对于存古学堂的批评，更是不绝如缕。此时，从资政院议员到各地的咨议局议员，对于存古学堂多有责难。下到具备象征性意味的湖北、江苏两省的存古学堂，上到学部本身，都承受较大的压力。

孟昭常质问学部："存古学堂迂谬可笑，学部忍诟而存之，懒散以将之，不以为非，亦不以为是，是何政策？"（《紧要新闻一·资政院议员质问种种》，《申报》，1910 年 11 月 21 日，第 1 张第 5 版）

学部备文答复资政院议员孟昭常质问，称："查江鄂等省，先经设立存古学堂，然全国之大，不过数处，固出于调停新旧之苦心。然本部于湖南景贤、成德、达材、船山等学堂，曾经先后奏驳，可见审时度势，本部原自有权衡。当资政院开会时，本部尚书演说教育方针，云拟将存古学堂酌量财力，归并办理，该议员谅已闻之矣。"（《紧要新闻一·学部负固不服之答复》，《申报》，1910年12月21日，第1张第5版）透露出面对质疑，学部已有对存古学堂作归并处理，以减少其规模的动向。

《申报》对此有所评论，称："孟昭常之质问学部也，一为学堂之奖励实官，一为各省高等学堂、优级师范学堂之调京复试，一为存古学堂之迂谬，一为中小学堂章程之支离错杂。之数者，或贻害学务，而阻塞人才。或消耗经费，而无裨造就。皆有必当改良之理。惟以记者之意测之，其中有为学部所乐于采纳者，有为学部所不乐采纳，或阳似采纳，而未必实行者。"涉及存古学堂，称："存古学堂之设，所以尊崇古学，保存国粹也。欲其撤而去之，势且依违而不忍。欲其采纳议员之说，恐非其所愿矣。""存古学堂无裨实际，章程之纰缪滋多，则教育之前途有碍。在孟议员周旋学界之中，目睹学务之弊，其考察较学部为真，其研究较学部为切。人才之消长，在于教育之方针，而其影响且及于国本。是亦何弗采取其说，以冀救弊而补偏乎，吾是以急欲为学部告也。"（《论说·论政府对于资政院议员之质问》，《申报》，1910年11月22日，第1张第3版）

是年　杨庄《酬孙师郑先生》，称其在欧化东渐之时，能维持国粹不坠。

诗曰："康成久没世，谭经谁复传。乃有儒者徒，师古精椠铅。著述等身富，一室丛简编。欧化自东渐，汉学丕变迁。茫茫拾坠绪，国粹赖以延。顾孰能肩此，嗟哉孙子贤。"杨庄字少姬，湖南湘潭人，杨度之妹。（孙雄辑：《道咸同光四朝诗史》甲集卷七，清宣统二年刻本，第235页）

△　唐景崇掌管学部之后，陈衍致书讨论存古学堂，建议将古

字去掉，改为文学堂。

　　张之洞于 1909 年 10 月过世后，原本即存在于舆论当中的对于张之洞力推存古学堂以救时局、存书种的保存国粹融合科学之举的异议更是兴起。唐景崇于 1910 年 4 月掌管学部，时论称："以办理学务十有余年之荣庆，而忽调补礼部。以素称守旧不明教育之唐景崇，而忽升授学部。中国之用人，真奇妙不可思议。"（《时评·荣庆与唐景崇》，《申报》，1910 年 4 月 3 日，第 1 张第 6 版）张之洞旧日幕僚陈衍向唐景崇提出有关存古学堂的建议，以为存古学堂实为一专门的文学堂，存则是矣，古则非矣。似有意规劝其不可守旧。

　　陈衍函称：

　　　　前者张广雅相国既设存古学堂于武昌，旋管学部。衍议请推广各省，省设一区，所以存中国学问于万一。上备大学文科、经科学子之选，下储伦理、国文、史学、舆地教授之材，所操甚约，而收效甚大也。今之议者曰，国之所以不竞者，旧学有余，新学不足也。既曰古矣，焉用存。又曰，吾中国自有之学问皆古也，未尝亡，何待存。夫学无古今，惟问其有用与否。国之所以为国，一如人之所以为人，必有其本然之性质，浅之为语言文字，深之为风俗道德，而后政教施焉。若一切受命于人，悉丧其所固有，国不既亡矣乎，宁待种类渐灭而后为亡哉？且徒存此跂行喙息之躯，与刍豢之畜牧于人者，曾何以异耶。今存古学堂实一专门文学堂耳。存之之意则是，古之为名则非也。其主课分经学、史学、文学三门。经学者，人伦道德所从出，而兼唐虞三代之上古史也。史学者，治乱兴衰之故，无中外古今而可缺者也。文学则言语文章所以发挥其知识，畅达其纪载，抒写其性情也。名之曰古，侪诸乐器、金石、书画、板本诸古物之列，无怪来不学者之诟病，百方欲去之矣。然则所恃以号称学子者，有书贾编纂纰缪百出之课本为教育之具耳。以衍所见，卒业试卷，误书讹字满纸，支离不可句读，甚者点画随意增减，偏旁信手配合，莫辨其为何字，如此尚目为读书有学问之人，殆于不可。但使一省有一文学堂，专习经史文字，三年卒业，得稍优者数十人，升入大学及用为教授，读书种子可以不绝于中国。（《与唐春卿尚书论存古学堂书》，陈衍撰、陈步编：《陈石遗集》，第492—493页）

1911 年（清宣统三年　辛亥）

1 月 1 日（庚戌年十二月初一）　署名负生者，刊文讨论文字普及问题，以为简字白话既不能普及文字，又与保存国粹之旨相违背。

作者指出"近今以来"文字有僻奥之弊，"类非普通识字者所能了解"，因此之故，有"造为简字，挽用白话"者，以为"不知简字既不可通，白话乃更繁重，且与保存国粹之旨大悖"，提倡"即故有文字，避深就浅，删繁就简，使普通识字者，均能了解"。

提倡之道，则要因应于文字之理。作者将中国文字"分为二途，一为美术的文字，一为应用的文字"。两者施用有别，"美术的文字，固爱国者所当保存，当列之专门文学科中。应用的文字，即寻常日用所需普通之文字也。美术的文字，研究之颇不易易，然非先令应用的文字普及于一般社会，则应用的文字不能推广，即美术的文字无由保存"。主张应用文字词贵达意，"《语》《孟》诸书，辞意切实，何尝有一字一句稍涉奇奥者"。普通应用文字，宜着意矫正运用奇字之弊。（负生：《我国文字如何而后能普及乎》，《女学生》，1911

年第28期）

2月（一月） 罗振玉、王国维创办《国学丛刊》，王国维撰序，谓学无新旧、无中西、无有用无用。

《国学丛刊》当在1月初已成。1月9日，沈曾植致函罗振玉，甚称其所创之《国学丛刊》："故尝谓今日九州文献聚在京华，外间学界日益疲劫。至于士君子之知识胸襟，奴隶于外界粗浅之浮言、简单之俗论，甘放弃其神志之自由，而犹沾沾以教育政治文其愚蔽，（敝友李证刚，佛学渊博，抗然有与东方学者竞争意气，此今来所罕见，当属令谒公请教。）亡国士夫，可谓寒心。"故对于《国学丛刊》鄙人极表同情"。建议"要当以世界眼光，扩张我至美、至深、至完善、至圆明之国粹，不独保存而已，而亦不仅仅发抒古思旧之情抱，且不可与《国粹学报》复重"。（许全胜：《沈曾植年谱长编》，中华书局，2007年，第353页）

王国维《〈国学丛刊〉序》阐释学之义：

> 学之义不明于天下久矣。今之言学者，有新旧之争，有中西之争，有有用之学与无用之学之争。余正告天下曰：学无新旧也，无中西也，无有用无用也。凡立此名者，均不学之徒。即学焉，而未尝知学者也。
>
> 学之义广矣。古人所谓学，兼知行言之。今专以知言，则学有三大类：曰科学也，史学也，文学也。凡记述事物，而求其原因，定其理法者，谓之科学；求事物变迁之迹，而明其因果者，谓之史学；至出入二者间，而兼有玩物适情之效者，谓之文学。然各科学，有各科学之沿革。而史学又有史学之科学

（如刘知幾《史通》之类）。若夫文学，则有文学之学（如《文心雕龙》之类）焉，有文学之史（如各史文苑传）焉。而科学、史学之杰作，亦即文学之杰作。故三者非截然有疆界，而学术之蕃变，书籍之浩瀚，得以此三者括之焉。

凡事物必尽其真，而道理必求其是，此科学之所有事也。而欲求知识之真与道理之是者，不可不知事物道理之所以存在之由，与其变迁之故，此史学之所有事也。若夫知识、道理之不能表以议论，而但可表以情感者，与夫不能求诸实地，而但可求诸想像者，此则文学之所有事。古今东西之为学，均不能出此三者。惟一国之民，性质有所呧，境遇有所限，故或长于此学而短于彼学。承学之子，资力有偏颇，岁月有涯涘，故不能不主此学而从彼学。且于一学之中，又择其一部而从事焉。此不独治一学当如是，自学问之性质言之，亦固宜然。然为一学，无不有待于一切他学，亦无不有造于一切他学。故是丹而非素，主入而奴出，昔之学者或有之，今日之真知学、真为学者，可信其无是也。

夫然，故吾所谓学无新旧，无中西，无有用无用之说，可得而详焉。何以言学无新旧也？夫天下之事物，自科学上观之，与自史学上观之，其立论各不同。自科学上观之，则事物必尽其真，而道理必求其是。凡吾智之不能通而吾心之所不能安者，虽圣贤言之，有所不信焉。虽圣贤行之，有所不慊焉。何则？圣贤所以别真伪也，真伪非由圣贤出也。所以明是非也，是非非由圣贤立也。自史学上观之，则不独事理之真与是者，足资研究而已，即今日所视为不真之学说，不是之制度风俗，必有所以成立之由，与其所以适于一时之故。其因存于邃古，而其果及于方来，故材料之足资参考者，虽至纤悉不敢弃焉。故物理学之历史，谬说居其半焉；哲学之历史，空想居其半焉；制度、风俗之历史，弁髦居其半焉，而史学家弗弃也。此二学之异也。然治科学者，必有待于史学上之材料，而治史学者，亦不可无科学上之知识。今之君子，非一切蔑古，即一切尚古。蔑古者，出于科学上之见地，而不知有史学。尚古者，出于史学上之见地，而不知有科学。即为调停之说者，亦未能知取舍之所以然。此所以有古今新旧之说也。

何以言学无中西也？世界学问，不出科学、史学、文学。故中国之学，西国类皆有之，西国之学，我国亦类皆有之。所异者，广狭、疏密耳。即从俗说，而姑存中学、西学之名，则夫虑西学之盛之妨中学，与虑中学之盛之妨西学者，均不根之说也。中国今日，实无学之患，而非中学、西学偏重之患。京师号学问渊薮，而通达诚笃之旧学家，屈余指以计之，不能满也。其治西学者，不过为羔雁禽犊之资，其能贯串精博，终身以之如旧学家者，更难举其一二。风会否塞，习尚荒落，非一日矣。余谓中西二学，盛则俱盛，衰则俱衰。风气既开，互相推助。且居今日之世，讲今日之学，未有西学不兴，而中学能兴者；亦未有中学不兴，而西学能兴者。特余所谓中学，非世之君子所谓中学；所谓西学，非今日学校所授之西学而已。治《毛诗》《尔雅》者，不能不通天文博物诸学；而治博物学者，苟质以《诗》《骚》草木之名状而不知焉，则于此学固未为善。必如西人之推算日食，证梁虞、唐一行之说，以明《竹书纪年》之非伪，由《大唐西域记》以发见释迦之支墓，斯为得矣。故一学既兴，他学自从之，此由学问之事，本无中西，彼鳃鳃焉虑二者之不能并立者，真不知世间有学问事者矣。

顾新旧、中西之争，世之通人，率知其不然，惟有用、无用之论，则比前二说为有力。余谓凡学皆无用也，皆有用也。欧洲近世农、工、商业之进步，固由于物理、化学之兴。然物理、化学高深普遍之部，与蒸气、电信有何关系乎？动植物之学，所关于树艺、畜牧者几何？天文之学，所关于航海、授时者几何？心理社会之学，其得应用于政治、教育者亦鲜。以科学而犹若是，而况于史学、文学乎？

然自他面言之，则一切艺术，悉由一切学问出。古人所谓"不学无术"，非虚语也。夫天下之事物，非由全不足以知曲，非致曲不足知全。虽一物之解释，一事之决断，非深知宇宙人生之真相者，不能为也。而欲知宇宙、人生者，虽宇宙中之一现象，历史上之一事实，亦未始无所贡献。故深湛幽渺之思，学者有所不避焉；迂远繁琐之讥，学者有所不辞焉。事物无大小，无远近，苟思之得其真，纪之得其实，极其会归，皆有裨于人类之生存福祉。己不竟其绪，他人当能竟之；今不获其用，后世当能用之。此非苟且玩愒之徒所与知也。学问之所以为古今、中西所崇敬者，实由于此。凡生民之先觉，政治教育之指导，利用厚生之渊源，胥由此出，非徒一国之名誉与光辉而已。世之君子，可谓知有用之用，而不知无用之用者矣。

以上三说，其理至浅，其事至明，此在他国所不必言，而世之君子犹或疑之，不意至今日而犹使余为此哓哓也。适同人将刊行《国学杂志》，敢以此言序其端。此志之刊，虽以中学为主，然不敢蹈世人之争论，此则同人所自信，而亦不能不自白于天下者也。（王国维：《〈国学丛刊〉序》，《国学丛刊》，1911年第1期）

《国学丛刊》因辛亥革命而停办，共出三期。1914年4月24日，罗振玉致函沈曾植谓："曩在京与静安共创《国学丛刊》，以国变至第三四册而止，今仍拟接刊，长者旧著能允刊入否？"（许全胜：《沈曾植年谱长编》，第398页）

3月4日（二月初四）　湖南巡抚咨学部将成德、达材两校合办为存古学堂。

湖南早有仿照湖北存古学堂设立相应学堂的计划。不过湖南所拟章程与湖北相差甚大，1907年张之洞正式奏办存古学堂时，还在奏折内特意点名湖南拟设景贤等学堂，"似与向来书院考课相仿，与鄂省存古学堂之办法判然不同，毫不相涉"，要提请注意。（《创立存古学堂折（光绪三十三年五月二十九日）》，赵德馨主编：《张之洞全集》第四册，武汉出版社，2008年，第305页）之后，似受此事影响，湖南较长时段内都无创设存古学堂的计划。

直到1909年，湖南提学使吴庆坻在拟定全省九年筹备立宪办学规划时提出，湖南早有专门"存古"的学校——达材学堂，然"办法未甚完全"，故拟整合成德校士馆、岳麓景贤堂和达材学堂三校资源，"参仿"湖北存古学堂办理。不过湖南咨议局议决通过"整顿全省教育议案"，明确提出要"将景贤、成德、达材三校一律改办法政"。在吴庆坻看来，筹备立宪，法政人才固然重要，存古学堂同为"刻不容缓之图。两者相权，本无偏重，亟应同时并举"。（吴庆坻：

《移奉抚批筹设存古学堂拟将成德达材两校合并改办文》，《湖南教育官报》，1909 年第 13 期；转引自郭书愚：《清季咨议局与存古学堂的兴废缓急之争——以闽、鲁、湘、苏四省的"存古"纠葛为例》，《广东社会科学》，2016 年第 1 期）主张将此三校资源，一分为二：一设法政、一设存古。事实上则未果，当时仍以三校为法政学堂，而实际上只是占用三校资源与名义，并未真正推动法政学堂的创办。学部在 1910 年考察全部教育，于 6 月 9 日将考察结果奏报朝廷，其中涉及专门教育一项，即查到"湖南之成德、达材、景贤三校，虽冒法政学堂之名，并未遵章办理，乃更加窳败"。（《学部奏派员查学事竣大概情形折》，《政治官报》，1910 年 6 月 19 日，第 12 版）因此要求湖南亟加整顿。或许正是因为此事，三校并为二校的主张才可能得以实现。正是在学部的督促下，吴庆坻可以顺利地将景贤堂实办法政，将法政限于该校。据报道："湘省岳麓书院旧址左侧，原有屈子祠一所，嗣因书院改为高等学堂，本地士绅遂将屈子祠修葺，改为景贤法政学堂，其规则斟酌于新旧之间，为保存国粹起见。现因迫于上官之命，一切大加改良，实办法政专科。昨由该堂庶务长凌广文通告各学生云，奉堂长面谕，原以该堂经费不敷，不能建筑校舍，又念诸寒畯向学情殷，不可不稍筹津贴，因照旧书院办法，以千六百金为正课生膏火，千金为正课附课及随时投考生奖品。以去岁咨议局提议复裁膏火拟用堂课，期于逐渐改良。当维新守旧之间，局中人甚费苦心，昨上月二十七日奉学宪照会，遵照部章实办法政，据情申复等因，事系遵奉法令，何敢不从。再四思维，非裁奖金无以为延聘教员、印刷讲义之费，非加甄别则校址狭隘正课三百名端坐听讲将不能容。今特预为诸生报告，勿以失暂时似是而非之权利为介介。"（《学务·景贤学堂改良之通

告》,《申报》, 1910年8月3日, 第1张后幅第4版）

正是在此基础上，虽湖南咨议局只主张达材一校改设，吴庆坻仍向湖南巡抚提出，湖南存古学堂"虽有旧设之校，而一切设备尚在萌芽"，达材学堂"原有经费岁只八千金，即使撙节开支，势难敷用。况此次改办，原期整理扩充为全省学子观摩之地。一切规制经营，岂容苟简"？且"久奉部饬，限年成立，更不容视为缓图。若如咨议局所请，谨就达材一校改设，实有万难措置之势"。故请将成德学堂并入达材学堂，自宣统三年（1911）上学期起"正名为存古学堂"办理，"一切开办要需，则成德学堂尚有存款可资动用"。

因此，1911年3月4日，湖南巡抚咨学部有关将湖南省成德、达材两校合办存古学堂事。其文根据吴庆坻详文，阐释相应的开办缘起、宗旨与办法，称："近日东西各国学校皆注重国文一科，而考古专门且目为高尚智识，良以一国政治学术道德风俗其中各有优美独到之处，而此优美独到之精神，历古相传，悉留贻于本国文字，非保而存之，则立国本原断不能群相维持，自立于不敝之地。"针对"得新厌故"，"智识尚未开通，旧学已先抛弃"之弊，思以提倡经史之学。内中提到，"湘省存古"早有专校，唯办法未甚完全，学科不无简略，亟宜就"原有基础设法改良"，"就原有之达材存古学堂扩充"，"此项存古学堂为保全国粹而设，亦系刻不容缓之图"，故计划于"本年春"将成德、达材两校合并，设存古学堂。"自明上学期起，刻期成立。"

至于章程，因"此项学堂专章未奉学部设定颁行，所有该校一切课程，拟参照湖北存古学堂办法暂行厘订"。修习期限定为七年。

"学科凡七，曰经学，曰史学，曰词章学，曰理学，曰舆地学，曰算学，曰体操。第三年加外国史地。后四年加博览子部学。七科中以经史词章三门为主课。理学为补助课，余为通习课。经学内以经学为主课，理学史学词章为补助课，前三年遍览九经全文，讲明群经要义，后四年治专经之学。史学门以史学为主课，经学理学词章为补助课，前三年博览全史要事大略，后四年专治专门史学。词章门以词章为主课，经学理学史学为补助课，前三年纵览历朝总集，后四年诵读研究词章诸名家专集。小学附经学门内，每一星期应于经学钟点内匀出一点钟习之，七年皆同。书法学附于词章门内。其以词章为主课者，每一星期讲习两点钟，其以词章为补助课者，前三年每两星期讲习一点钟，后四年每一星期讲习一点钟。经史词章堂上点阅功课外，均当于自习室诵读参考。"（《湖南巡抚咨学部文》《成德达材两校合并改办存古学堂学科程度折》，均见台北"国史馆"藏学部档，档号：195/141）

在湖南巡抚咨学部之后，湖南省开办存古学堂的计划，在报章中有所透露。1910年3月10日，据《申报》记："湘抚杨俊卿中丞，为保存国粹起见，拟就省城开办存古学堂一所，现已编定章程，不日招考。聘请王绅先谦、王绅闿运、孔绅宪教、黄绅自元等分任监督、总教习、监学、教习等项。招取本省举贡生监入堂肄业。其校舍则尚未议定，闻系将校经堂（即成德学堂）、孝廉坊（即达材校士馆）归并办理，所有应需开办常年等项经费，即就该两处向有公款内动支。现正组织一切，不日即当发表。"（《学务·湘省开办存古学堂之计划》，《申报》，1911年3月10日，第1张后幅第4版）旋即有更为切实的奏派监督消息。4月4日，《申报》记："该堂监督一席，非遴聘通儒不足以资表率，爰札经学司吴子修学使，议定详复，请以翰林院侍讲王绅闿运充任。刻闻已经杨抚会同鄂督附片奏派矣。"（《学务·湘省奏派存古学堂监督》，《申报》，1911年4月4日，第1张后幅第3—4版）

旧历四月，学部咨复湖南巡抚，"查各省存古学堂章程，前经本部于本年三月奏准通行遵办在案，所有湘省咨到筹办存古学堂办法表折，按之奏定新章，尚多未合之处，应饬查照新章，妥为厘订，再行报部核办"。（《学部咨复湖南巡抚文》，台北"国史馆"藏学部档，档号：195/141）事实上，湖南巡抚咨学部时（二月初四），学部存古学堂章程尚未上奏定章（三月初五）。因此咨复，湖南存古学堂的筹备活动停顿下来。《申报》揣摩其原因，除学部咨复修改章程外，另有吴庆坻离任学司之故。其称："湘抚杨中丞前曾会同鄂督奏请将达材校士馆（即孝廉坊）、成法学堂（即校经堂）改并为存古学堂，并奏派王益吾阁学、孔静阶太史、王壬秋侍讲、叶德辉吏部等，分任监督总教习等项，已志前报。兹闻此项学堂，尚拟从缓开办，究其原因，系因奉到学部咨复，谓所拟办法与奏章不符，应即按照原定章程分别修正，再行咨部察核立案等语。加以本任学司现署藩篆，署司似未便擅行改动，以故刻尚搁置云。"（《学务·存古学堂缓办之原因》，《申报》，1911年8月2日，第1张后幅第3—4版）

事实上，湖南省以成德、达材改办存古学堂，一如改办法政学堂，多有名无实，据称：

> 湘省成德、达材两学堂，原系校经书院及孝廉坊改设，亦不过仅易名目，学生仍系旧日举贡。该两堂于本年春间经前抚杨中丞奏请归并改作存古学堂，经学部议驳，谓所拟章程不符

奏案，应即另行拟订咨部核夺等因，以故原议已暂作罢论。而旧有各生，亦仍住其中。学司黄司使前以各生在堂守候日久，开学无期，曾饬两校庶务长分别发给川资，暂予遣散在案。昨闻学使因访闻各生并未出堂，且有外来寄宿之人，充切其中，似此情形，殊属不成事体。查该两校现正筹画改良办法，原有校舍均须大加修造，分别扩充，另行招班开学。所有住校各生及外来寄宿之人，应即限于八月二十日以前一律搬移出堂，不准仍前逗留。（《各埠通信·湖南·学生限期出堂》，《申报》，1911年10月14日，第1张后幅第3—4版）

则湖南存古学堂之议，大体已作罢。

4月3日（三月初五）　学部上奏修订存古学堂章程。

存古学堂正式开办于1907年，当时已开办数年，并由学部纳入筹备立宪必办之事。然迟至1911年，实无全国性的统一章程，只有各地开办的实际章程。张之洞早有意在湖北存古学堂章程的基础上，修订全国性的章程，以便将存古学堂推行全国，而尽可能不失原意。早在1909年，张之洞掌学部时，学部已有拟成完善章程之计划。据1909年11月22日《申报》记："学部以张文襄公病假前曾议各省存古学堂成立日多，深恐流于泥古，有碍新机，拟由部改订划一专章，颁发各省实行等因。兹该部各堂以此议实为维持教育之最善办法，已拟继续前议，订章施行。"（《紧要新闻一·京师近事》，《申报》，1909年11月22日，第1张第5版）

1909年10月张之洞病逝，之后又经荣庆、唐景崇掌管学部的过渡。至是日，学部方上奏修订存古学堂章程。奏折称：

张之洞奏湖北设立存古学堂折内，开该学堂本年即行开学。该堂章程现系创举，拟请试办后，如无窒碍，即请学部核定通行各省，一律仿照办理等语。现在该省存古学堂，已设立数年。各省亦渐有仿照设立者。惟章程迄未通行，未免彼此歧异，或有名而无实，或费多而效少，非将原章修订通行，不足以收整齐画一之效。臣等查原章中于课程教法，筹画至为精详，而办理情形，今昔既略有不同，故条文不无增易之处。其管理规则，亦为原章所未及，并参照他项学堂章程，酌量加入，俾底完全。至毕业年限，在他项学堂中等高等，并计皆在八年以上。吾国古学精深，比之他项科学研究更为不易，原章定为七年毕业，期限较短，自应比照他项学堂定作中等五年、高等三年，以资深造。又此项修明古学之人，即为将来经师大儒之选，固贵精而不必其多。臣部前于筹备单内，奏定各省一律设立存古学堂，按之现在各省教育经费支绌情形，实觉力有未逮，若勉强设立，经费不充，师资缺乏，转不足以得真材。自应由各省体察情形，其财力实在艰窘者，暂准缓设，或与邻省合并办理。庶几设立者，皆属完备之学堂，用副循名核实之意。（《学部奏修订存古学堂章程折》，《政治官报》，1911 年 4 月 24 日，第 4—5 版）

最大变化，在于将原先设计的七年学制改为八年，并由中等五年、高等三年组合而成。同时将分年筹备计划中的各省存古学堂一体设立，变成可根据各省实际情况筹设，且以每省一所为限。存古学堂章程分为六章，从立学总义、学额及学生、课程，到入学退学、考试及毕业、学膳费及书籍费皆有详细规定。

　　第一章立学总义，规定："第一条，存古学堂以养成初级师范学堂、中学堂及与此同等学堂之经学、国文、中国历史教员为宗旨，并以预储升入经科、文科大学之选。第二条，存古学堂，分设中等科、高等科。中等科五年毕业，高等科三年毕业。第三条，存古学堂学科，分经学、史学、词章学三门。经学门为预备升考经科大学者治之，史学门为预备升考文科大学之中国史学门者治之，词章学门为预备升考文科大学之中国文学门者治之。第四条，各省已设及将来添设之存古学堂，均应按照此次所订章程办理。第五条，存古学堂每省以设一所为限，如财力实有不足者，暂准缓设。其在交通便利之处，亦可联合邻近省分，合设一所。"

　　第二章学额及学生，规定："第六条，各省存古学堂考取学生，无论本籍外籍，一律收录。第七条，存古学堂每年级学生名额，按照各地方情形酌定。惟每级至少须满六十名，其学生过少不能成班之处，应准缓设。第八条，存古学堂中等科学生，以高等小学堂四年毕业生考取升入。如人数不敷，暂准招收读完《五经》文笔通适之高才生，甄录入学。（此项学生入学后，于前二年省去补读《易》《书》《春秋左传》，而以此钟点补习高等小学应授之格致、算学、地理、历史等科。）其旧日之贡生生员中文优长者，考试合格，准其插入中等科第三年级。举人之中文优长兼习普通学者，准其考入高等科。"

　　第三章课程，规定"第九条，存古学堂学科程度，及每星期授课时刻列表"，具体如下。

经学门中等科：

学科	时间				
	第一年每星期钟点	第二年每星期钟点	第三年每星期钟点	第四年每星期钟点	第五年每星期钟点
经学（附理学、小学）	二十	二十	十八	十八	十八
以上主课					
史学	四	四	二	一	一
词章学	四	四	二	一	一
以上补助课					
算学	三	三	三	三	三
舆地学	二	二	二	一	一
外国史	○	○	○	二	二
法制	一	一	三	○	○
理财	○	○	二	一	一
博物	○	○	○	二	二
理化	○	○	○	三	三
农业大要	○	○	二	○	○
工业大要	○	○	○	二	○
商业大要	○	○	○	○	二
体操	二	二	二	二	二
以上通习课					共计三十六

经学门高等科：

学科	时间		
	第一年 每星期钟点	第二年 每星期钟点	第三年 每星期钟点
经学 （附理学、小学）	十八	十八	十八
以上主课			
史学	三	三	三
词章学	五	六	六
以上补助课			
诸子学	二	二	二
算学	二	二	二
舆地学	二	二	二
政治学	二	一	一
体操	二	二	二
以上通习课			共计三十六

史学门中等科：

学科	时间				
	第一年 每星期 钟点	第二年 每星期 钟点	第三年 每星期 钟点	第四年 每星期 钟点	第五年 每星期 钟点
史学	二十	二十	十八	十八	十八
以上主课					
经学	四	四	二	一	一
词章学	四	四	二	一	一
以上补助课					

续表

学科	时间				
	第一年每星期钟点	第二年每星期钟点	第三年每星期钟点	第四年每星期钟点	第五年每星期钟点
算学	三	三	三	三	三
舆地学	二	二	二	一	一
外国史	○	○	○	二	二
法制	一	一	三	○	○
理财	○	○	二	○	○
博物	○	○	○	二	二
理化	○	○	○	三	三
农业大要	○	○	二	○	○
工业大要	○	○	○	二	○
商业大要	○	○	○	○	二
体操	二	二	二	二	二
以上通习课			共计三十六		

史学门高等科：

学科	时间		
	第一年每星期钟点	第二年每星期钟点	第三年每星期钟点
史学	十八	十八	十八
以上主课			
经学	三	三	三

续表

学科	时间		
	第一年 每星期钟点	第二年 每星期钟点	第三年 每星期钟点
词章学	五	六	六
以上补助课			
诸子学	二	二	二
算学	二	二	二
舆地学	二	二	二
政治学	二	一	一
体操	二	二	二
以上通习课		共计三十六	

词章学门中等科：

学科	时间				
	第一年 每星期 钟点	第二年 每星期 钟点	第三年 每星期 钟点	第四年 每星期 钟点	第五年 每星期 钟点
词章学 （附书法学）	二十	二十	十八	十八	十八
以上主课					
经学	四	四	二	一	一
史学	四	四	二	一	一
以上补助课					
算学	三	三	三	三	三
舆地学	二	二	二	一	一

续表

学科	时间				
	第一年每星期钟点	第二年每星期钟点	第三年每星期钟点	第四年每星期钟点	第五年每星期钟点
外国史	○	○	○	二	二
法制	一	一	三	○	○
理财	○	○	二	一	一
博物	○	○	○	二	二
理化	○	○	○	三	三
农业大要	○	○	二	○	○
工业大要	○	○	○	二	○
商业大要	○	○	○	○	二
体操	二	二	二	二	二
以上通习课			共计三十六		

词章学门高等科：

学科	时间		
	第一年每星期钟点	第二年每星期钟点	第三年每星期钟点
词章学（附书法学）	十八	十八	十八
以上主课			
经学	三	三	三
史学	五	六	六
以上补助课			

续表

学科	时间		
	第一年 每星期钟点	第二年 每星期钟点	第三年 每星期钟点
诸子学	二	二	二
算学	二	二	二
舆地学	二	二	二
政治学	二	一	二
体操	二	二	二
以上通习课	共计三十六		

第十条，规定了"存古学堂各科课程分年教授法"。一经学。二史学。三词章学。四诸子学。五算学。六舆地学。七外国史。八法制。九理财。十政治学。十一博物。十二理化。十三农业大要。十四工业大要。十五商业大要。十六体操。十六门课程皆有不同教授法。

第四章为入学退学。第五章为考试及毕业。第六章为学膳费及书籍费。（《学部奏修订存古学堂章程折》，《政治官报》，1911年4月24日，第4—19版）

存古学堂章程的颁布，正是在舆论不断质疑存古学堂守旧之时。5月1日，《申报》报道这一新闻，登载《学部修订存古学堂章程》，于文字下加点标明："所谓不急之务。"（《紧要新闻二·学部修订存古学堂章程》，《申报》，1911年5月1日，第1张后幅第2版）同时，时人也注意到，学部虽然推出了统一的存古学堂章程，章程却实际上改变了之前学部所奏的分年筹备事宜中各省一律兴办存古学堂的计划，故署名庄俞者，读此章程后，撰文称"他项学堂以多为贵"，并视为急务；此却"明明语人以此项学堂可设亦可不设"，则学部"修订章程以炫惑国民之观听者，其为敷衍顽旧学子之计乎？抑牵窒于少数主张保存国粹之大老，不得不为此亡羊告朔之举乎？"（庄俞：《论各省可不设存古学堂》，《教育杂志》，1911年第5期）

4月5日—5月5日（三月初七—四月初七） 自是日起，姚光一月内与周祥骏（字仲穆）数次通信讨论国学。

姚光与周祥骏皆为南社社员。此时二人对当时的《国粹学报》不复当年之优皆有同感，并因此展开讨论国学。

姚光复函周氏称：

致胡仲明书，尤与弟极有同情。《国粹学报》近日流于枯燥无味，不合报章体裁，使后生小子见之，益觉望洋兴叹，殊非提倡之道。弟尝思作书辩论，碌碌未果。今阁下先我言之，快慰何如矣。弟旧作《国学保存论》一篇有云："保存者，非固守不化之谓也。当光大之、发挥之。至于泰西学术为我学所未及者，亦极多焉。当取其精华，弃其糟粕，融会而贯通之。而后国学庶能复兴，我神州之旧民，黄炎之贵胄，亦能复振矣"云云。质之阁下，当亦以为然乎！弟家居纷扰，不能一志于学。辱承推许，愧何克当。惟尝独居深念以谓今日之大患，在于人心之不古。惟人心之不古，而神州陆沉之祸愈亟矣。故窃不自揣，欲以网罗文献，表彰节义为己任，以挽季世之颓风。（《复周仲穆书·一》，姚昆群、昆田、昆遗编：《姚光全集》，社会

科学文献出版社，2007 年，第 276—277 页）

相对于姚光保存国学的态度，尤其是以为今日大患在于人心不古，故愿以网罗文献、表彰节义为发挥国学的宗旨，周祥骏则以为当时的大患在于列强瓜分，继之以愚民，且对局面极为悲观，以为虽有顾、黄之辈，国学仍终将沦亡。其言称："若果实行瓜分，则列强一意愚民，务使其不学而后已。"又云："则今日虽有王深宁、金仁山辈之独抱遗经，顾亭林、黄梨洲辈之昌明绝学，而沦胥以亡，终难有继起复兴之望。"姚光对此不以为然。于 4 月 19 日的复函回应道：

> 我国学术本有不可亡者。在我恐国亡而无王、金、顾、黄其人耳。果有其人，空山独居，抱残守缺，则彼虽欲亡我学而不可得。如此国学有一线之延，即国脉有一线之延也。而星星之火终有复燃之一日矣。至于今日之亡国，非外人之亡我，实我自亡之也。横流满地，砥柱无人。卖学鬻地之徒充塞宇内，欲神州之不陆沉，其可得乎！故今日欲挽回季世之颓风，莫如提倡节义，使人心涵濡乎宗邦典型，而生其爱种保国之念。人心未死，国可不亡矣。虽然，时至季世而欲以节义挽之，其亦大可哀也。（《复周仲穆书·二》，姚昆群、昆田、昆遗编：《姚光全集》，第 277 页）

周氏对此函的回应，似提请姚氏注意应"贯古今于一室"。5 月5 日，姚氏答道："弟前函所言，专为保存国学而发。盖言学之功用，足以起死回生，则今日之救国，是舍学必莫属矣。印度之学不灭，而国仍亡者，乃因印度之学，非印度人能自保存之，他国人好之也。他国人好之，则惟存为世界古学之一种而已，必不能动人数典爱国之思，所以无救于国之亡也。若乎先生所主之为学方针，本甚折服，亦即弟之国学保存论中镕新旧于一炉，贯古今于一室之谓矣。"（《复周仲穆书·三》，姚昆群、昆田、昆遗编：《姚光全集》，第277页）

7月7日（六月十二） 章太炎谓近日言国粹者，多入神秘一派，以为此辈加速国学沦亡。

章太炎告诫钱玄同："有人言足下近治今文之学，其语出自贵州人口，颇可怪。怀瑾素好此说，而不堕锱宋妄途。或足下亦以此自娱乎？近日言国粹者，多趣入神秘汗漫一派，闻苏州有人作《克复报》，外以理学为名，而内有一种宗教（名孟子教，亦云泰州教）。荣庆、剟光典、陈三立皆奉之，其钜子自谓得孔子正传。此辈正速国学之亡耳。"（《与钱玄同》，马勇编：《章太炎书信集》，第139页）

7月8日（六月十三） 京师督学局通知各学堂，教授中国文辞时不应掺入外国文法与无谓名词，不得废弃中国文辞，以此培植幼学始基、保存国粹。

京师督学局由学部于1906年设立，专管京城内外学务。时人称之为"学部京师第一重门户"。（《紧要新闻一·学部亏空经费八十万》，《申报》，1911年7月4日，第1张第4版）

7月8日，学部尚书唐景崇札行督学局，"由局转行各学堂，谓近日各学堂中教员教授学生，于国文一科，间有羼入外国文法之处，既乖文体又使学生难于索解，殊属不合，亟应改正。嗣后教授学生时，除理化、博物等科应用之新名词各从其本字外，其日常通用文字不得羼入外国文法，致令学生误于先入，用特知照各学堂教授国文除不许用外国文法外，字体亦宜加意讲求，偶有舛误，务予纠正，用植幼学始基，借资保存国粹。"（《紧要新闻一·唐尚书不忘国粹》，《申报》，1911 年 7 月 10 日，第 1 张第 5 版）

随后，京师督学局通行各学堂，称：

查光绪三十二年十一月，本局通行各学堂文开照得，文体为国粹所关，童年以先入为主，查《奏定学务纲要》，一则曰学堂不得废弃中国文辞，以便读古来经籍，再则曰戒袭外国无谓名词，以存国文而端士风。仰见注重国文，厘正文体之至意。近闻各学堂中，教员教授学生，于国文一科间有羼入外国文法之处，既乖文体，又使学生难于索解，殊与定章不合。亟应改正，合行通行各学堂，一体周知。嗣后教授学生时，除理化、博物等各种科学专用之一切新字名词各从其本字外，凡日常通用文字，无论课本日记，均宜留心按照，不得羼入外国文法，致令学生误于先入等因。在案现查近届中小学堂，考试毕业国文科试卷，其妥叶无疵者固属不乏，而理解纰缪、词意驳杂、字迹伪误省俗及草率不成字形者，亦时所不免。想见平日教授，容有未尽合法之处，用特重行知照，嗣后各学堂教授国文科除应查照上次通行办理外，仍应逐细批考，一以清真雅正为归，力戒潦草圈点之弊，字体亦宜加意讲求，偶有错误，务予纠正，用植幼学始基，借资保存国粹，是为至要。（《北京·督学局保存国粹之通行》，《大公报》，1911 年 7 月 8 日，第 10 版）

7月（六月） 时人建议设国学专修科以储备国学教习。

建议称："设国学专修科以多储国学教习。且从前科举时代，国学素有研究之人，现皆年长又多系寒畯，不能再入别项学堂，既可收录此辈，稍事讲习，不难为良善教师，是不惟多造师资，且广寒士之生计。赵君椿煦谓现在暂缺乏者，为初等小学教习，此项学堂为教师者必须兼授各科，非若高等小学以上教习，但讲授一二科，如专习国学，尚不适用。此等师范，似宜以国学优长为主，仍须兼习普通学科，而于管理教授方法，尤能认真研究，方为合格。"

（《分所大会提议事业》，《四川教育官报》，1911年第21期）

8月4日（闰六月初十） 《申报》登载中央教育会会员提议废止存古学堂的相关报道。

中央教育会会员石金声、王景禧、王朝俊、王炳樽、赵正印、鞠承颖提议废止存古学堂。此议根据学部所奏存古学堂之设"为将来经师大儒之选"，提出"无论世所谓经师大儒，修明古学之人，其能适用于今之教育与否，而有经科文科大学通儒院之设，古学已不虞湮没"。又根据《奏定存古学堂章程》第一条"存古学堂以养成初级师范学堂、中学堂及与此同等学堂之经学、国文、中国历史教员为宗旨，并以预备升入经科、文科大学之选"，指出《奏定师范学堂章程》优级师范第一类，以中国文学、外国语为主，第二类以地理、历史为主，则两者重合，"已不患无才"。"至升入文科、经科大学之选，则吾高等学堂毕业生日渐增多，尽可升入，更无须此存古学堂代为储备。"因此拟废止存古学堂，具体办法为："现有生徒考验程度，分别入师范分类科、公共科及初级师范。""现有校舍经费改办实业或他项需要学堂。""所有存古学堂名目及章程，即时奏请废止，明示天下，使确知朝廷兴学维新之至意。"（《专件·中央教育会会员提议案·废止存古学堂》，《申报》，1911 年 8 月 4 日，第 2 张后幅第 2 版）

8 月 20 日（闰六月二十六）　洋布商业会附设英文夜学馆在《申报》刊登广告，其学科包括国学。

广告称：

> 宗旨：本会组织英文夜学社，其宗旨专为商界之青年，于公余之后研究学问，不致废弃宝贵之光阴，俾足以培植利达之基础焉。资格：有志向学者不限年龄程度，一律教授。学额：暂定四十名。额满不录。学科：甲班，国学文编（三集）、英语文规（二集）、信札、翻译。乙班，国学文编（二集）、英语文规（初集）、作文、会话。丙班，国学文编（初集）、华英要语类编、作句、习字。丁班，国学训蒙编、默书、习字。商业速成特班，信札、簿记、文件、打字。（《来件·洋布商业会附设英文夜学馆》，《申报》，1911 年 8 月 20 日，第 3 张第 2 版）

10 月 14 日（八月二十三）　章太炎复函吴承仕讨论国学。

函称：

> 仆辈生于今世，独欲任持国学，比于守府而已。固不敢高自贤圣，以哗世取名也。……铨次诸儒学术所原，不过惠、戴二宗。惠氏温故，故其徒敦守旧贯，多不仕进。戴氏知新，而隐有所痛于时政，则《孟子字义疏证》所为作也。源远流分，析为数师，后生不能得其统纪，或以为香集旧事而已。或徒以

为攻击宋儒，陋今荣古，以为名高，则未知建夷入主，几三百年，而四维未终于解斁，国性不即于陵夷者，果谁之力也？今之诡言致用者，又魏裔介、李光地之次也。其贪鄙无耻，大言鲜验，且欲残摧国故，以自解顺民降俘之诮者，则魏李所不为也。（《与吴承仕》，马勇编：《章太炎书信集》，第294页）

是年　顾颉刚效仿邓实所创国学保存会，组织国学研究会，"还找些未刊的著作油印出来，算是国学研究会的丛书"。（顾潮编著：《顾颉刚年谱》，中华书局，2011年，第25页）

△　《励进杂志》创刊，刊发《保存国粹论》，劝崇拜欧化者先从保存国粹始。

其文称："立国于大地之上，莫重于保守国粹。国粹即一国之神精也，一国之脂膏也，为国民者皆有保存之责，而观我国人则置之不顾。一般学子，东奔西逐，神影并驰，如醉如梦，袭欧美之弁髦，蔑神州之典籍，空言六义，而'六经'则不知矣。空言诸子，而列朝之史不知也。空言学派，而古今之学派不知也。夫他国文字非不可揣摩也，病在不将本国文洞悉也。国力之弱，至于此极。吾故曰，我有所恃，恃四千年之历史，恃四百兆之语言风族，恃圣贤明达之学识，恃英雄伟大之事业。世有崇拜欧西文化者，请先保存国粹始。"（《保存国粹论》，《励进杂志》，1911年第1期）

1912年（民国元年　壬子）

1月11日　章太炎、蔡元培于《大共和日报》联名刊登公开信，寻求刘师培音信。（汤志钧编：《章太炎年谱长编（增订本）》，中华书局，2013年，第220页）

章太炎、蔡元培联名云："刘申叔学问渊深，通知今古，前为宵人所误，陷入范笼。今者，民国维新，所望国学深湛之士，提倡素风，任持绝学。而申叔消息杳然，死生难测。如身在他方，尚望先一通信于《国粹学报》馆，以慰同人眷念。"（《与何震、刘师培》，马勇编：《章太炎书信集》，第82页）

1月　惕微撰文记述吴庆曾学行，述及吴氏认为欲发扬国学当先精研翻译的见解。

传文谓："女士生遇文教坠地之秋，每致慨夫文章阒采，国粹沦胥，大海狂澜，辄欲以砥柱中流为己任。谓富于思想之国民，兴灭继绝，每易世而复盛，非若政治武力进锐退速者比。中国自皇古而还，几经枭雄之荼毒、虏马之凭陵，终岿然而存立者五千年，文字之功也。海通以来，欧潮澎湃，右行之文，不胫而夺仓颉氏之席，欲昌国学，当先精究夫狄鞮，殆亦孙子所谓知己知彼，百战百

胜者欤。"（惕微：《吴孝女传》①，《妇女时报》，1912年第6期）

2月5日　冯平感慨国人心醉西方文学，尽弃国学，在为许瘦蝶《梦罗浮馆诗词》作序（署名复苏）时抒发此意，"谋保存国粹，商量旧学"。

序称：

> 慨自欧风东渐以来，文人学子咸注事于蟹行文字，心醉白伦之诗、莎士比之歌、福禄特儿之词曲，以为吾中国莫有比伦者。呜呼陋矣！以言我国之实学，诚相形见拙，若以文学论，未必不足以称伯五洲，彼白伦、莎士比、福禄特儿辈，固不逮我少陵、太白、稼轩、白石诸先辈远甚也。奈何不知希踪李、杜，取法辛、姜，精研而传远久，以光中国，反舍己芸人，尽弃其国学而学于人，不仅贻祖国文界之羞，抑且为邻邦之鸿博所窃笑。呜呼，铁笛一声，军容激越，楚歌四面，伯气销沉。谁谓诗词小道，无关于军国大势者耶！年来爱国好古之士，已尽知文学系国家之盛衰，而谋保存国粹，商量旧学，于是诗词歌曲，隐隐若死灰复燃，晦盲否塞之文学界，庶几有光明灿烂之希望。（复苏：《梦罗浮馆诗词序》，转引自杨天石、王学庄编著：《南社史长编》，中国人民大学出版社，1995年，第242页）

2月10日　四川存古学堂改为国学馆。

四川存古学堂在1911年四川保路运动期间，已受到不小影响：

---

①　此文亦载《申报》1912年1月31日第2张第8版。又见于《女子国学报》1912年第1期、《协和报》1912年第19期。

经费不足、新班不能开设、旧班人数大大下降，存古学堂处于存亡之间。民国肇建，教育部允许仍在办理的存古学堂将已招旧班学生培育至毕业，此后则不准再招新生。四川存古学堂因此作相应时势的调整。

是日，四川"以前清存古学堂基址，与旧日原有之学生及经费"组成国学馆，以"存古学堂国学馆"的名义继续开办。（郭勇、张丽萍：《四川存古学堂及四川国学学校考略》，见四川省文史研究馆、西华大学蜀学研究中心主办：《蜀学（第三辑）》，巴蜀书社，2008 年，第 29 页）国学馆主要分为三部门：存古学堂原有的教学事务由新成立的"教科之部"承接管理，清季已有开办计划但尚未实施的存古书局改设为"印刷之部"，另新设"杂志及讲会之部"。（郭书愚：《官绅合作与学脉传承：民初四川国学研究和教学机构的嬗替进程（1912—1914）》，《四川大学学报（哲学社会科学版）》，2011 年第 5 期）

国学馆虽承袭存古学堂而来，修习课业的重心则已有较大改变。存古学堂规制，自张之洞首创，主要即以经学、史学、词章学为三大主科。承袭四川存古学堂的国学馆，对此有较大调整，"专经"成为最重要的修习方式。新章规定"教授主课"："前清以经、史、词章并列为三科。兹定国学馆学生全班分年专治一经，一经已毕业，再改治一经。由此递升，按年分授，以求深入（群经注疏平时兼习）。"之后更进一步规定，即便史学、词章两科学生也须将"本岁所习专经"与各自主科一并作为"主课"，且史学、词章授课钟点"不得与经学授课查课钟点相抵触"。"学生入馆一日后须各习一经，所习之经概由自定。"国学馆对此相当看重，专经皆配以专门导师。《仪礼》《礼记》《诗经》《论语》《孟子》的专经导师为吴之英。《周礼》《春秋公羊学》《春秋穀梁传》《尚书》专经导师为廖平。《春秋左氏传》导师为刘师培。(《四川国学院咨送前清存古学堂旧班学生试验成绩总分表、专经名目表各一本文》，四川大学档案馆藏"四川存古学堂档案"第26卷；《国学馆办法简明章程》，存古档第3卷；转引自郭书愚：《官绅合作与学脉传承：民初四川国学研究和教学机构的嬗替进程（1912—1914）》，《四川大学学报（哲学社会科学版）》，2011年第5期）

　　国学馆简章规定，主课教员讲授国学，"凡经、史、词章用功次第，点阅何书，参考编辑何书皆由教员规定。首在讲堂发起条例，每日监察诸生自习勤惰。每周批答所缴札记及评改课卷，随时于讲堂发还，以便质问。遇经史疑义稍繁重者，亦会诸生公决之"。教员"于学术门径及条例须面授者随时升堂讲演，在馆学生概须听讲"。学校"设有藏书室，学生于主课以外均可随时览阅以扩学识"。考试分"临时考验、学期考验二种"。主课教员规定学生点阅书籍页数，查验学生每周所呈"日记"，"须有摘抄若干条，疑义心得若干条（条数由教员定之）为及格"，并"每月综其勤惰以定分数，又就所阅经史每月各发问题考验一次，并考验词章一次"，是为"临时考验"。此外，每学期"由教员先发编书条例若干条，令学生就其条例各择编一种，限于一学期内编成，考其优劣以定分数（如大种非一学期所能成者，于学期先将成稿呈阅以定分数）"，是为"学期考验"。

　　国学馆成立"杂志及讲会之部"，专门负责开设国学会并刊行《国学杂志》。该会"由国学馆及馆外通儒发起"，意在"约集通材，实地研究古礼古乐并示期讲论，仿白虎观法办明各经大纲巨案"。每周开会一次，"命题讲演，先期拟题登报，凡馆外热心国学者均得入场旁听。一则馆内学生得资传习，以储临时讲演员之材；一则广树风声，俾国学渐臻普及"。国学会"附刊杂志，凡会中讲义以及馆内外佳作均得入选"。学生如"治经编著一书，条例秩然"，也"由国学会酌量付印"。数月后，国学馆归并国学院。鉴于国学会设立以后"成效昭然"，国学院决定将该会改为"讲演会，于院员之中推一谙悉外情、语言昭朗者主任其事"，"一切办法略遵旧制"。

国学馆章程还规定，主课"每月及学期考验先期宣布题目条例。校外学者亦得与考，佳者特赠奖品。将原文揭载杂志以示鼓励。凡考验期内，校外愿与考者可至馆检阅图书，惟不得携出"。（郭书愚：《官绅合作与学脉传承：民初四川国学研究和教学机构的嬗替进程（1912—1914）》，《四川大学学报（哲学社会科学版）》，2011年第5期）似兼取书院考课之旧习。

是年11月，经省议会议决通过，四川国学馆与职能相近的四川国学院合并。

2月28日　马裕藻等在杭州发起成立国学会，举章太炎为会长。

国学会应早在1月已基本成议。1月24日，章太炎函问钱玄同："学会不知设于何处？又浙江有新教育会亦未知其中是何情势？公举仆为会长，沈衡山为副会长，因未识倡会之人，故去就未能谈定，并请访示。"（《与钱玄同》，马勇编：《章太炎书信集》，第145—146页）

《国学会缘起》称：

先民不作，国学日微，诸言治兴学，以逮艺术之微者，罔不圭臬异国，引为上第。古制沦于草莽，故籍鬻为败纸，十数稔于兹矣……语曰：国将亡，本必先颠。典章制度名物训故，玄理道德之源，粲然莫备于经子，国本在是矣。今言者他不悉知，唯欲废绝经籍，自诩上制，何其乐率中国而化附于人也。方当匡复区夏，谓宜兴废继绝，昭明固有，安所得此亡国之言，以为不详之征耶？刘子政有言，历山之田者善侵畔而舜耕焉，雷泽之渔者善争陂而舜渔焉，东夷之陶器窳而舜陶焉，故耕渔与陶，非舜之事，而舜为之以救败也。学术之败，于今为烈，补偏救弊，化民成俗，非先知先觉莫能为，为亦莫能举其效。余杭章先生以命世之才，为学者宗，魏晋来大儒，罔有逮者。昔遭忧患，旅居日本，睹国学之沦胥以亡，赫然振董，思进二三学子，与之适道。裕藻等材知驽下，未能昭彻所谕教，然海内学校之稍稍知重国故，实自先生始之。流风所被，不其远乎？虏廷克灭，先生亦返国，昌言至论，既彰彰在人耳目，同人复以学会请，庶尽其广博，以诒后昆。先生许诺。且言今之所亟，在使人知凡要，凡要微矣，诚得其故，如日星河岳然，虽月三数会，不病寡也。既获命，敢告海内贤士大夫，莫莫葛藟，施于条枚，岂弟君子，求福不回。文武之道，未坠于地，十室之邑，必有忠信。宣扬而光大之，是在笃志自信者，可以固国，可以立，可以诒后，可以仪型万世。凡百君子，其亦有乐乎此也。

学会规约确定：

一，定名曰国学会。

二，请章太炎先生为国学会学长，并随时延请耆儒硕彦，分科讲授。

三，讲授科目大别有六：甲，文（音韵训诂，字原属焉；文章流别，文学史属焉）；乙，经（群经通义）；丙，子（诸子异义）；丁，史（典章制度、史评）；戊，学术流通；己，释典。

四，讲授期以壬子年阳历四月七日、阴历二月二十日房日始，自后凡房虚昴星日即为会期。

五、愿入会者，以得会员三人以上介绍而学长允许为准。

六、凡会员暂定月纳会费银二元。

七、凡所讲授，由会员分任，编为国学讲义，随时印行，以饷学者。刊行讲义，别有详章。

（《要件·国学会缘起》，《大公报》，1912 年 3 月 1 日，第 10—11 版）

3 月 4 日，《大共和日报》刊登《国学会广告》："兹者中夏光复，民国底定，振兴国学，微先生其孰与能，同人念焉。爰设讲学会于湖上，乞先生主持之。"发起人为马裕藻、钱夏、朱宗莱、沈兼、龚宝铨、范古农、朱希祖、许寿裳等。会址暂设杭州方谷园。

身为国学会会长的章太炎，很快便辞去该职务。3 月 23 日，章太炎致函钱玄同，谓："浙中土酋讼棍盘据省城，而旧家绅士亦实含有习气。对此茫茫，觉吴山越水无足以系感情者。教育会、僧教育会二席皆拟决绝。辞退学会最所留恋，终恨处非其地也。"（《与钱玄同》，马勇编：《章太炎书信集》，第 146 页）5 月 1 日，章太炎又函钱玄同："劳役政党之间，致国学会不能如约。今得来电，先请云成、

怀瑾代理，可谓得人。"（《与钱玄同》，马勇编：《章太炎书信集》，第146
页）5月25日章太炎与朱希祖："学会已请杨崔，欣慰之至。仆抵京
一月，无善可陈。京师腐败之风犹如曩日。当革故鼎新之际，法律
未能实行，官僚派乘此时机造谣簧鼓。仆在南反对同盟会，而在此
则意见相反，惟欲击碎竖子脑袋而已。政府成立已及四月，而政界
尚复纷糅，有所献替，亦只老生常谈也。心孚颇劝仆讲学，此乃受
官僚派运动，欲仆少弛威严耳。要之，今日尚非其时，具此肝肠，
震电冯怒，亦无心讲学也。若以余闲，对人发表意见，兼及学术之
言，事非不可。"（《与朱希祖》，马勇编：《章太炎书信集》，第290页）

2—3月 《国粹学报》停刊，以《古学汇刊》为名发行。

国学保存会自成立之后，在活动过程中，越来越体现出革命的
意味。作为国学保存会最为核心的成果《国粹学报》，以发扬区别
于"君学"的国学与群学为主旨，成为与官方国学相抗衡的重要民
间存在。国学保存会开办国粹学堂（计划未成）、发行国学教科书、
开设藏书楼、编辑国粹丛书、汇集博物与艺术作品储藏并刊印发行
相关资料，同时与《政艺通报》配合，政艺学兼容，陶铸新旧，成
为一时风气，对于塑造国民精神大有影响。中华民国成立后，国学
保存会亦需发展新方向。另外，《国粹学报》近来颇现颓势，为外
界所质疑。姚光与周祥骏皆为南社社员，与《国粹学报》关系不算
疏远，姚光在复函周氏时称："《国粹学报》近日流于枯燥无味，不
合报章体裁，使后生小子见之，益觉望洋兴叹，殊非提倡之道。弟
尝思作书辩论，碌碌未果。今阁下先我言之，快慰何如矣。"（《复周
仲穆书·一》，姚昆群、昆田、昆遗编：《姚光全集》，第276—277页）

是时，国学保存会公开发表《拟推广本会之志愿》，广而告之，

回顾历程，申说志愿："本会倡办至今，已越六七年矣。所刊先儒遗著，明季野乘，古代金石图画，不下百余种。《国粹学报》发刊亦已及八十二期。今者满清退位，汉德中兴，海内识微之士，多谓本会为精神革命之先河，同人等固未敢自居文字之功，然硁硁自守，抱其素志，毋敢少渝。中间虽屡经官家之注目，始饵以金资，继加以威吓，同人不为少动，不为中止，得延一线至今日。际兹民国成立，言论结社得以自由，同人等固当不懈而益勤，思以发展其素抱。尤愿海内同志，相与有成也。"故将拟推广的条例公布。

"拟推广条例"包括两大系列。一者为流通古学，包括四个方向：一是刊印先哲遗书（除风雨楼丛书、美术丛书之外，另印多部大型丛书）；二是发刊《古学汇刊》（即原《国粹学报》）、《神州大观》（即原《神州国光集》）；三是设古物流通处（表示"凡海内士夫有欲收罗搜访者通函本社，为之购求，有欲将家藏古物、家刻书籍寄售者，本社为之经理"）；四是设金石采访处（表示"凡海内有新出土之金石碑版，本社皆愿收罗，或旧碑久埋，本社当派人往拓或由当地人代拓，本社当送回工资"）。一者为研究古学，包括三个方向：一是设立古学研究所（"招致海内耆硕，分门研究，按期讲说"）；二是推广藏书楼（考虑到"本会藏书楼仍无力自建，所储宋元旧椠仍少，不得不亟求扩充"）；三是设考古展览会，分大会、常会两种。（《拟推广本会之志愿》，《国粹学报》，1912 年第 8—13 期合刊）

《古学汇刊》的出版广告交代了其缘起，称并非单纯改名，而是《国粹学报》停版，发行新报。其文称："《国粹学报》刊行至今，已及七载。前者专制时代，文字祸烈，故不得已微文见志，今革命告成，文字收功。际兹言论自由，本社同人益得发舒新识，沈研古谊，广为著刊行世。"决定"从八十二期止，将从前各稿稍为结束，合刊为一巨册，以后即停版。今年另行组织新报，定名为《古学汇刊》，每二月出一编"。请缪荃孙为总纂，邓实则仍为主任。确定于阳历六月出第一编，"其所选刊皆系人间孤本，世之嗜异书而欲得佳帙者，幸速定购焉"。《古学汇刊》略例称："本编宗旨在发明绝学，广罗旧闻，故所刊录专主经史杂记之有关系而足资考订者，欲使读者得此足以增益见闻，助长学识。全编当无一无兴味之作，无一寻常经见之书。"《古学汇刊》分上下两篇，上篇刊前人遗著，下篇刊今人新著，大略依据经史子集的顺序刊录。由此可知，《古学汇刊》确与《国粹学报》发扬国学的旨趣差异较大，原先"社说"一栏内特色鲜明的论学文章已不见踪迹，汇刊古书成为此刊最为重要的内容。(《古学汇刊略例》,《国粹学报》1911年第8—13期合刊)

1912年6月，国粹学馆正式发行《古学汇刊》，由风雨楼编印。

3月12日 时人论国人对于中国自然及历史文化方面的景观古物，都应有保护之义务，不应致国粹任人践踏。

此文称：

> 保存国粹一事，记者曾于去岁本报三十期中约略言之，题之曰保存国粹之良法，盖鉴夫近今凡有文化之邦人，对于乡里间或天然、或历史文化上种种尊贵之国粹，皆有保护之义务，防免无知恶徒，或投机生易之市中无赖为之破坏损害，因而倒踬也。独中国人民不知此义，竟容溺惑宗教之狂妄，施其粗野

之行为，致所有之奇景、古迹尽被蹂躏，或任其自行倒蹋。昔日记者再再提倡实行，防备倒蹋，而关于杭郡西湖有国粹之纪念被人蹂躏者，又特印以当时所摄之影，以期人人触目惊心，设法保存。此论出世已一年矣，而中国人民竟漠然置之，殊属可惜。查乡间所有奇景之倒蹋，固非尽出自华人，大抵为卖奇药之市招所污毁。至于卖奇药之洋商，到处贴其市招，先本劝诱乡民，嗣竟于乡里上等地位公然张示其无味之市招，欺人观览，损伤人民健壮之胃口，岂非可恨之尤乎。所以记者谓毁坏中国古迹者第一罪，在洋人。然华人又何以一任洋人蹂躏其故里之奇景而不之禁也？记者敢谓此属有教育等人之责，盖有教育者若能行之于前，则乡人之善者，自能受其感化，保护此种美观。然欲实行，此种主义又不可不将此意晓谕私家富户，以及地方有司，凡属招贴，无论其关乎人民之感觉与嗜好，一概禁止，庶可弊绝而风情。虽然，此事牵涉外交，新政府不可不首为之倡导也。试观文化之国，不但个人与地方有司同遵此意，且常颁有保存古迹之法规，并一面委派相当之人严行巡查，可知矣。然中国地方亦有此种相似之规则矣，如山东济南府保护岩石之山巅，是特行之，未能普及，斯为憾耳。

　　……文明之大义，一国人民于外人之请求权，凡属无形攻击其乡里古迹者，当竭力保存，盖按西文乡里古迹之字义，即一国文化之大体，暨运行者也，而外人评论一国之文化，亦以此为证凭也。至于记者所言之故，亦足敷保存国粹之用矣。记者对于商业生活与市招今虽未言，而其他之事故所关乎种种市招者，亦多有之。惟有国内古迹地土，凡国家永远从新生殖其上者，不当污辱蹂躏，若再任容外人毁坏，真文明退化矣。

（《呫呫国粹任人蹂躏》，《协和报》，1912年第22期）

3月　中华民国女子国学会在天津成立，并发行《女子国学报》。宣扬中国主义即国学，倡导以国学促进女教，在增加女子学识的同时争取女子参政权。

此会由郑雪案、章以保、屈荫慈、唐友琴等人发起，是中华民国建立后成立的第一个女子国学会，其亦以"中华民国女子国学会"定名。该会以"专研究国学，造成新学根柢，以便增进文明程度，革除恶劣政俗，尊重天赋人权，补助完全共和为宗旨"，带有鲜明的民国色彩。"增进文明程度"与"补助完全共和"的一大目标，即是女子政治能力的提高，故提倡女权以争取女子参政的权利。

中华民国女子国学会的创立抱负不小，"暂以天津租界余庆里三十二号为会所"，计划"俟成立后即设立分会于上海、南京、武昌、广东、四川等处，总会则以统一政府地点而定"。设会长一人，副会长二人，干事若干人，书记若干人。各分会亦设会长一人，副会长二人，干事、书记随宜酌定。规定正会长经理学会一切事务，副会长分任总成，干事员办理交际、调查、会计等事，书记员办理编辑、誊写各项事宜，皆秉承会长支配。会员"以身家清白、文理通顺者为合格"，需经正式会员介绍方得入会，且须会长认可再注册给证。学会开办经费概由发起人担任，凡会员入会须交纳入会金一元。凡属学会会员，每月常捐一元以作开支经费，"如过三月不缴，并不陈明理由者，本会即认为退会。倘生计维艰，经介绍人申明确实者，由会长随宜酌免"。同时规定，"有热心捐助本会者，即认为本会赞成员"。

中华民国女子国学会每星期开一次讨论会，各会员必须有相应成绩报告会长。会员成绩由会长评定并刊登于杂志，以资促进。学会应研究科目有：经、史、子、集、哲理、兵法、舆地、法制、教育、诗词、书法、家政。学会亦规定会员也宜注重女红，如纺织、裁缝、刺绣等。学会附设杂志一份，每逢朔望出版一次，分论说、专件、纪事、诗词、杂录等栏目，杂志发行概由会长、干事、书记担任。学会会所所在地附设宣讲所，"以启发女界一般人智识"。

学会首届会长、副会长由发起人举定，之后则由各会员以不记名投票的方式选举。干事、书记各员额数，由会长临时酌定。"会长有故，得以副会长权时代理，俱有故之后临时推举。"学会于每年四月一日开大会一次，重新选举会长、副会长，"如仍为公举时可以继任"。干事、书记不限任期，"非有他故不得任意斥退，如自行辞职，则临时推举，添补员额，亦依此例"。

学会会员著作待汇集成帙，即认为该会员享有著作权。学会会员如有热心求学、游历重洋者，学会需酌给津贴。会员之间提倡和衷共济、交相劝勉，严禁各争意气。要求会员不得毁坏学会名誉，同时"皆宜禁戒烟酒"。会员如有破坏学会章程及约章者，由全体会员"公决斥退"。至于各分会章程，可因时因地自行酌定，但不得超出总会约章范围，而约章一旦施行，便可随时公议修改。最后，规定学会永不解散。（《专件·中华民国女子国学会简章》，《申报》，1912 年 3 月 27 日，第 2 张第 7 版）

《发起中华民国女子国学会启》交代缘起：

风和日丽，中原标五色之旗；海国山陬，大地震千秋之业。凡为同气，概享共和，既属同胞，曷分畛域。天地莫乾坤之位，阴阳辉日月之光。四什首冠关雎，见文化端由女子；八卦平分仪象，继明夷必赖家人。学究冬烘谰说，无才是德，欧风东渐，竞传天赋民权，同此圆颅，同此方趾，可以入圣，可以登贤，此同人组织女子国学会所由来也。慨自姬周胎教，八百兴王，孟氏母仪，五百名世，列女传芬流巾帼，娘子军威霆瀛寰，续史传班，证经说蔡，木兰当户，俨然杀贼从军，良玉在田，竟朕丰功伟烈。此本既往之前修，欲溯来兹而莫罄。若夫借观西域，亦大有人。母教之功，华盛顿倡造美国，内助之力。俾斯麦恢复普邦，罗兰夫人执政界牛耳。维多利亚起霸国皇图。岂天生别有异质，亦无非道在人为。呜呼，公主和亲，黄鹄声声泪下，上阳承侍，红颜黯黯冰消，固女界之大辱，诚女气之不扬用。是专求国学，以文会友，以友辅仁，有谋有猷有伦，先贤作则。学电学化学光，古学复兴。与国人交，断难适旁行斜上，涉重洋学，终必要融会贯通。况女子为国民母，家庭教育，造英雄杰出之基，世界大观，标自由平等之帜，良有以也，岂徒然哉。从兹辉我国光，丕彼先烈，度二万万同胞一切苦，建二万万同胞百代功，笔伐口诛，种种不平，时以尽。雄飞雌起，巍巍大业亦何难，薄我惊心，思必精而力必大，塞彼佞口。学既足，而德既优。具曰同志，盍兴乎来。（《专件·发起中华民国女子国学会启》，《申报》，1912年3月27日，第2张第7版）

　　主要即是通过发扬国学提高女子学识，铸造共和时期的新女德，以争共和时期的政治参与权利。《女子国学会致袁大总统书》指出，"吾国女界之不振也亦久矣，岂无故而然哉，学识未具也"。同时，"欧风东渐，国学沦胥，'六经'覆瓿，'三史'束阁，识者惄然忧之，有十年后全国目不识丁之说，男界已然，女界概可知矣"。男界"有国学保存会、国学扶轮社之设"，"女子固暗无声色"。自学术一面说，民国建立，"革故鼎新，浚今复古，学术之公例也。中华为数千年古国，文化盖无可观？特沟通无人，至数典忘祖耳。盖一国自有一国之国粹，何能舍己从人"。同时，"际此共和成立，男女同观，女子参政权，揆之天理，按之人情，自在必得之数。第恐学识未优，有举鼎折胫之患"。故"发起女子国学会，研求旧籍，发明实学，础舍短取长之基，守温故知新之训，岂曰班昭续史，设教于后宫，谢媪高谈，施幔而对客，庶政权攸归，俾无渴蹶，可以利国，可以福民"，以提高女子学识及参政能力，追求女子与男子一样的参政权。（《女子国学会致袁大总统书》，《女子国学报》，1912 年第 1 期）

　　按照计划，中华民国女子国学会要发行学报，此即《女子国学报》。计划为半月刊，以促进女教，增进学识。分为插画、通论、选录、要件、国事纪、世界观、时评、敢言、教育、道德、解经、法制、子史、传记、舆地、谈兵、文词、美术、杂俎、小说诸栏目。

　　《女子国学报请民政部立案呈》谓："女子无识原于女教不兴，女教不兴，原于国学不讲，雪案等组织女子国学报于津地，仿杂志之性质，月出两期，敢云唤醒同胞，普增学识，然际此共和成立，女教日昌，慨国学沦胥，或至数典忘祖，籍补教育之不逮，亦未始非女界之幸福也。"（《女子国学报请民政部立案呈》，《女子国学报》，1912年第1期）《女子国学报发刊辞》交代旨趣：

> 近世欧亚构合，文化大兴，学者于学之一字，解说甚夥，有所谓本枝式、纵横式、螺旋式种种。日本之解释，亦繁。其最普通者，分广狭二义。前举吾国诸学说，广义是也。从狭义者，时谓学者科学也。又曰学谓阐明事物之原理也。笕克彦曰，学者谓以精确之关系，连结精确之知识，而成为统系之全部也。今之国学，广义乎，亦狭义乎？国学者，生斯国，立斯国，即维繁[系]斯国，而学其学也。日本之日本主义，日本之国学也。吾人之中国主义，即吾国之国学也。……民国底定，磐[磐]固泰安，汉官威仪，烂漫璨璀，中华中华，吾之国也，语中华语，文中华文，学中华学，事中华事，顾可缓耶？礼曰建国君民，教学为先，其此之谓乎？若夫极端欧化，印本文章，法美共和，无在而不法其法、美其美，是不翅移法美而中华，变中华而法美，国云乎哉？国学云乎哉？学之不可奴隶，如是如是。惟学必求诸用，国学非仅求固有之古学已，古学之无益于国，弃等弁髦，他人之有补于国，罗为参术，固无在而非国学也，是国学对于古学言，则属广义，对于实用言，则属狭义。折衷广狭二义，其为疏证吾固有，采补我所无，一以利用本国，俾成一种独具之特质，独立之精神之概念乎。（心荣：《女子国学报发刊辞》，《女子国学报》，1912年第1期）

当时诸多女士撰祝词、感言庆贺女子国学会成立及《女子国学

报》出版，大多从国学昌明与女权光复的角度阐发。

贺良兰《祝词》：

> 民国统一，告厥成功，众生平等，大道为公，堂堂女界，佩剑乏才，赞襄郅治，责在吾侪，要求参政，讲学为始，本末兼赅，庶几有豸，粤稽古代，女学昌明，班续汉史，伏传书经，胡我后学，弗肖前贤，无才为德，谬种流传，沉沉黑暗，堕落莫救，国势沦胥，谁职其咎，苍天悔祸，旧俗寖除，同盟有会，请愿有书，觥觥诸子，复刊报章，博文约礼，择精语详，国学大明，女权光复，宏我汉声，为国之福。女子国学报出版万岁。（贺良兰：《祝词》，《女子国学报》，1912 年第 1 期）

简淑瑛《祝词》：

> 国不兴学，其国终灭。人不好学，其人终奴。此言之或过而事之必至也。问，富强之国，有不重教育者乎？曰，无有也。问，豪杰之士有不富学问者乎？曰，无有也。故英焉法焉德焉美焉，若人才则众，若商务则兴，若实业则盛，若仓库则丰，若兵士则精，若国体则固，若外交则长，土地不为人所侵，主权不为人所夺，人民不为人所辱，人人知亡国即以亡家，人人知保家必先保国，其所以知之者即学而来，使国不重学，识于何有？既无此识，国何能强。夫我中国近十年来，学堂非不设也，学生非不多也，然设之者只设于通津，而僻壤无与焉，有之者，只有于男界，而女士无几焉。由是观之，不欲

我国之强则已，不欲我民之富则已，如其欲之，岂可不兴女学哉？岂可不设女报哉？倘仅有女学会之设立，而不创女报以辅行，则求学之勤，奚以奖励，废学之多，奚以鼓吹，故有女学校，必有女学会，有女学会，必有女报社，始可以重人道、彰女权，发平等之义，释自由之理，破除无才便德之谬，申明八岁必学之条，从此国利民福，国跃为头等之国，民登为头等之民，岂不赖斯报哉，岂不赖斯报哉。用敢致词，为之颂曰：伟哉贵报，才高学博，发为文章，为民先觉，是曰洪钟，是曰木铎，脱女界魔，鸢飞鱼跃，复古浚今，耀我巾帼。（简淑英：《祝词》，《女子国学报》，1912 年第 1 期）

潘师城《本报感言》谓：

女学倡兴之宗旨，不外乎补助国家之盛治，激发个人之权利二端。盖国家之盛治，赖合群；个人之权利，恃常识。然非具常识无以成合群之效，非借合群，无以启常识之机，二者似离而实合，可不察乎？吾观于世界竞争之祸日烈，优劣强弱之势益判，推究其极，惟合群乃能取胜。故上智之士，合群力以争于异族，次焉者恒合群力以竞同种。……吾辈生今之世，得享共和之乐，万象更新，百废俱举，及时兴学，一洗旧习，非异人任也。再不唤醒酣梦，振刷精神，合群不知，常识不备，则女界前途，尚堪设想耶。于是而有女子国学报出现。（潘师城：《本报感言》，《女子国学报》，1912 年第 1 期）

汉女《女子国学报勖词》：

慨自四德三从之谬训垂，无才是德之邪说兴，华夏女子，
悉为缠缚，苦深沉沦，良堪浩叹，幸者独夫逐放，民权有灵，
公理昌明，人道平等，女子参政权激争于南都，养成参政知
识，女子国学报发生于北部矣。猗欤盛哉，二万万既失之天
赋人权从此收恢复之效，数千年脂粉巾帼之羞，可收洗刷之功
矣。勖哉，女子国学报，任重道远，不可忽也。夫参政权乃吾
人之自有，争之固得，不争亦未尝不可得者也。孔子曰，不患
无位，患所以立。女子国学报，其宗斯旨乎。我诸姑姊妹参政
权，盖将为斯报是赖也。勖哉，倡办诸君子，其惟学问之是
修，自有权利之可享。放极长眼光，则可成伟大之事业。（汉
女：《女子国学报勖词》，《女子国学报》，1912 年第 1 期）

**章以保《女子治经之缘起》刊于《女子国学报》，亦将女子参
政权与昌明国学相联系。谓：**

学术与治术同源，而吾国之经术又学术之源也。女子无
关于治术，遂亦无关于学术，更无关于经术。伏女证经，千古
佳话，盖视为不急之务，好奇者董董为之耳。共和肇造，专制
云亡，方趾圆颅，同深尧祝。女子参政权，既在必得之数，则
女子关于治术，自兹日始，学术之必倡，经术之必讲，亦无烦
多事词费也。弟今日之治术，较之当日已异其趣，经术似已成
糟粕，见诸实施，东西洋成规具在，安事此迂阔且劳为？虽然

维持应化两主义，固并行而不相悖也。仲尼曰：古之人外化而内不化，今之人内化而外不化。（见《庄子·知北游》）王仲任曰：知今而不知古，谓之盲瞽；知古而不知今，谓之陆沉。（见《论衡》）经术者，吾国数千年治术之本源，知我之长，舍彼之短，鉴我之无，取彼之有，淬厉而采补之，非此莫属。所谓外化内不化，知今而知古者，亦我女同胞应守之严训也。若夫醉心欧化，蔑弃国学，其不为他人同化者几何，而陆沉贻祸，又同人知古所切戒也。（章以保：《女子治经之缘起》，《女子国学报》，1912年第1期）

一时集成一股女子参政的势力。然而随着女子参政运动逐渐减弱，中华女子国学会的活动也逐渐减少。目前可见《女子国学报》仅出一期。

4月下旬　苏州成立女子国文专修科，以振国学。

苏州竹荫女校主任系钱管辅厚、朱周国真、程戴振寰三位女士，"恫于国学陵夷，女子知书识字者尤鲜，特组织女子国文专修科。其学科为论说、简札、历史、地理、诗歌等五门，颇切于女子之实用。闻现在报名投考者颇不乏人"。（《要闻二·苏州女学一班》，《申报》，1912年4月25日，第2张第6版）

5月　南社社员马小进拟设贞社之分社于广东，以"使国粹旧文永光无坠"。

5月8日，姚光收到马小进来函，提到拟分设"贞社"于广东。姚光在回函中以为可以"使国粹旧文永光无坠，诚当今之急务，功不少也"。并进而问其是否有意开设"粤南社"。（《致马小进书·二》，

姚昆群、昆田、昆遗编：《姚光全集》，第 279 页）

6月28日　四川国学院作为四川"全省国学机关"正式成立。

同年9月，国学院第一项要事成立，即《四川国学杂志》创刊。11月，经省议会决议通过，四川国学馆正式并入四川国学院。

6月30日　高燮、姚光等于松江张堰镇创立国学商兑会，于是日召开成立大会。旨在"新国初基，民志未定"时，"竭力崇尚，阐明精义"，发扬国学真精神。

国学商兑会发起于1912年5月。发起人名义为"高吹万、姚石子、高天梅、叶楚伧、余天遂、胡朴庵、姚鹓雏、柳亚子、李叔同、闵瑞之、吴叔子、李芑香、文雪吟、蔡哲夫、陈蜕庵、林百举、周人菊，凡十七人"。（郑逸梅：《国学商兑会纪略》，《新纪元》，1946年第4期）其中大多为南社社员。国学商兑会发起于松江张堰镇，主要创议者即是当地的高燮、高旭与姚光。①高旭为高燮从侄，姚光为高燮之甥，三人关系密切，时常论学。5月14日，姚光与马小进通信时，告知："弟伏处里闬，亦荒江寂寞之滨耳。可与言者极少，惟天梅、吹万二三子而已。极望素心人之时惠好音也。近有'国学商兑会'之结，章程尚未单印，日间当见诸《太平洋报》。"（《致马小进书·二》，姚昆群、昆田、昆遗编：《姚光全集》，第 279 页）所列发起人，实际上多为受高燮等人所邀列名。如高燮致函周人菊："商兑会承列发起，荣幸曷极。楚伧诸子，均乞道念。"（《与周人菊书》，高铦、高锌、谷文娟编：《高燮集》，中国人民大学出版社，1999年，第365页）致函姚鹓雏："商兑会承列发起幸甚。"（《与姚鹓雏书》，高铦、高锌、谷

---

①　郑逸梅称："如果说南社的灵魂是柳亚子，那么国学商兑会的灵魂，便是高吹万。"（郑逸梅：《国学商兑会纪略》，《新纪元》，1946年第4期）

文娟编：《高燮集》，第367页）可见一斑。姚光致函陈范（字蜕庵），称：
"'国学商兑会'先生允在燕中立分会，不胜欣幸。未知已有头绪否？
如一时同志未多，弟拟先在贵报馆内设一通讯处，以树风声何如？"
（《致陈蜕庵书》，姚昆群、昆田、昆遗编：《姚光全集》，第282页）致函柳亚
子称："'国学商兑会'望多介绍松陵同志入会为幸。"（《复柳亚子书》，
姚昆群、昆田、昆遗编：《姚光全集》，第282页）皆可见主人的气概。

　　5月，高燮发表《国学商兑会小启》，宣示宗旨，邀集同志。
文称：

> 　　在昔秦政焚烧，六经尚存孔壁。汉武罢黜，百家犹在人
> 间。故有入泉出天之精诚，即为古圣先民所呵护。学之不讲，
> 古义奚知？辨有未精大道斯隐。自匡、刘以大儒而附伪莽，绝
> 不来君子之诛。吴、许以道学而仕胡元，反得享太牢之奉。盖
> 人心之尽死，皆由学术之不明矣。夫国而无学，国将立亡。学
> 鲜真知，学又奚益。况凡今之人，不尚有旧，视典籍如苴土，
> 沦坟索于草莱，户肆蟹行之文，家习象胥之籍。倚席而讲，匪
> 博士之才。抱经以行，丧宿儒之业。见披发而祭野，辛有所以
> 兴悲。作胡语以骂人，表圣因而致痛。爰立斯会，冀挽颓波。
> 非敢强人以从同，聊系绝学于一线。空山落寞，精义以阐发而
> 益深。斗室沉吟，玄谛因推敲而愈显。孤证妙解，必使切理而
> 餍心。触类旁通，亦不逞奇而眩异。邦人诸友，凡百君子，如
> 有乐乎此者，敢望贻我佩玖，同歌《丘中有麻》。与子偕行，
> 共采中原之菽。（《国学商兑会小启》，高铦、高锌、谷文娟编：《高燮
> 集》，第52页）

显示国学商兑会志在汇聚同志、发挥国学之真知，以存学立国。

5月23—27日，国学商兑会在《太平洋报》发布章程，规定以"扶持国故，交换旧闻为宗旨"。分经学（小学附）、史学（政治学、舆地学、掌故学附）、子学（理学、佛学附）、文学（美术学附）四类。公举经、史、子、文评辑员各一人，理事长一人。常会每月一次，由评辑员主持，内容为"讨论学术，发明文艺"，"会员亦得各抒己见，互相质证"。大会一年两次，内容为"报告事件，提议一切"。会址设于松江张堰镇，通信处暂设于位于该镇的姚光家。（《国学商兑会章程》，《太平洋报》，1912年5月23、24、25、27日，第12版）

自此，国学商兑会的结社缘起与宗旨章程皆已公布，遂于是日召开成立大会。成立大会经投票，"公举评辑员四人，经学李苦香，史学高吹万，子学陈競广，文学高钝剑。理事长一人姚石子。其文牍、书记、会计、庶务各员，均由理事长推定"。成立大会议定事件数项："（一）向教育部立案。（二）各省设分会。（三）沪上文美会并入本会。（四）于本会先筹设藏书楼。（五）每年出丛选四册。"《申报》评曰："方今神州国学衰微甚矣，今此会之立，当建设伊始，而会员遍大江南北，多当世知名之士，将来定能放绝大异采也。"显然为国学商兑会自许。（《要闻二·张堰镇国学商兑会成立》，《申报》，1912年7月4日，第2张第6版）

高燮作诗志喜："勉矣千秋集，精灵倘在兹。名山期述著，绝学叹陵夷。道义吾多愧，文章孰起衰。古人今不作，怀想一攀追。"

"赤松高隐地，风雨发奇光。坟典书谁读，丘轲道不扬。正声常郁结，大义久微茫。留得斯文在，江湖水共长。"（《国学商兑会成立

喜志以诗》,《南社丛刻》第七集, 上海太平洋报馆, 1912年, 第6—7页）

傅尃作诗寄赠高燮、姚光:"《诗》亡不见《春秋》作, 坠绪茫茫绝续时。得有诸君力复古, 肩肩朴学是吾师。岁寒松柏期终勉, 劫后蒿莱赖总持。壮悔自惟今未晚, 倘教不死定相思。"（傅尃:《寄吹万、石子国学商兑会》, 转引自杨天石、王学庄编著:《南社史长编》, 第285页）由此赠诗可知, 高燮与姚光为国学商兑会领袖人物。

国学商兑会与南社关系密切, 商兑类分经史子集, "比南社的范围更扩大。会友不分男女, 不限年岁, 凡敦品好学, 得会员介绍, 均得入会。会费很便宜, 常年二金, 入会费一金"。国学商兑会最初的会所在松江张堰镇文昌阁, 因"近市嚣尘", 社友以为"不足以资商兑"。后于1917年春起, 迁入高燮在秦山后所建筑的闲闲山庄。国学商兑会章程内所欲从事的事项, 有筹设图书馆一项, 最终没有成立。因有图书馆之议, 志在"收藏古今书籍, 刊刻世间孤本, 以保存国粹", 故图书馆虽未成立, 商兑会除发行《国学丛选》外, 还是刊行了一些其他书籍, 如《安雅堂稿》《兵垣奏议》合刻,《吴日千先生集》《流霞书屋遗集》《陈蜕庵先生文集》《蜕翁诗词刊存》《蜕翁诗词文续存》《太一遗书》《太一遗书续刊》《午梦堂全集》。（郑逸梅:《国学商兑会纪略》,《新纪元》, 1946年第4期）

7月5日　曲阜学堂暂缓筹办。

学部奏派王锡蕃任曲阜学堂监督四天后, 辛亥革命爆发。王锡蕃到任后, "以校款无着, 不能开办, 但每月由司库动支薪水二百金, 俾资津贴"。曲阜学堂筹办工作基本处于停顿状态。中华民国成立后, 山东都督"以民国新建, 学务经费既属难筹, 教育方针尤须改定, 曲阜大学之建设, 关系全国, 非山东一省所可主张, 不得不咨请教育部请示办法"。7月5日，教育部复电示"已办之学校经费尚属难筹，未办之学校自当暂行缓办。且曲阜为圣贤桑梓，更未便草率将事，应即暂缓筹办"。舆论传山东都督得教育部复电后，即"咨照王君遵照办理，停支薪水矣"。(《要闻二·停办曲阜大学》，《申报》，1912年7月6日，第2张第6版）曲阜学堂实际上陷入停办状态。

7月28日　国学商兑会召开第一次常会，高燮在会上发布《国学商兑会成立宣言书》，进一步揭示国学商兑会宗旨，提出中华民国建立，应如何在此新时势下，发挥国学之真，筑民族之精神。

是日，国学商兑会召开第一次常会。"是日天气酷热，到会者甚少，仅吹万君出示《论学书》一通，及传观会员投稿数份，余惟清谈娓娓而已。是会会员多兼长书画金石之学，故会所壁间所悬之品，大半为会员手作云。"(《国学商兑会常会纪事》，《太平洋报》，1912年8月5日，第12版）

高燮此文主要面对中华民国肇建、专制政府倒台的新时势，时人以为孔学与皇朝一体相联，将随专制政府而去。高文驳斥此论缘于不明孔学真相，故国学商兑会的一大要事，即是说明国学真相。此论与邓实的国学真论有相通处，意图区别君学与国学之不同。

高文（刊发时文章署名吹万）称：

处今日而言国学，其为举世所唾弃乎，然处今日而犹不言国学，吾恐先圣之传，宗邦之旧，将至此而消亡尽矣。学者何，一国之所赖以存也。学既消亡，则国亦随之。故学之不讲，孔子曰是吾忧也。下而无学，孟子曰丧无日矣。原伯鲁不说学，闵子马曰周其乱乎。是则学之关系于人国何如哉？然所谓学者非专崇时尚，徒为媚世，取悦之学也。亦非姝姝自守而为固执迂谬之学也。盖将求夫吾国旧有之学，深思力索，发明其微言大义以维持坠绪，纳一世之人于文章道德中者也。此所谓国学也，乃万世不弊之学也，而非犹夫一知半解孤陋寡闻，不过为苟且功令之学而已。

夫国学莫先于儒术，而儒术之真，莫备于孔学，然而孔学既厄于当时，其后复焚坑于秦，表章于汉（按表章之隐衷，与焚坑无异，特变其作用耳），湮没于魏晋六朝五代之际，杂驳于唐，衰弱于宋，牢笼于明，鬻卖于元、清两朝，数千年来不出于践踏，则出于利用，利用既久，而孔学遂成为事君之学，虽有豪杰，或能灼见其真，而时君方摧锄僇辱，惟恐其后，必使胥一国之人皆务为富贵利达之学而后已，而人之习之者，亦但知富贵利达，其学之为公为私不问也，为是为非亦不问也。泯泯昏昏，长夜不旦，而孔学之真，几无有知之者，而尊孔之举，乃等于告朔之羊矣。

今者虏运既终，专制随倒，共和初建，岌岌犹危，乃不学无术之徒，谓夫政体变更，国教不合，拟请黜废孔祀（近见粤省某议员有此议），跃嚣说盲谈绝无置议之价值。然不有人起而发明斯学之真，有以关其口而辟其妄，则涓涓不塞，此亦灭学之兆也。

夫孔学自有真，非君学之谓也，特为人君借之以为束缚国人思想言论之具耳，思想言论者，非人君之权力所能制也，于是乎不得不借国人素所崇信之孔学以制之，而国人自欣然乐其德化焉。此人君操练之妙术也。浸假而盗贼借之，而颂声作矣。浸假而夷狄借之，而颂声又作矣。嗟乎，我读数千年吾国学术之历史，我欲流涕太息作十日哭矣，乃今日君之气方去，而孔学将从之而俱亡，此我所以更不得不狂呼哀号，愿与邦人君子共相证明而救护者也。当满清之覆也，其初亦由一二有识之士，倡为《春秋》攘夷之说，而光明所布，不数年间遂厥告成焉，此亦受孔学之赐也。夫神州国学，原非止孔学而已，即孔学之真，亦非止攘夷一端而已，是在好学深思，详稽查考以会通其旨耳。（吹万：《国学商兑会成立宣言书》，《萃报》，1912 年第 1 期，略有改动）

姚光亦将1907年的旧文《国学保存论》重新公布，并写作跋文，交代重刊的缘起。此跋文署时1912年7月，或许即在此次常会上公布亦未可知，而其大意，则与高燮相通，即在中华民国新形势下，国学一是亟待发挥光大，更要者则在于如何发挥才能得其真，以作为祖国的精神基础。此跋详称："光素持保存国学主义，此五年前旧作也。惟往者专表彰孔子民族，孟子民权主义，盖为正本清源之计。岁己酉，友人陈子佩忍、高子天梅、柳子亚卢，发起南社，藉诗古文词以提倡革命，余亟赞成。今光复功成，民国建立，未始非提倡国学之结果，而明季诸先生之流风余韵所致也。惟旧邦重建，凡百更新，而国学万端，亦皆待理，发挥光大，愈不容缓。"称此即国学商兑会结社的要因。

《国学保存论》首论国学之名义，指出国学关系国家存亡之要：

国于天地必有与立，国魂是也。说文以魂为阳气，故国之

有魂，犹人之有精神。学术者一国精神之所寄，故学术即一国
之国魂也。太古之时，由个人相群而成家族，家族相群而成社
会，社会相群而成国。乃奠居一处，领有其土地、山川，演而
为特别之语言、文字。由语言文字演而为特别之礼俗、政教，
为一国之粹，而后其国乃能久存。至于学术，乃语言、文字、
礼俗、政教之所从出也。故一国必自有其学术，谓之国学。国
学存，则语言、文字、礼俗、政教均存，而国亦能久存；国
学亡，则语言、文字、礼俗、政教均随之而亡，而国亦不能独
存。然则国学之不可不亟为之保存也明矣。且国存而学亡，则
其国虽存，而亦必至灭亡；国亡而学存，则其国虽亡，而必能
复兴。是以欲保国，必先保学也。

保存国学，自应保存真国学。黄帝之时，"神州特别之语言、
文字、礼俗、政教"起，为神州学术胚胎时代。"夏商之时，有大
禹之制度，箕子之理想，政治、哲学均渐发生"。及至周代，"诸子
百家各发明新说，以与他说相竞。当时学术之竞争甚烈，故学术之
发达亦以此时为最。而孔子则治六经，修六艺，能集学术之大成"。
"故孔学之正宗，即国学之真也。"故论历史上国学的真伪：

> 夫暴秦无道，烧毁诗书，骊山一役，国学扫地，故传至二
> 世而即亡。汉初尊儒术，武帝又罢黜百家，一宗孔子。然所尊
> 者，非儒术之正，所宗者非孔学之真，惟欲假其名以尊时君而
> 已。是以叔申通等，诚卖学之伪儒也。及后王莽篡汉，而颂莽
> 功德者，至十余万人之多，皆因国学式微故也。光武鉴西汉之

祸，极力表彰节义，及其季世，朝政昏乱，一二儒生能维持清议，遭党锢而不惧，使国学有一线之延。故东汉虽亡，而后汉能继起也。二晋六朝之时，士尚清淡，释老玄虚之学盛行，国学扫地无遗，以至五胡乱华，神州陆沉，岂不痛哉！唐鉴前代学风之坏，崇尚经术，究心于有用之学，一洗六朝浮靡空谈之弊，是以唐之国威，振于远域。宋虽科举盛行，然胡安定教授湖州时，立经义、治事二斋，以砥砺艺术，朱陆诸大儒，学派虽不同，而皆能以气节相励，以学问相敦，使国学赖以不绝，故胡元入主，而忠义之士前后相望也。有明一代，士皆趋于设科射策，学风极坏，所谓经学，非汉唐之专精性理，袭宋元之糟粕岂不然哉。然其季世，魏阉专政，杀戮禁锢，而东林诸君子能持大义以处世，临大节而不移，风雨如晦，不已鸡鸣，故其亡也，半壁江山，义旗相望，丧君有君，绵绵不绝，久而后亡。而王船山、顾亭林、黄梨洲诸先生，又能伸大义于天下，义不帝清，流风甚远。故天下虽亡，而国学尚未全亡也，岂非东林诸君子提倡之功哉！由此观之，我族之能久存于世，因有国学；而国学之盛衰，与国势之强弱，世运之隆替，有极大之关系。是以欲保国，必先保学，岂不然哉！

扼要而论，"自秦以降，政体专制，而学术亦专制。时君欲滥用其权，知国学之不利于己也，乃抑之不遗余力。而伪儒复缘饰经术，以媚时君，遂至国学大失其真。然尚有一二儒生抱残守缺，使国学有一线之延"。故以"欧化东渐，新学诸子，以神州之不振，归咎于国学之无用"为非。"神州之不振"，并非国学之无用，"乃因伪儒之学盛行，而我国学固未尝大用于天下也"。因此当排斥伪儒之学，同时竭力保存真国学。

同时强调，保存国学，并非固守不化。应采泰西学术精华，弃其糟粕，融会贯通，光大复兴国学。（《国学保存论》，姚昆群、昆田、昆遗编：《姚光全集》，第9—11页）

与高燮不同之处在于，姚光更注意兼取新旧，即取西学精华，融会而贯通之。融新旧、贯古今为其志向。（《致马小进书·二》，姚昆群、昆田、昆遗编：《姚光全集》，第279页）

高旭则对高燮等人以孔学为主的国学主张不以为然，之后多有论辩。

8月27日　高翀等人在上海发起希社，以翼卫孔教、昌明国学为宗旨。

高翀《希社小启》称希社成立于壬子年七月望日。希社仿明末几社与复社，"专主扶翊孔教，保存国学。宗旨纯正，故远近响应，支社日多"。（《保存国学》，《时报》，1912年12月2日，第5版）发起与加入者甚众。据郑逸梅记（文章署名纸帐铜瓶室主，后同）："高大痴，姚子梁，邹酒丐，周梦坡，程棣华等，发起希社。金鹤望，潘兰史，戈朋云，王均卿，陆云荪，王钝根，舒问梅，郁屏翰，邹纬辰，邹闻磬，范君博，张蛰甫，吴耳似辈，俱来加入，假豫园寿晖堂为社集，月凡一举，社友多至四百余人。"（纸帐铜瓶室主：《近数十年来之社史》，《永安月刊》，1945年第78期）

高翀《希社小启》交代结社缘起：

　　　　文社之由来旧矣，而莫盛于明季。东林诸贤之仆而继起也，张西铭立复社，陈卧子立几社。几复云者，盖惧正学之将绝，而几其兴复也。时则南北响应，建社如林。贤士大夫联鑣接轸，虽讲学卒无裨于事，然其文章气节，固卓卓传矣。今者昊天不吊，厄我斯文。神州大地，将及陆沉之祸。中原文献，亦同板荡之忧。而或者犹以黜孔教为奇功，废国学为快事。呜呼！吾道若亡，人心孰挽？埋遗经于古壁，虽尚未际其时，肩道统于尼山，要当共矢厥志。支一木而大厦或可幸存，援天下而匹夫亦当负责。此同人所以有希社之创也。希之云者：风雅久衰，声气难广，仰鲁殿之仅遗，叹秋星之可数，则于此有寥落之感焉，盖危之之词也。穷极则通，激而弥奋，得孤诣之同昭，庶群迷之早返，则于此有期望之思焉，又幸之之词也。是希也者，亦犹有几复之遗意焉。（首社高翀太痴：《骨董铺·希社小启》，《新闻报》，1912 年 11 月 8 日，第 13 版）

邹弢（号酒丐）《希社记》述其宗旨，在"尊王局换，革命声雄，垂裳直接乎炎黄，树帜横交夫汉赤，四郊蛰起，英豪联襼而来，五族旗张，中外括囊以处，表共和之气象，齐文轨而辑车书，成上治之邦家，定宪法而制疆理，高撅远掌，广孕兼包，彬彬乎一统之隆规，万年之特政"的新时期，恐"弁髦国粹，弃'六经'如敝屣"，于是"高子太痴以吴市之艳才，作申江之沽客"，"愿濂洛之儒宗，持坚正轨，为东南之学子，指定南针"。（梁溪酒丐邹弢：《文字因缘·希社记》，《申报》，1913 年 1 月 10 日，第 3 张第 10 版）

希社的前后宗旨略有不同。据郑逸梅记，希社"假豫园寿晖堂为社集，月凡一举，社友多至四百余人，岁刊《希社丛编》一册[①]。自清宣统壬子[②]，至民国己未，共得七集，八集未及半，而太痴作古。酒丐居徐家汇，赴吴中祝友人舒问梅寿，坠车伤足，社事无人过问，几有星散之象。邹纬辰、舒问梅、张蛰甫等忧之，力图希社中兴，推酒丐为社长，纬辰副之，加入新社友数十人。半载后，集得社作，刊行希社中兴续编，陆云苏平日固不以太痴所编为然，至是为之欣然色喜，撰一序文。有：一曩者太痴所编，头巾气太重，不能辟康庄大道，通行车马，独坐幽篁，弹琴长啸，孤芳虽堪自赏，闻声不足相思，时花美女，固可惑人，牛鬼蛇神，亦堪惊世，酒丐以为何如等语。酒丐亦引以为知己。讵意不数年而酒丐又归道山，周梦坡，戈朋云，舒问梅，王均卿，亦先后逝世，于是广陵散遂成绝响，惜哉！"（纸帐铜瓶室主：《近数十年来之社史》，《永安月刊》，1945年第78期）

总之，希社为诗文结社，旨在维持旧学，《希社丛编》主体即以希社诗文为主，兼有外来投稿。《申报》介绍："希社为东南人士翼卫孔教、昌明国学之一枢纽，其所刊丛编皆一时名著。"（《本埠新闻·介绍新刊》，《申报》，1916年5月3日，第3张第11版）

9月9日　宁调元等在广州成立南社广东支部。谢英伯为之作序，以为其"张朴学于中原，共存国粹"。

之前，马小进有分设贞社于粤之说，当时姚光即询其是否有设"粤南社"之意。（《致马小进书·二》，姚昆群、昆田、昆遗编：《姚光全集》，第279页）自此，粤南社成立。谢英伯序之道：

---

① 有一年一集、一年两集者。
② 壬子年为民国元年（1912）。

迨夫青兕渡河，卢龙款塞，书成革命，诗咏离骚，世以变而聿新，学以疏而成故。鸭抑吉思之派，渐染欧风；哀梨敦的之书，多崇武露。丁丁弦索，挥残玉树之歌；于于明珠，掬起铜仙之泪。讲学问于"六经"以外，求神仙于八极之遥。禹甸九州，将成左衽；梁元一炬，只剩《金楼》。仲尼住广桑山，难障东流之势；释迦居波罗奈，宁回西没之光！嗟嗟！日月常行，江湖不废。道非坠地，既赖先贤；文未丧天，专资后死。朽蠹寄生于脉望，痴龙笃守夫娜嬛。跫然空谷之音，岂无嗣响；绝矣广陵之散，又始椎轮。怅滴滴之年光，嗟劳劳之亭子。朝云渡海，曾侍文昌；枚叔留淮，艳称词客。乌官述古，学久在夫四夷；马骨登台，意原期夫千里。叩梅捐之关塞，横数霸才；披桂海之虞衡，眷言作者。用是堂开广雅，风采粤讴，挹丹荔之清芬，览白藤之佳气。旧家燕子，零丁泛梗之词；大长蛮夷，遁甲开山之术。证因缘于香火，洗俗耳于筝琶。凡属凤啸苏门，鹰扬河朔。门前乌柏，那无清溪女郎；楼上青骢，或有太原公子。邀王猷而看竹，坐庞统于采桑。南部烟花，感三生之杜牧；北朝文字，刺一片之韩陵。当兹蛋雨蜓云，残笳断角，褰裳联襼，鼓瑟吹笙，寄周郎帐下之儿，呼郑氏泥中之婢。芝兰入室，吐未尽之春蚕；丝竹非声，鸣当阳之神爵。锦囊心血，渊渊金石之音；宝锷光芒，凛凛英雄之气。既文人之雅集，亦吾道之当家也。下走同轨论文，乘桴访学。昆仑片玉，空思如卿之才；澥綖千金，谁是不龟之手？或者天池鹏运，碣石雕盘，斗边之博望未归，舟上之成连云远。结苔岑于岭表，莫抱遐心；张朴学于中原，共存国粹。（谢英伯：

《南社粤支部序》,《南社》第十七集,中华书局、广益书局,1916年,第6—8页）

9月20日　四川国学院主办《四川国学杂志》,"以发挥精深国粹、考征文献为宗旨"。

《中华民国四川国学杂志简章》说明:"一、本报由四川国学院刊刻发行,故名曰《四川国学杂志》。二、本报以发挥精深国粹、考征文献为宗旨。三、本报代登各种广告,酌量收费。四、本报月出一册,每月二十日发行。五、本报每册暂定二角。六、中学以上各校及各属教育分会皆有购阅本报之义务,其有具文请领者照九折征费,学校学生联名请领者十份以上九折,三十份以上八折。"(《中华民国四川国学杂志简章》,《四川国学杂志》,1912年第1期）杂志由存古书局发行。

曾学传《国学杂志义例》阐述旨趣:

中华民国元年秋,蜀政府设国学院,为全省国学倡,以发扬国粹为宗旨。首编辑《国学杂志》以资阐发私义,鼓吹群伦,事綦重也。忆昔大地狉榛,东方先旦,神州建国,圣哲笃生,撰合乾坤,而伦理出焉,天精地粹,会其极于我孔子。秦汉以来,迭经世变,而懿化礼俗,流泽未坠。大道推行,声名扬溢,将施蛮貊,实为今万国所仰。异邦好学之士,方集会研究,而我乃听其晦盲,致人心郁瞳,塞源趋流,忘耻逐利,饰伪乱真,以相欺诈,破规裂矩,以为文明,如横流决堤,不可收拾。岂非国学不明之故欤? 夫西政之源,务求真理,日治之

起，实祖良知，而我固有国粹，乃弃若弁髦，躬履无人，口讲
亦希。大道榛芜，殆非一日矣。不亟为披荆斩棘，廓清皇路，
吾国人心，日趋于黯。天地荒荒，日月曚曚，不惟不足争胜东
西列强，而适足以速中国之亡也，岂不哀哉！负国家之责者，
于兹隐忧，而垂情国学，怀我旧德，用迪新机，盖所以深探致
治之本钦。若夫朝夕讨论，并心一志，洗刷乾坤，沐浴星辰，
式观宏宇，共睹元精，属在吾党，愧不克任。然而大道若路，
求之即是，博文约礼，温故知新，下学上达，自有夷涂。近收
丽泽之益，远征心理之同，即或汉宋交攻，朱陆互辨，要在明
理，非关争胜，折衷至当，道有攸归，庶几匡时之万一。此本
杂志之义也。

**《四川国学杂志》分为十一门，分类说明国学之真，同时顾及
蜀学：**

一、通论　凡发扬国粹、推阐至理、总括弘义者，皆入
此门。二、经术　中华国粹，荟于群经，微言大义，务触类引
申，以为匡世之本。惟经学必通音训，而以小学附焉。三、理
学　孔道失真，由忽躬行，有宋理学，功在实践。欲正人心，
莫切于此。四、子评　国粹以孔学为正宗，能旁考诸子得失，
观其会通，益足以彰孔学之博大。五、史学　孔作《春秋》，
其文则史，往迹虽陈，其义自富，是在学者推陈出新。而史例
考证附焉。六、政鉴　历代政制，亦得失之林，折衷古今，足
资考镜，推核中外，尤关时用。七、校录　征文考献，搜残

补缺，校雠目录，稽古君子，在所不废。八、技术　孔门立教，不废游艺，下及小道，亦有可观。医卜杂技古书，及新有发明，并入此类。九、文苑　蜀士弘著，或同人私稿，根于性情，有关风教者，均可采录，不涉浮滥。十、杂记　笔记丛谈，均以辨析事理、切顾社会为主要。十一、蜀略　凡关蜀故，足以发挥文献，阐扬风教者，并入此门，以备怀旧之士览焉。（曾学传：《国学杂志义例》，《四川国学杂志》，1912年第1期）

△　曾学传在《四川国学杂志》创刊号内之"通论"栏目发表《国学钧元》，揭示国学为培植国命之基本。

曾文称国学为培植国命之根本，孔学则为万流之极：

国于天地，必有与立。中国者，礼义之国也，礼义亡则国从之矣。国命生死之关，无他，国学是也。自羲炎以来讫于今，度数屡更，而伦理不革。虽以满蒙殊族，据我神皋，挟其席卷宇内之力，不敢尽用其俗，变我华风。俎豆馨香，隆崇孔教，近且升为大祀。视我国学，不惟不敢肆意摧残，且欲借之以维国命。今我光复之易，盖缘族见，非尽关政体也。不然，俄之专制有过于我，彼虚无党人，倾竭百年心力，不能扑彼政府。何哉？则我春秋之义固在人心，为国者能顺此人心，激发磨砻，安见民德不升，而国度之不日长也。若第狃一时破坏之智，欲施于我数千年礼教之文明，纯以欧化立国，虽百年不治，不惟不治，且益乱焉，甚则必亡。然则修明国学，诚今日培植国命之基本也。惟功利中人，潮流震撼，驱吾学子群骛新奇，吐弃菽粟，狂泉竞饮，鸩酒为欢，非圣灭伦，乱道日长。
不为明辨，大惑曷祛。宋儒河南尹氏曰，学者所以学为人也。
非人无国，非学无人。然则君子之学，岂有殊端，令民生惑。
懿维孔学，群伦之宗，万流之极，不可不察也。

曾文将孔子之学概括为"性理学"。称孔学"典礼政治文学，
灿若日星，皆所以尽人性，而原于天命之善"，"爱敬父母之心，上
生而爱敬祖宗，下生而爱敬子孙，旁生而爱敬宗族，由宗族而上之
达于天地，由子孙而下之达于万世，由宗族而广之达于民物"。"由
之为道，得之为德，施之为政，垂之为经，莫非性也，莫非理也"，
故称之为"吾国学之粹也"。

孔学之外，则列老学、管墨之学、佛学，分别断为"生理
学""生计学""灵魂学"。且以孔学为大宗，"吾儒之粹，众美悉
备，而无其失，岿然为伦理宗主，本末大小，精粗一贯也"，并追
求"性理得，生理畅，生计裕，灵魂安"的境界。（曾学传：《国学钧
元》，《四川国学杂志》，1912 年第 1 期）

9 月 24 日　瘦蝶发表短篇小说《投稿心理》，描述投稿者之心
理，其一为"词章派。维持国学，陶写性灵，音节苍凉，声情激
越，借酒杯以浇磊块，假文字而结因缘"。（瘦蝶：《小说·投稿心理》，
《申报》，1912 年 9 月 24 日，第 3 张第 10 版）

9 月　国学商兑会正式发行《国学丛选》，社员往来商兑国学真
相，在共和制的时代氛围下讨论应讲求何种国学。

国学商兑会章程规定的主要事项内，即有发行《国学丛选》，

原定每年刊印四册，但最终并未按期出版。《国学丛选》自1912年9月开始发行，"出至民国十九年冬，为第十八集，便告停止，第一至第十四集为小本，有光纸印，十五集起至十八集止为大本，毛边纸印，十五十六为合集，十七十八为合集，第一二集再版亦改为大本，第六集起，编辑加入胡朴庵。封面的题署，每期更换，如蔡寒琼，杨了公，陈陶遗，李叔同，王毓芳，闵冷禅，马适斋，马超群，傅屯艮，张定，黄宾虹，俞宗海等，都留着手迹。本定每季刊印一集，以三月、六月、九月、十二月为出版期，后来因会中经费不敷，而松江没有较完备的印刷所，必须到上海或苏州去付印，很费手续，改为半年一集，以后又断断续续不准期，所以足十八年只出了十八集，彷佛成了一年一集"。（郑逸梅：《国学商兑会纪略》，《新纪元》，1946年第4期）

《国学丛选》的内容，"首冠论学书"，大都出自高燮、高旭、姚光、姚锡钧之手。"末为商兑通信录，十九为社友诗文的讨论，以及闻声相思的书札。"内中篇幅较大的作品，有高燮的《庄子通释》《北游记》《读诗札记》《愤悱录》，姚光的《自在室读书随笔》《史记札记》等。（郑逸梅：《国学商兑会纪略》，《新纪元》，1946年第4期）

《国学丛选》第1集的论学书，主要即在商兑国学，与国学商兑会的主旨相关。

周祥骏致信高旭（字天梅，号剑公），主张参稽世界学说，研究孔学真实面目，与高燮、姚光等人意趣相近。周函称："国学商兑会章程，弟未见，请寄一份来。近来提倡国学者往往株守一隅，不愿参稽世界学以会其通，前曾与姚凤石、胡朴翁屡言之。吾辈若欲商兑国学，必须研究孔学真际，方能致用。若扬汉学之余波，袭宋学之皮毛，钞录数千条生僻史事，便自诩为史学专家，是犹航绝流断港而欲至于海也。有是理乎？率尔狂言，伏乞裁正。"（周祥骏：《与天梅书》，《国学丛选》，1912 年第 1 集）

高旭不认同周祥骏"提倡孔学"的主张，建议"废孔用墨"，取墨子平等之说，与孔子等级说对照讨论，指出尊孔必将危及共和政体。其回应周氏函称：

尊见欲提倡孔学，弟殊不敢赞同。孔学实为专制之学，孔子一生教人惟尊君而已。中国往时君主得以私天下者安赖？曰：所赖者乃孔氏之学。公如不欲中国为共和国则已，苟或不然，盍亦一返其故辙乎？鄙意废孔用墨，共和乃成。平等兼爱，斯为极则。墨子者，其世界之圣人乎？墨子抱民主主义者也，孔子抱君主主义者也。故尊民者未有不尊墨，尊君者未有不尊孔。中国三千年之专制，中君主之毒乎？抑中孔氏之毒乎？姑不具论。公岂以中国专制为未久，而犹欲再扬其灰乎？鄙人十年前所抱宗旨如是，至今未变。近见蔡子民先生亦有此观念，特以废祀孔案提出于教育会，特惜能喻其旨者稀耳！所谓共和国之国民如是如是。夫共和政体者固在政，而抑知学尤在政之先乎？今政果改矣，而学仍此学也，政其可长恃无变欤？狂夫之忧，正不知终极矣。（高旭：《答周仲穆书》，《国学丛选》，1912 年第 1 集）

陈范致书高旭，箴以共和时期，应求实进，发扬国学不应限于审音识字。其函称：

　　吾南社以文词感发国人，惊魂荡气，生死肉骨，于今三年矣，不可谓无宏效大验也。顾吾天梅提倡之意，以实不以虚。今者民族、朝政，廓然改革，兵、农、政、学、工、商，一一皆求实进，吾社进行，亦当腾步，固非仅如前此潇风晦雨中，以沈音险语钩挽国魂已也。某不慧，幸附诸君子之后，窃以为各界竞新，是扬流也，吾侪既熟知流之与吾源无不合，则疏其正道，区其支域，通其淤塞，束其漫衍，删其冲磔，使吾国文学，亘古精魂暗而不彰者无勿显著，九洲万世，皆知今世演进之理，不为国学越吾范围，是吾社责也。近天梅与石子诸君复创商兑会，楚伧、亚卢诸君为文美会，不啻先得我心矣。并承函告，欲杏佛、惕生及某推递意义于北京。某衰病，官肢不受心意之任命，事多废弛。惕生一去不来，杏佛任《民意》社鲜暇，太昭、韫存亦然，万里任速记尤忙冗。某于此间，数旬以来，所接知闻声，拟介绍入会者，并女子计之，已逾十人，而于此欲求一入社后无他人事牵帅，可以专意于此者，殆罕。惟天石张君似较宜，倘吾社先以入社证书十通来，俾某与天石商之，或可有效。即望回示，幸勿迟爽。再词章一道，向多迷信，如窃叶、偷桃、烛龙、鹊桥之类，不可偻计，用之已成习惯，欲悉屏除，转减风味。然昔人寓言，吾等仍之，勿遗其旨可也。世多有措置不善，竟如故实者，相期共勉，亦文学进步一端。（陈范：《与天梅书》，《国学丛选》，1912年第1集）

　　高旭复书陈范，声言"我辈断断不提倡政法"，而以道德与文美为倡导。国学商兑会章程，则"实多乖谬"，对于经史子集之分

不以为然，以孔子所著称为经，仍为专制余习。称：

> 来书谓兵、农、政、学、工、商，一一皆求实进，故吾社亦不得不图奋往。窃谓吾社本以文学为导师，今幸民族朝政，顿异曩昔，则吾社之宗风大畅而未尽者，非政治之发扬，乃在道德与文美耳。呜呼！我辈断断不提倡政法，以政法者时流之事也。吾辈乃拘墟之士，为他人所不欲为、不能为、亦不敢为之事。或曰：今之中国非所谓法治国乎？舍法与政，疑无急焉。而抑知不然，道德、文美，其内也。法与政，其外也。营于外者既如是，其实繁有徒矣，枝叶固茂矣，不培养其本根，我知木虽盛，十日不雨，枯槁之虞可立而待也。故旭之国学商兑观，一方在促进道德，一方在增进文美。所以者何？盖二者之性质最为高尚，实含有世界至善之性质也。至善者何，必使世界皆公园，皆善士，无私室，无恶人，使世界人类皆生活于道德、文美中，于是乃无罪恶。然欲无罪恶，必自无政客、无学究始。共和民国元年春，南社举行雅集于沪上之愚园，多数人士有改组政党意，而仆持极端主义者，正以此耳。嘱寄商兑入会证书，当即奉上。另纸诗数首，多醉中捉笔，饶有天真，虽涉狂言，实秉至善之性。商兑草章，清夜思之，实多乖谬。经、史、子、文四种，分门别户，限于时尚，不得不尔，然足遗通人笑耳。世界文字本无经、史、子、文之分，总名之为文可矣。古之所谓经与子与史，果奚以区别哉？《书经》，史也，亦文也。《诗经》，文也。《道德经》，经也。《离骚经》，经也。《华严经》《法华经》，亦经也。《孟子》，子也，宜列于子，乃

跻之于经。《墨子》，实经也，有经上、经下篇，乃降列于子。凡此皆失其平者也，宜乎今之人有攻孔者矣！以孔子所著称为经，则仍蹈汉武尊"六经"斥百家故辙，岂以其造成数千年专制之毒，而犹未厌耶？（高旭：《答陈蜕老书》，《南社》第十四集，中华书局、文明书局、广益书局、艺林书局，1915年，第33—34页）

姚锡钧反对高旭所主张的"废孔用墨"，以为《兼爱》《非攻》等破碎不全，以墨子代孔学，不能成为"举国之学鹄"。其函称：

墨学中绝少真传，全书纯驳互见，亦不敢过为主张。就其大指，固亦足取。若欲取以抑孔，指为正宗，尊百川而小江汉，明论似不若是。此就弟一人之见言也，即就尊指言之，足下之所崇者，其兼爱尔，实则散见全书，至今已成卑论。举墨子者，必于其兼爱，犹之负郭之家，其宝易穷，不得不罗其瓶盎糗糒于门次，而人亦遂指之为珍玩云尔。至孔学之为专制与否，当详别论。要即专制，而墨学无相代之价值，则殊彰彰矣。墨学中绝，其咎固不专在墨子，若其无伟大之学家光昌之学说，仅抱其《兼爱》《非攻》破碎不全之陈言，以为举国之学鹄，不令觇国者笑吾拙耶！固尚不如孔学，犹有统家学说之可言也，发挥光大之在乎人耳。子民先生废祀之说，鄙意亦未为允，抑或别有所为，废其祀未必即废其学，未可知也。（姚锡钧：《与高剑公论孔学书》，《国学丛选》，1912年第1集）

高旭答姚锡钧书，进一步推阐墨子学说，以为墨子以实利为前

提、以平等为结论，胜孔子万倍，最符合共和时代。函称：

孔氏学说多可取者，至其大体，驳而不纯，专制政体之下，所见尽复如是。余子碌碌、趋于尊孔一的，本无足怪，以公之通才，而亦主张孔学，合乎流俗，呶呶不休，不令觇国者笑耶？不佞一偏之论，坚持到底，盥诵名论，未敢附从。盖人心不同，正如其面，非故好为立异也。

窃观欧西著名学说，悉赖后学者发挥光大，始克成为完全学派。墨氏学说之破碎不全，正以无后之有志者继其志耳。然以不佞观之，亦可谓中国学术史上一巨子矣。公犹断断焉以破碎不全为恨，亦知墨子之所以为墨子乎？尊百川而小江汉，盖犹夫人之见者存也。足下弟知兼爱之已为卑论，亦知三纲（三纲之说虽出于《白虎通》，既以统系论，则不得不归诸孔氏矣）、五伦之早成谰言乎？足下以有统系者推为大宗，则道家、佛家、法家亦未始无统系矣。不佞以为凡学不能专以统系论，倘必以有统系始得为完全孔学矣，何以谓之汉？又何以谓之宋？汉学又何以有新、旧派之分？宋学又何以有朱、陆异同之辨？破碎不全，莫此为甚。孔氏真谛，何去何从，歧之又歧，直欲为亡羊之哭矣。明明破碎也，而足下许为完全。明明一家言也，而足下许为大宗。明明百川也，而足下许为江汉。足下固知江汉矣，抑曾一观夫河海耶？窃得而断之曰：墨子者，实中国之圣人也，非江汉而何？非大宗而何？安得以破碎短之哉！

墨学固以兼爱著，足下等诸瓶盎，而不佞视为瑚琏。不佞珍于熊膰，而足下鄙如糇糒。嗜好既殊，不敢再为哲匠陈之。

然不敢辞骈枝之诮，不说兼爱，为说兼利可乎？墨子为实利主
义之大师。其言曰："爱人利人者，人必福之"。又曰："诸加
费不加于民利者，圣王弗为。"又曰："仁人之所为事者，兴天
下之利。"为孔子之说者反是，曰："仁义而已矣，无必曰利。"
孔氏讳言利，而墨子不讳也。夫天下者利而已，仁与义，即寓
于利之中，舍利安有仁义？以此之故，而有薄葬说，而有节用
说，而有非乐说，救贫弱之国宜尔也。况其主张平权与民主主
义者耶？

　　或谓墨子之主张平权，是固然矣，而非纯然提倡民主者。
自不佞言之，子墨子生君权未衰之时，其裁抑君权，已不啻民
主主义之开祖矣。读其《尚同》《尚贤》《天志》诸篇，已可概
见。《尚同》篇之言曰："天下既已治，天子又总天下之义，以
尚同于天。"《尚贤》篇之言曰："官无常贵，民无常贱。"《天
志》曰："天子未得咨己而为政，有天正之。"此墨学之精义
也。其精义中之尤精者，则在尚贤。孔氏拘于家族、贵族制
度，专以尚贤、尚尊、尚亲为务，虽有爱众嘉善之说，已非本
根，仅属枝叶。我国数千年社会阶级至今未能铲除者，职是故
耳。孔子曰："亲亲贵贵"。子墨子则曰："不党父兄，不偏贵
富。"盖孔氏但知为现在说法，但知为专制说法，而子墨子能
为未来说法，为共和说法。庄子谓为才士，高子谓为先知，人
知度量相越岂不远哉！至其摩顶放踵，轻生死，忍痛苦，尤为
利天下之实在，故《淮南子》曰："墨子服役者百八十人，皆
可使之赴汤蹈火，死不还踵，化之致也。"其急进救国，较儒
者之迂缓为何如耶！

　　盖子墨子之学，以实利为前提，以平等为结论，其学传诸后代，亘战国、秦、楚、两汉、三国而未灭，不专论议，要在实行，又安用学说之统系为耶？浅见者流，目之为宗教家，与耶苏并，不知宗教者，以迷信为天则也，子墨子虽说明鬼，实为时代所限，非因迷信神鬼，特谓人当有第二生命，以示人之必死，不若牺牲生死之为得也。其见解之超卓，果宜如此，不然，非命之说又何为而来哉？兼利之极，于是而树非攻之帜。是说也，其门下宋钘、尹文等发挥之。此外坚白异同之辨，实开中国论理学之先河。圣人哉！其《墨子》经上、经下，又为格致学之开始。殆圣者何夫不能，决为中国一人，胜孔氏不万倍耶！其学说圆满，谁能过之？

　　况其论政又与欧西相合，其殆圣而神者耶？《法仪》篇云："天下从事者，不可以无法仪，无法仪，则其事能成者无有"。故百工从事，皆有法所度。今大者治天下，其次治大国，而无法所度，此不若百工辩也。欧西今日盛行至光荣、至文明三字，曰治国家者，不意竟从子墨子政治学中来也。由斯以谈子墨子，不但为大哲学家，且兼大政治家而有之。中国今日而果共和乎，饮水思源，实当推子墨子。足下以为何如！但足下醉心于孔，亦犹不佞醉心于墨，终格格不相入耳。（高旭：《与姚鹓雏论孔学书》，《国学丛选》，1912 年第 1 集）

　　姚锡钧复函高旭，以为论学贵存其实，不应比附，对于孔学、墨学的探讨，不应持门户之见，而要取长补短、温故出新，"石破天惊，自造新理"。函称：

　　旧学商量，贵存其实，与新学所偶合者，不妨引以参列，与新学所终异者，亦不必强为沟通，此不肖十年来所独抱之硁硁，与近来名宿贩〔鼠〕卖蛙，自命通人者迥异其趣。故向所立论，不敢以中学比附西说，亦不敢以近哲推倒前贤。尊论墨子，识微知远，万倍孔丘，岂不以罗、孟学说，风靡一世，墨子与有同心，不惜拉以并立耶？夫放之四海而准，人同此心，心同此理，不肖亦讵不知之？顾不肖之意，终不欲以罗、孟之贵而贵吾墨子，高贤谅有同情。且即拉墨子与罗、孟并立，亦不过为欧西十八世纪前之贤人已耳，其与后来学术磅礴发挥之前途，殊无所增益。

　　顾不肖以为为学术立论，则兼收并蓄，惟其是而已，初不必有孔、墨之见存，而后昌明光大，有所折中。为学史立论，则当踪其支流，汇其统系，终不能以片言之得，废全体之大。不肖对于孔学，固非醉心者，向所列引，可以为证。前书谓孔学固非纯粹，而墨学实无相代之价值，则已微露其旨。高贤所责，似犹未细察前书，骤观其抑扬轩轾之谭，遽斥以为非，是亦未免轻于立论矣！

　　来书以汉、宋、朱、陆之争，指为孔学破碎支离之证。夫汉、宋、朱、陆，一得自鸣，未尝不尊孔以为初祖，则固是孔学系统中物也。至今日而犹持孔学三纲之论，三尺童子亦无此言，实则绍孔者持论之过，兹可不琐辨。孔学之不能完全无疵，亦犹之墨学，五十步、百步，勿相笑也。即如来旨，亦幸而墨学不昌，无后人为之传授讲说耳。设有之，则其小宗所分，如朱如陆者，正难系其必无，高明又将指以为支离破碎之证耶？

要之为未来学术计，惟有以石破天惊，自造新理，方足与世界潮流相支柱。对于旧学，只有舍短取长，而并无门户党派之可言。若勉强舍所陈言之近于罗、孟新说者，持为创见，则不如迳取罗、孟新说，以为学鹄之便矣。必如尊旨，以比傍依附为长，则不肖亦将掇拾孔、孟之合于泰西哲学者以为对待，特恐觇国者笑吾人之无独立思想也。（姚锡钧：《答高剑公论孔学第二书》，《国学丛选》，1912 年第 1 集）

10月7日　孔教会在上海山东会馆成立。

《本会纪事·总会》称："本会成立之期，实托始于大成节。是日，假上海山东会馆为恭祝圣诞之地。"（《本会纪事·总会》，《孔教会杂志》，1912 年第 1 卷第 1 号）

10月26日　《独立周报》刊发社论，讨论国学之前途。

此文名曰《论国学之前途》，作者署名知难，全文内容为"记者"与"客"之答问。文首交代缘起，"客"称"尝与老前辈握手道故，寒暄既罢，乃纵谈时局，意见每相龃龉。客固能文，但未窥西学门径，辄以汉粹衰落为憾，谓自今以后，文学扫地矣"。"记者"则不谓然。

记者称："学问无间，今古大致可分为两部，一为技术，一为科学。技术可以养成美育思想，科学可以扶助真理，二者并立，不可偏废。"以为客多虑。客答："文学难事也，国学尤难事也，自非博探研几，不鹜外物者，难与言国学，即始乱终弃，一暴十寒，又不足造国学之巅顶也，彼小学高等小学，固莫不谈汉字，然与他科并峙，所能分取之时间几何，苟异日不加之意，则悉遗忘耳，文学专门学校，殆不容缓。"

记者体会客之意，"谓二十年前之蒙塾，十年前之科学，为造就国学人才惟一之方法乎"。记者以为"蒙塾"为其次，"吾子所虑者，恐无专门学校耳"。而以为"文学一科，教师充塞，教材简当，与理化矿冶诸科相较，所需之费用殊少，建一学校授文学，与建一学校授科学，难易不可同日语"。故"料政法学校充满海内之后，文学学校且接踵而起矣"，不当为文学前途虑。同时指出，"老师宿儒，所以擅长国学者，其功固不尽在教育耶"，以为"学问硕子，得力于教授者三之一，得力于天资者三之一，得力于个人之潜修者又三之一，惟其天资与某类学问相近，乃肯潜修，则虽谓得力于天资者三之二可也"。故认为，"今教授国学之机会，容不如前此之普及，然机会未尽没也，人类之资质，犹如昔也，则国学之前途，未必可危也"。

客则以为"前此凡读书者，无不从事国学，故长于国学者多"，今则西学东渐，众人"莫肯致意国学"，国学难以不流于式微的境地。

记者称客过虑，以为"学问之命运，不系于多数，而系乎少数"，如被迫从事国学，必不专心。同时指出，学问不以模仿进步，而以发明进步，"此前日学者所以知经传而仅知经传也，有类此者数百人，不如有真知国学者一二人"。"若谓科学众多，异邦文字，相率侵入，恐并此一二人而无之，是事理所必不许"，"即世人趋向，可以引众生入歧途，亦必有少数人坚持其所好，不为时俗所摇，此少数人乃为国学命脉所系"。且指出，虽"日日昌言科学者，不敢指文学为无用，有时且言国学为众学之渊源，不容漠视"。国学在学问竞争场里独占一席，"国学犹有价值"。"惟其占一席，故必有从者，惟其有价值，故必有求者，有求斯有从，国学之不堕地也可必矣。""且居此万艺并战之时期，各种学问必皆优胜劣败，则国学之不至阻滞不前也，又可必矣。"故或可虑其偏重，不必虑学问之堕地。

客为记者折服，称："吾知过矣，谨闻教。"（知难：《社论·论国学之前途》，《独立周报》，1912 年第 6 期）

△　《独立周报》以《钱中季与率群论国学书》为名，登载钱玄同论书局编印事、论草书及编年表的两封函件。（《文苑·钱中季与率群论国学书》，《独立周报》，1912 年第 6 期）

10 月　马相伯、章太炎、梁启超发起创办函夏考文苑，仿照法国"阿伽代米"（Academie），以探讨新旧学问、匡正学术与风化为主旨。

函夏考文苑的创议来自马相伯（方豪：《马相伯先生筹设函夏考文苑始末》，见朱维铮等：《马相伯传略》，复旦大学出版社，2005 年，第 173 页），由马相伯与章太炎、梁启超共同发起。马相伯致友人函内提到："此事经太炎、任公先生及良三人发起后，正苦入手维艰。"（马相伯：《致某某先生》，见朱维铮等：《马相伯传略》，第 166 页）

发表于 1913 年 1—2 月的《函夏考文苑议》，反映马相伯创办之旨趣与办法。马氏此议说明考文苑之渊源，称："考文苑，法国人于二百八十年前首创之，曰'法国阿伽代米'。"阿伽代米为人名，因柏拉图等曾在此人园中讲"致知学"，故以此命名。"凡学问有原理之纲宗，權言之科则，由科则而科条，咸有一贯之统系者，始得名为科学。其研求之所与人，始得名为阿伽代米。"法国人创此苑，"其始不过五六人，十余人，志事首在辨正文字，编字典，纂文规，追踵希腊、罗马（法国尔时不止一方言，一文字，故首在辨正而统一之），以保存其精当雅正先哲之文。而有晦塞脱讹者，力任疏通之，修撰之。名物混淆者，则尚论其时地方言，决择而厘订之，图说之。无可折衷者，宁阙疑，免学者徒费时，徒聚讼。而究其所得，不过抄刊之偶误，古语之失传者而已，甚或求新反晦，语怪而失真。至缘新学理，新事业，发现之新名词，则按切法文条例，而采用其良，俾无各执，而一国之中，言人人殊也。法文之得禧继拉丁，而风行欧土者，斯苑之功为最。译者无以名之，名之曰考文苑"。其"一切制度，职务职权，上不属于政府，下不属于地方，岿然独立，唯以文教为己任。永定额四十名，非病故不出缺"。"被举资格，于文学外，不必兼他科学。"后之人，附之以科学苑、金石词翰苑、政学道学苑、美术苑，"凡四苑，各有定额，而主体则共拥考文苑"。考文苑"不惟文学是重，其宏奖有德，抚恤始终忠信者甚厚"。（马相伯：《函夏考文苑议》，见朱维铮等：《马相伯传略》，第157—158页）

　　以此渊源，马氏发起函夏考文苑，在提倡学风，"学风者，分言之，则学术也，风化也，由风化以酿成风俗也"。以匡正国内"公私道德，吐弃无遗，家国治权，消亡殆尽"。故仿办总章有二："学术一，又分为二：一作新旧学，示后生以从学之坦途；二厘正新词，俾私淑者因辞而达义。风化二，又分为二：一奖励著作之有补风化民智者；二奖诱凡民之有道义而艰贞者。"此类皆显示马相伯所说"函夏苑既关国粹"。（马相伯：《函夏考文苑议》，见朱维铮等：《马相伯传略》，第158—159页）

　　有关"作新旧学"，最为根本。称：

旧学可先从秦以前入手。经、史、子三者，大都经子言理，而间言事以喻其理；史言事，而间言理以究其事。言必有文，文学是已。其用，言理足使知使由，言事足援往策今。至所言之事之理，则大半为治己治人。有治不治，而善恶生焉。西哲有善恶辨，辨人为之学也，殆即道学软？然则旧学可分为二：一文学，二道学。

秦以后，可分唐以前，唐以后。秦以前未统一，少忌讳，故思想无依傍，下至唐以前，文字犹无依傍。唐以后，似不然矣。文乃有集，然泛言之，《礼记》亦集也。

作新者，一能变旧学之奥涩，则便于今学，二能使旧学有统系。则近于科学。以故作新之用亦有二。

一作新旧学之关于文学者，今其用一。

一变其奥涩。以文学言，一正字，二断句。字既正，而句不难断矣。大要按法国人，辨正古文，及古今名物之所为而已足。曰已足者，盖鸟兽草木之外，又有衣食住所等物名，及人地名焉。国文有同音同义，而数字可通者，应择定其一，于谐声及部首最适用者而公布之，以省脑力。盖于言之文不文，本无与也。国文又有双声叠韵等字，含有切音之法，由来最古。大都只取其音，离之则无义者。如尚羊方弗等，采用其字画最简单者，亦省脑力之道也。由上所言，凡字可通，音可假者，皆可删也。其数字不少。又其用二。

二使有统系。一以文法言。字句法已见《文通》篇章及段落，大要在起、承、收；之三者，又有各寓起、承、收者焉。实即哲学家三段论之法耳。二以文体言。言事言理，两大别耳。其言之也，有独使知者，有兼使由者，有独援往者，独策今者，又有互相兼者。其事与理，有独举大纲者，有兼举细目者，有关系德性、问学及社会、政治者，分门别类，汇举大纲。大纲以门类言，事项言，有首要，有次要。可按各级课程选别适于诵法及观览者，以趣进文学而保存之。

二作新旧学之关于道学者，今其用一。

一变其奥涩，似不外疏通其义。但字句之奥涩既去，义不待疏而自通也，故作用无殊文学。又其用二。

二使有统系，一离经分类，二依类合经。一谓类别关于德性者，问学者，及社会政治暨农与工者，自为篇段，不按原经也。二谓就所类别者而综合之，譬之同一事理，而比兴可万不同焉，然于事理无与也，类而合之，但可为文学之助。至事理之为劝为戒，必有可劝可戒之所以然，能各依类而推穷之，斯有统系矣。

与"作新旧学"相应的是厘正新词。其言称：

新词有关于哲学、数理、政治、理化、星躔、地堳、矿石、动植、重力、机械等，有旧有者，旧译者。其旧译者，以晋唐所译梵书为最古，次则明季与清初，又次则日本维新之始译者，汉文尚审正不讹。其后译者，未免杂以和文矣。

厘正者：一校订旧译，二编纂新译。以故厘正之用有二：

一校订旧译。其校订也，可延海内专门者各任一门一科，编为字类。字类先后，一依本科，二依西文字母，各系以简当之界说图说。二编纂新译。大抵政治、数理两门，应增补者无多，动植等似应仿拉丁文格正物品之大宗大族，而以显色形色等识别其万殊也。理化学之 Agent 原行，与 Element 原质，及 Monade 太素，三者命意不同。凡原质之名，名以寻获者之名者，不如以别于其他之特点为名矣。旧译取音，音既不谐字，又生造，不如径用西文为愈。数理学用西文字母既通行矣，何以独原质而不用也？且世界语亦用之，名片又多用之。车站站名无不用之，独于原质反是。斯真不可解者矣！

"总章二之一，奖励著作。著作有二，一有补风化者，二有益民智者。""总章二之二，奖诱凡民。""一凡民有道义者，二道义之艰贞者。""奖诱者：一以财物，二以文字。一加其身，二及其嗣。"（马相伯：《函夏考文苑议》，见朱维铮等：《马相伯传略》，第159—161页）

马相伯所拟《考文苑名单》有"马良湘伯、章炳麟太炎、严复几道、梁启超卓如、沈家本子敦（法）、杨守敬惺吾（金石地理）、王闿运壬秋（文辞）、黄侃季刚（小学文辞）、钱夏季中（小学）、刘师培申叔（群经）、陈汉章伯云（群经史）、陈庆年善余（礼）、华蘅芳若汀（算）、屠寄敬山（史）、孙毓筠少侯（佛）、王露心葵（音乐）、陈三立伯严（文辞）、李瑞清梅庵（美术）、沈曾植子培（目录）"。后有注，称"说近妖妄者不列，故简去夏穗卿、廖季平、康长素。于壬秋亦不取其经说"。以上三人，大概为主张古文学的章太炎所删。（马相伯：《考文苑名单》，见朱维铮等：《马相伯传略》，第169页）

考文苑事，后主要由马相伯一人主持，马氏致赵秉钧书称：

"乃本苑发起人章、梁二君，各以事牵，不遑兼顾矣。"（马相伯：《致赵总理》，见朱维铮等：《马相伯传略》，第164页）致张仲仁书称："发起人章、梁既各以事牵。"（马相伯：《致张仲仁》，见朱维铮等：《马相伯传略》，第165页）

至1913年，经马相伯奔走，致函总统袁世凯及国务院，当时先是1月11日有消息传出："教育部将立考文苑校订古学，搜罗著作，以存国粹"。（《专电·北京电》，《申报》，1913年1月11日，第1张第2版）3月19日又传出："马相伯所办考文苑，保存国粹学，大总统允先拨助经费银三万两。"（《北京电》，《大共和日报》，1913年3月19日；转引自汤志钧编：《章太炎年谱长编（增订本）》，第242页）3月31日，马相伯致函总统府秘书厅，已称"前蒙大总统允准在案"。（马相伯：《致总统府秘书厅》，见朱维铮等：《马相伯传略》，第163页）中间虽有周折，在6月前后，马相伯致"某某先生"函称："良为函夏考文苑事，先后请大总统、国务院酌拨荒地、经费及苑址等，均蒙赞同，至为欣幸！又蒙大总统委请执事速办，闻讯之下，无任欣慰。"（马相伯：《致某某先生》，见朱维铮等：《马相伯传略》，第166页）10月25日又传出消息："现已筹有大宗的款，即日开办。其位置在中央学会之上，会员名额拟以四十名为度。说者谓将来此举一成，必为中国学界前途放一异彩。"（《要闻一·考文苑组织之先声》，《申报》，1913年10月25日，第1张第3版）1914年3月，有消息称："考文苑组织大纲分研究、审定、表章三种。（一）研究新旧各学。（二）审定各种著作，审定后奖以名誉及实物。（三）表章名节。编纂员院长外各十人。院长拟马良。地址拟永定门外南苑。"（《专电·北京电》，《申报》，1914年3月22日，第1张第2版）似进展未必不尽如人意。不过，因人事政治等因素，最终未果。

（参见肖澜：《"函夏考文苑"之议相关政治因素》,《历史教学问题》, 2009 年第 5 期）

11 月 10 日　《中国学报》[1]在北京创刊,"以保存国粹, 瀹发新知为宗旨"。

《中国学报》"发起于湘中学者, 湘绮先生所谓处沧海横流之时, 而犹强聒不舍者也"。（王式通：《中国学报发刊辞三》,《中国学报》, 1912 年第 1 期）湘中学者, 实指侨居江苏南京的湖南衡阳人士, 其中最为贯穿始终者为刘揆一。刘氏原欲奉衡阳王船山为宗主, 倡设《船山学报》, 后众议范围太窄, 故改名为《中国学报》。

学报发起于南京, 最终成于北京。刘异称："辛亥军兴, 治启共和。大局次定, 会于吴都。吾衡人士之侨是者以百数, 衡山刘君揆一亦在焉。因萃聚衡人, 结旅宁学会, 盖欲敦友助之谊, 勖学业之成也。复以革命朋辈中多推崇衡阳先贤王船山为鼻祖, 属其阐扬, 遂于学会中倡设《船山学报》, 创议未行, 而全国风响。嗣得海内诸耆宿同意, 谓范围太狭, 未足发明盛德, 因改为《中国学报》。建始金陵, 成于北都。洵开继之盛业, 实新故之合辙也。"（刘异：《王船山先生遗像识语》,《中国学报》, 1912 年第 1 期）王毓祥言之更详："辛亥之冬, 国体改建, 全国髦誉, 辐辏金陵, 伤国学之侘傺, 思鼓吹以休明, 于是有中国学报之发起。刘君揆一, 倡之尤力。适毓祥偕梁君镇中, 仗剑游宁, 同人遂以社事见委, 而以刘君异为赴湘代表, 司联络之役。承海内同志, 殷殷垂注, 投稿寄书, 日焉三至, 不出浃旬, 而南北陶澄, 几无人不知有《中国学报》将出现于

_____

① 时人又称之为《国学报》。易顺鼎、姜筠为《中国学报》创刊题词, 皆题为"国学报题词"。

天壤间也。已政府北徙，刘君揆一以大同会事驻燕，刘君异以招股事滞湘，梁君镇中，养疴南中，阅三月而始起，毓祥又以兹事体大，思欲沟合古今，经纬中外，规画较大，一蹴难成，海内硕儒，方深以为虑，而刘君揆一，再接再厉，继行都门，海内文宗，翕然响应。遂偕南中同志，将社地徙燕，合衷共进，不出月余，而刹青之期见告矣。于以知正学之不终穷，而合力之易以集事也。成周以降，道不在朝而在野，学不在官而在师，一番鼎革之后，必有一二老师宿儒，矫时世之趋尚，而独守其是，在当时视为抱残守缺之经生，至后世遂推为继往开来之硕果。汉之伏董，宋之邵陈，明末之黄王，其著者也。今兹之作，其重规与。毓祥风尘碌碌，沙蚌散佚，曷足以谈国学，惟念黑绿不绝，吾道当昌，经天之辉，未容稍晦。故贸然以缚鸡之技，为呼邪之倡。"（王毓祥：《叙言二》，《中国学报》，1912 年第 1 期）

因中华民国建立后，"刘君揆一以大同会事驻燕，刘君异以招股事滞湘，梁君镇中，养疴南中，阅三月而始起"，在北京期间学报的筹办已脱出原来人事范围，主要由王式通、郑沅、恽毓鼎等负责。

在京议事，大致始于 7 月。7 月 27 日，恽毓鼎记："四钟复至安庆馆，赴中国学报会，发起者为王书衡、郑叔进、吴经才诸君。将以一苇障横流，一粟开世界，真吾辈之天职也。余极具同心，愿肩报务。本日粗发其凡，至办法则下会详定之。"（〔清〕恽毓鼎著、史晓风整理：《恽毓鼎澄斋日记》，浙江古籍出版社，2004 年，第 601 页）7 月 31日，恽毓鼎记："三钟至郑叔进寓，赴中国学报社（事务所暂置郑处），公定章程……前年有《国粹学报》，乃邓实、刘光汉诸君所编辑，寓排革之意于学说，使一般聪俊少年，皆印其说于脑中，遂成去秋之结果。法国大革命，发于卢梭；欧洲立宪政治，发于孟德斯鸠。学说之力，过武力远甚。归寓偶检其一册阅之，为吾学报之程式。"（〔清〕恽毓鼎著、史晓风整理：《恽毓鼎澄斋日记》，第 601 页）9 月 15 日，恽毓鼎记："未刻至安庆馆赴中国学会，到会四十馀人，公推余充临时主席，约略研究办法而散。"（〔清〕恽毓鼎著、史晓风整理：《恽毓鼎澄斋日记》，第 608 页）大体已确定章程。9 月 27 日，《顺天时报》以《中国学报出现》为名报道："中国学界名流数十人曾于南京发起《中国学报》，呈明教育部内务部批准立案，现因政府北迁，将该报事务所暂设宣武门内，每月刊行学报二册，以保存国粹，瀹发新知为宗旨。定期阴历九月初一日出版第一册。想内外人士必以先睹为快也。至于该报简章，应俟明日登刊本报云。"（《中国学报出现》，《顺天时报》，1912 年 9 月 27 日，第 7 版）

　　经讨论，《中国学报》确定"以保存国粹，瀹发新知"为宗旨。每月刊行一册，具体刊文，"先列论著，次按科学各门，略为分类，末附丛录"。关于编辑事宜的运作，"设总编辑员一人，副编辑员一人，编辑员若干人"。社务则"设经理二人，协理四人，由股东公同推任干事员若干人，由经理指任"。学报"为合资所立，暂定资本额十万元"，具体的"招股章程另定"。报社事务所"暂设北京宣武门内南闹市口回子营长沙郑寓"。（《中国学报简章》，《中国学报》，1912 年第 1 期）

　　11 月 10 日，《中国学报》刊成，正式发行。《顺天时报》记："宣武门内南闹市口之《中国学报》，现经其同人已组织完备，其内容阐明学术政教为宗旨，议论渊博，记事详明，足使海内人士大为欢迎，兹定于本月十号出版，其发行之第一期概行奉赠云。"（《中国学报》,《顺天时报》, 1912年11月10日，第5版）11月12日，恽毓鼎记："《中国学报》印成，漫题二绝，呈同社诸君子。共持短绠汲前修，信有江河万古流。载酒元亭问奇字，安知他日少杨侯。毛伏传经柳穆文，儒家持世有元勋。诸公莫懈吹嘘力，肤寸能兴泰岱云。"（〔清〕恽毓鼎著、史晓风整理：《恽毓鼎澄斋日记》，第616页）

王闿运序《中国学报》谓：

> 学分今古，而无中外。古学为己，今学为人。三代而降，大都为人之学耳，不但占毕帖括非学，即经说故训亦未必近古，要皆随世损益，不遑自立。诸子百家之言术虽各致，而其并心物役甘为今学则一也。自海禁开，始有西学闻于国中，曾涤生倡其说，李少荃、张孝达又从而鼓吹之，上下承声，靡然顺从。凡不可为之事，举犯清议而为之，初亦不意其害之极也。后生小子，闻其风而说之，转相效仿，而又加厉。吾党犹有廖平、杨度其人，它可知矣。古之学者，德充符而应帝王，为己为人，体用兼备。今且一身不能自治，而忧国之贫弱，无术甚矣。西本非学，相高以利，工商之为耳。其原出于墨翟，翟无几希自为之心，言西学者又不能。然乃徒袭其粗迹，竞相缘饰，张大其事，其意不过以要时誉，其害乃足以坏人心。一切祸端，皆自此始。彼曾左之徒，自不能辨学之今古，何足图富强哉。昔孔子慨当世之变，以不讲为忧，遂发愤作《春秋》，世愈乱而文愈治，先自治而后治人，亦维圣人为能下此者。躬膺危乱，不足著书，并不可讲学，往年蜀生有吕翼文者，志趣视廖、杨尤坚卓，倡设经报，慨然以古学自任，余尝诮之曰，

无益只取辱耳。书竟未行，而时论大变。近十余年，外患内忧
相乘，而至学士大夫将尽弃所学，衡阳刘生来自海上，言同人
设学报，欲余为总裁，意以殚发学术，大辟蹊径，盖亦与吕生
异趋而同归。处沧海横流之时，而犹强聒不舍，虽未能有裨
万一，然其志足悲，要足列于今之学者之林，至其是非得失，
自当公之天下后世尔。壬子孟夏芒种前三日。(王闿运:《叙言
一》,《中国学报》, 1912 年第 1 期)

题诗词者有易顺鼎、王书衡、姜筠、湖南衡阳刘异、长沙郑
沅、祥符金葆桢、王式通、孙雄、陈衍。

姜筠题词谓:"伤心圣道凌夷日，国学千钧一发悬。厌故喜新
年少习，守先待后老成权。横流沧海知难挽，大业名山孰与传。我
亦祖龙欲坑者，甘将浅小佐诸贤。"(姜筠:《国学报题词》,《中国学报》,
1912 年第 1 期)

寿阳孙毓筠《祝辞》:"荒荒大地，人于物后。物无能名，人为
之俑。乐生顺化，胥以自然。斫性剥元，学为之先。名为尔因，学
为尔梏。诸恶横生，长夜无觉。劈山通涂，曰若是道。去之则离，
厥辨唯微。悬规植矩，曰若是礼。由此则安，反焉非履。雕朴琢
真，曰若是文。相率于伪，以实为宾。降及中世，文必于章，人必
于伦，匪章匪伦，人将不存。天诞仲尼，说仁立教，万化所始，学
焉是止。中天日月，爝火其已，子舆言义，歧一为二，曰内曰外，
误乃因之。荀学再误，大醇小疵，诬孔谀君，孔岂前知，讹谬相
沿，百学沸喧。墨家尚俭，杨子为我，入老出申，法与道左，鬼谷
纵横，公孙者名，衍奭阴阳，孙武之兵，怪力乱神，君主圣灵，民

权益轻。诸学不灭，孔教不兴。绵绵一线，垂二千年。孔教路德，畴为之前，孔生春秋，际据乱世，抗希太平，草削改制，素王自立，微言大义，维今之徒，皆于斯学。祝君之报，依于斯作，惟名与学，至人弗乐，更进众生，无为名役，无为学缚。"（孙毓筠：《祝辞一》，《中国学报》，1912年第1期）

11月　四川国学院与国学馆合并。

先是，2月10日四川存古学堂改设为国学馆。6月，四川国学院成立。两者职能不无重合，四川"民政府""一因统一国学机关，一因节省经费"，倡议二者合并。国学院院正吴之英与院副刘师培、谢无量等人磋商后认为，国学馆与国学院"同负国学之名，自不能漫无系统，论同一内容之件更无容歧出机关"，后经国学院"全院议决"，同意并拟定具体合并方案。

是月，经四川省议会决议通过，国学馆正式并入国学院。国学馆一切事宜均由国学院统一办理。国学院亦从成都三圣街迁入城南国学馆旧址内。馆、院合并后，国学馆教授课程"除算学、法学两教员业经订立本年合同，应行依旧延请外，其余各科即由院员热心教育者分门担任，不送薪金。惟酌送夫马费"。国学馆藏书供国学院院员参考，国学院"旧定之图书购置银"可"权作教员夫马费"。其他"杂支之属悉可并二为一。所有司事、缮写各员亦可广加裁汰，所省经费当可岁达万元"。如此"事从积极进行，款从消极着手，事增款减，便益良多"。（郭书愚：《官绅合作与学脉传承：民初四川国学研究和教学机构的嬗替进程（1912—1914）》，《四川大学学报（哲学社会科学版）》，2011年第5期）

吴之英为四川国学院院正，刘师培为院副，另聘浙江诸暨楼黎然、温江曾学传、井研廖平、新繁曾瀛、资中李尧勋、乐至谢无量、天全杨赞襄、成都大慈寺住持圆乘八人为院员。国学院设立，"以研究国学、发扬国粹、沟通古今、切于实用为宗旨。所办事件：（一）编辑杂志；（二）审定乡土志；（三）搜访乡贤遗书；（四）续修通志；（五）编纂本省光复史；（六）校定重要书籍；（七）分设国学学校。"（《国学院征集图书碑拓广告》，《四川国学杂志》，1912 年第 3 期）

馆、院合并后，四川国学馆原"教科之部"成为四川国学院附设的"国学专修科"。为适应 1912 年 10 月教育部新颁《专门学校令》，馆、院合并后，经全院"公议"且报四川省当局批准，将"附设国学专修科"更名为"国学学校"。1913 年 8 月中旬，四川行政公署传达了教育部查核"前清学部立案之官立、公立各专门学校"的饬令。同年 10 月，国学院援引部颁《高等师范学校规程》呈请将国学学校再度更名为"四川国学专修学校"。1913 年 12 月 31 日，国学院咨覆四川行政公署表示，国学学校若"援例归并"四川高等师范学校，"窒碍尚多。唯有从部覆所云：'照旧办理，不再更立名目'"。全院"公推院员廖平主任校务"。1914 年 2 月，四川省当局依照"修正二年度预算案"正式停办四川国学院，改组专办"四川省国学学校"。学校由廖平任校长，归"四川巡按使公署政务厅"主管，以"造成中学师范及各项国学教习为目的。附设存古书局，访刊乡贤遗书暨补刻前清尊经、锦江两书院旧刻书籍坏板，并月刊《国学荟编》一册，专以研究国学、发扬国粹为宗旨"。至 1918 年底，学校又改组并更名为"四川公立国学专门学校"。（郭书愚：《官绅合作与学脉传承：民初四川国学研究和教学机构的嬗替进程（1912—1914）》，

《四川大学学报（哲学社会科学版）》，2011年第5期）

12月15日　申报馆职员兼英国亚西亚文学会会员陈重民在教育会演说，介绍西方所存所译中国古籍，"在研究外情之中，寓保存国粹之意"。

《申报》预告："今有本馆职员，现充英国官立亚西亚文学会会员陈重民君，探研西籍，调查得欧美等国所译经部、史部及关乎孔教、道教、佛教等图籍，又其所著关于中国政治学术等书，统计不下数千种。尝慨吾国上下于彼中议论华事及移译中国书籍不甚注意，拟不久亲赴欧洲，采选此等书籍，在中国交通便利之地开馆陈列，任人公阅移译，以代警钟，而资借镜。同人等爰请陈君于旧历十一月初七日即新历十二月十五号，借西门外林荫路省教育会楼上演说，并由陈君携带此等书籍多种到会，以证其说。"演说之主旨及陈重民之宗旨，"在研究外情之中，寓保存国粹之意，淘于我国学界前途大有关系"。同启者，有江苏五属图书馆职员会、古学保存会、上海尊孔会等。（《来函·各团定期研究外情函》，《申报》，1912年12月10日，第2张第7版）

12月22日　广东教育界因是否应禁止学生演戏而大起争执，争论方向之一演变为欧美文明与固有国学之争议。

据《申报》记："广东教育总会因教育司不允禁学生演戏事，开大会议，会员到者甚众。钟教育司亦莅会，据案中坐。汪、卢两会长坐于两旁。先由会员冯侗若宣布学生不应练习白话戏之理由，毕，互有讨论，皆主禁止。"随后"钟司长起发言谓，学生演戏，欧美文明国所恒有，若下令禁止，恐外人笑为野蛮云云"。由此，论争转向中西文化之比较，而渐涉及西学与国学。叶夏声驳之曰："吾国自有真文明，钟先生乃以欧西风尚而抹煞之耶。于是历引立国主要注重学问、道德两途，若徒驰骛外人风尚，适足为外人笑耳。例如欧俗男女跳舞、女子缠腰等等，吾国能效之否？欧西立国已固，人才众多，故其习尚虽日趋奢浮，尚与国事无甚大害。然观各国教育家仍有引以为病者，况以吾国现当卧薪尝胆之日，其求学之切与需才之殷，十百于各国，而可令其舍业以嬉，而不为之止乎。钟君所言，本会员绝对的反对。""钟乃漫声言曰，现我广东岭南圣心等学生也常演戏，何尝有碍于学业。叶君又驳之曰，钟君殆欲以此两校为吾粤学界模范耶。予以为岭南等学堂，只一西文翻译馆耳。窃谓吾国学生，当以国学为根柢，学成后乃可出任国家及社会事，今钟君乃举是为模范，尤绝对的不敢承认。"（《要闻二·粤教育会议禁学生演戏》,《申报》，1912 年 12 月 22 日，第 2 张第 6 版）

12 月　江瀚发表《孔学发微卷上》，认为孔子为中国国学先师、孔学非宗教。

江瀚《孔学发微》自本年 11 月开始发表于《中国学报》。此月发表上卷，其中称："孔子者，中国国学之先师，而非宗教也，明乎此，则今日新致纷纷之争，可以息矣。"（江瀚：《孔学发微卷上》,《中国学报》，1912 年第 2 期）

是年　《萃报》创刊，"国学保存"为其栏目之一。

吕子庵、汪啸澜等人集资创办"一种合地北天南、东鳞西爪之各种报章萃集一处"的《萃报》，"抱定民国大同主义，以尊重人道，融洽政见，俾人人知有道德心责任心，发挥确当舆论，巩固共和政体为宗旨"。内容分十类，其一为"国学保存"，解释称"我国固有之学说，果能实践躬行，于民国前途大有裨助，冠以道统世系图略"。《萃报》第 1 期"国学保存"一栏登载高燮《国学商兑会论学书一》、高燮《国学商兑会成立宣言书》、陈焕章《孔门理财学之旨趣》、伯啮《废孔驳议》。《萃报》编辑所位于上海派克路富华里三弄八百零三号，此刊只出了一期。（吕子庵：《创办萃报社缘起》,《萃报》，1912年第1期；《编辑例要》,《萃报》，1912年第1期）

1913年（民国二年　癸丑）

2月　王树枏发表《拟世界大同学会简章》，谓欲大同，必先本于国学国教，方能取人所长、弃其所短，而又守其要素、辨其所异、求其所同，遂定其宗旨为发明国学、荟萃诸国学说。

世界大同学会缘起，"为谋政教统一，必先由学术明备，观其会通，以救止人心之陷溺，究明人道之指归，由社会观念，融合五大民族，广为世界观念，融合黄白种界，以至国界，同归于圣人至教有分土无分民大同之化"。故辨其名义，谓：

> 国于天地，必有与立，往古来今为世，上下四旁为界，无论古今中外，举凡国土人民，皆依其国教而立，故各国无不自重其国教，于是生种族界（如回教只传同种之族，异视他族是）、同盟界（如平战条规只行于同教之国，外视异教之国是），以致由此战争，屠戮夷灭，以爱人之道，反以害人，以其所不爱，及其所爱……惟孔子之教，主于有教无类，是以中国习承遗说，知道并行而不相悖之理，广大兼究，无仇视异教之习，是以佛教流于东土，耶教传自大秦，蒙藏归藩，回疆纳

土，一皆各从其教，惟其杂糅，是以成其广大。惟其广大，是以孔教未尽昌明，国人或且自忘其国教，以致渐失其国学，震于富强之迹，竞言取法东西各邦，经术久晦，正学日微，后生小夫，尽弃其所学而学于外，不知五洲各国，虽互相师法，断无不重视本国之学，而专以别国为师之理。对照自明，于国文一端可见。盖必先于本国国学，植其根基，然后能取人之所长，而弃其所短，必先于本国国教，守其要素，然后能辨其所异，而求其所同。今会萃各教学者，联为学会，即本《中庸》道并行而不相悖之原理，以发明孔子有教无类之主义，讲政讲学，皆须学然后能知，即知即行，要必知然后能行，举学为名，即赅政教，又大同之教，亦自孔子发明，即春秋张三世大一统之义，非政教同化，不能跻世界于大同，非学术会通，不能致政教之同化，兹故定名为世界大同学会。

而察于其时之学林，所谓"今之学者有两种，一则囿于中国之学，一切外来之学，皆鄙夷而不观。一则眩于他国之学，一切固有之学，皆弃置而不屑"。而以为孔子之学囊括古今中外，主张发明国学、荟萃西学。称：

不知孔子之学，囊括中外，绳贯古今，非惟言新学者懵然不知，即言旧学者亦冥然莫解。创世惊人之事，皆在微言大义之中，其道著之于经，其术藏之于纬。……青年之士，于本国学术思想，一无发明，第鉴于中国之贫弱，而外国之富强也，遂悍然尽弃所学，崇事外人，迹其猖狂无忌之行，必欲使本国

数千载之文明，荡然扫地无余而后快，以若所为，求若所欲，
虽使中国真有倍根、笛卡儿、卢梭、伯伦知理其人，恐亦无裨
于我国之学界也。本实之不植，道德之不讲，而续凫截鹤，夷
岳实渊，亦只速其亡而已矣。夫温故知新，圣有明训，问官咨
礼，学无常师，取人之所长，以补己之所短，善为学者，何莫
不然。然国有国之学，即国有国之教，今名词家所谓粹也。东
西各邦，虽互相师法，然皆以保持国粹为主，今丧其道德，拨
其本实，舍其学与教而浮慕于人，吾恐人之长未能得，而己之
长已先失。粹亡而国亦随之，此可为痛哭太息者也。故本会宗
旨，以发明国学为主，而萃集各国诸说，以相会通，此即殊途
同归一致百虑之义，且借此可以证圣人科学，无所不包，将来
由世界大同之学，以几于政教之大同，体用机关，全在于此。

（王树枬：《拟世界大同学会简章》，《中国学报》，1913 年第 4 期）

3月1日　熊十力发起证人学会，备述学会之缘起，以为国学
式微、人道废弛，故愿汇聚同志，集合学会，起而振之。

熊十力早年颇有志于事功，自承"当初不无求名之意，……我
在三十五以前，虽有聪明，而俗念未去"。（《与梁漱溟（一九五八年六
月二十五日）》，萧萐父主编：《熊十力全集》第八卷，湖北教育出版社，2001
年，第 758—759 页）丁去病早识熊十力，跋其 1918 年刊行之《心书》，
即"窃怪子真年少从军，谋毙某帅，几罹不测，辛亥参鄂军府，义
气激昂，似非能沉潜于学问思索中者，今所造竟若此"。（丁去病：
《心书·跋》，见萧萐父主编：《熊十力全集》第一卷，第 42 页）

或许正是当年的戎马生涯有机会接近真实的政治，使得熊十

力转向以学术正人心。他在复信吴贯因时称："今之执政，不学无术，私心独断，以逆流为治，以武力剥削为能，欲玩天下于掌上，其祸败可立俟。"（《心书·复吴贯因》，萧萐父主编：《熊十力全集》第一卷，第20页）《忧问》一文，则写出熊氏对于当时风气的感受，对于自上而下的人心陷溺大有感触，称："今吾国人浸淫满清污俗，利禄荡其廉耻，而自私自利之习成。登庸滥，而侥幸之风长；专锢久，而智昏。为新为旧，同怵于外人，而貌袭以相应，实无改其贪贼险诈浊乱荒淫之心理。灵台既蔽，一切学说，皆逢恶之媒，一切政法，皆济奸之具。灭绝仁义，自胡清已然矣。迄于民国，而伟人之淫纵，袁氏之盗窃，藩镇之骄戾，率天下以不仁不义，淫情轶分。"（《心书·忧问》，萧萐父主编：《熊十力全集》第一卷，第36页）

熊氏发起证人学会的最大宗旨，即是要证人之所以为人之道，以澄清人心，为初建的中华民国确立道德根基。是日，熊十力在梁启超所主持的《庸言》上发表《证人学会启》（署名熊升恒），公布发起证人学会的旨趣、章程。

熊十力首先交代缘起，称"证人"为"证明人所以为人之道"，人之道，实中国古来学问之道，自古以来圣贤相传之学，虽变动不居，"道器精粗，悉具毕贯，人道备矣。三五哲王，以此立教致治，后世诸子百家，各鸣所得，要各有当，斯中国之所以卓绝于大地也"，然"海通以降，风气糅杂，国学式微，斯道久废，人伦攸斁，起而振之，固通儒事哉。此证人学会之所由起也"。

以为当世一如汉晋，尤其对于士大夫结党相倾、争权夺利、不顾国是的表现大有批评，以为证人之会必应勉励为之，才有澄清之望。其称：

> 从来国运之隆替，以士习纯驳为征。观于汉晋之际，士
> 俗浇漓，遂酿五胡之祸，其机括甚微，而影响至巨，可以鉴
> 矣。……今日俗习，方之汉晋，无一不肖。士大夫丧心病狂，
> 树党挟私，倾轧异己，淆乱是非，不顾大计，浮陋无艺，虚而
> 为盈，服食仪表，竞染洋习，奢淫相尚，恬不为耻，争利争
> 权，贪忍险诈，奸蠹在位，萑苻满野，劫盗怀弹，窥伺朝市，
> 祸害之烈，逾于洪水猛兽，而昧者不知也。习气所成，即为造
> 化。众生芸芸，胥与化移，辗转沦陷，将人而筮不禽兽矣。岂
> 惟汉晋之祸，仅陷戎狄而已哉。夫唯明乎人之所以为人，而学
> 以致道，以道正习者，乃能为造化，主于以化民成俗，扶翌国
> 运，其事由微而著，由小而巨，此证人学会之所勉企也。

且坚定学术正则人心正，故以为证人之会不可以已。称：

> 王子不云乎，天下之不可一日废者，道也。天下废之，
> 而存之者在我。故君子不可一日舍其所学，而废于道。舜禹
> 不以三苗为忧，而急于传精一，周公不以商奄为忧，而慎于
> 践笾豆。见之功业者，虽广而短，存之人心风俗者，虽狭而
> 长。一日行之习之，而天地之心昭垂于一日，一人闻之信之，
> 而人禽之辨立达于一人。其用之也隐，而搏挽清刚粹美之气
> 于两间，阴以为功于造化。（圣人参赞位育，具有实功。王氏
> 注张子《正蒙》，每述此意。）君子自竭其才，以尽人道之极

致者，唯此为务焉。得志行乎中国，不得志而天下分崩，人心晦否之日，独握天枢，以争剥复。岂曰小补之哉？此证人学会之所以不可已也。

熊氏总结斯旨："今民国初建，承清之弊，学绝道微。流俗既有所蔽，莫能兴，而一二天资高旷者，又服异化，而昧其本，中藏鲜实，乃竞智名勇功以误国，耆儒故老，嫉世太深，复以言学为讳。甚矣，确乎不拔，任重致远之难也，斯学谁与振之？《诗》曰，国虽靡止，或圣或否，民虽靡膴，或哲或谋，或肃或艾。剥极则复，贞下起元，天其或者不欲斯文之丧乎。敢告卿大夫士，文武之道未坠于地，贤者识大，不贤识小，勖哉勖哉，毋谓道远。"

熊氏对于新学趋西而不知固有，老辈以言学为讳，皆所不取。公启后附"证人学会简章"，规定所讲之学，既有周秦以来诸子之学，又有哲学、景教、佛学、老学，而以孔学为归。规定：

一、本会以证明人道、立人极、振学风为宗旨。故定名曰证人学会。二、本会会员以行己有耻，为入德之门。故立身以实践为本，应世以实用为亟。三、本会学规，分博文、约礼二门如左。（一）博文之目：近世诸子学、宋明诸子学、汉唐诸子学、周秦诸子学、太西哲学、景教、老学、佛学、孔学。百川汇于海，群言宗于圣，溯学派要诸孔。（二）约礼之目：主静。无欲故静，戒慎乎其所不睹，恐惧乎其所不闻。执礼。礼经纬万汇，周官统治教政刑，而以礼名书。圣人治己治人莫不由礼，自洒扫应对，至于精义入神，格致诚正，至于修齐治平，皆有礼以贯之。求仁。仁者浑然与物同体，故曰万物皆备于我矣。反身而诚，乐莫大焉。强恕而行，求仁莫近焉。孝弟为仁之本，任恤仁之方也。四、本会会员，有品行不端，违背本会宗旨，损坏本会名誉，察觉规戒不悛者，即行宣布除名。五、本会经费由会员担任，分常捐、乐捐二种，常捐年五元，乐捐不在此限。六、凡会员初入会，缴会费一元。七、凡输助本会经费者，本会得认为名誉赞成员。八、本会会员力任宣布本会宗旨，并由本会刊发机关杂志，及种种发明本会主义之图书。九、本会事业，分左之三项：（一）讲会。（二）杂志（会员笔札等件，各按月缴。干事长汇聚成编，印发各会员，互相辨论，其详细办法另行规定之。）（三）著述。十、本会开会期限，俟本会扩充时，再规定之。十一、本会职员由会员推举，设干事长二人，管理会内一切事务。干事若干人，承干事长之指挥，分任会中各事。评议若干人，讨论会员学说异同得失，审察著述出版等事。十三、本会会员，须学有根底，毫无嗜好者，方为合格。凡入会者，须得本会会员二人以上之介绍。十四、凡耆儒故老足为本会秫式者，本会得推为名誉会员。十五、本会章程随时改良。（熊升恒：《证人学会启》，《庸言》，1913 年第 1 卷第 7 号）

3 月 11 日　陈范（署名梦坡）和诗高太痴，叹国学将亡，冀有转移之道。

其诗曰：

　　莫问其居庆有那，痴呆难卖奈愁何。杜陵寄食知音少，庾信哀时客梦多。漫说东林崇气节，未容一篑障江湖。光阴又见残年了，欲把诗魔引睡魔。

　　三竿红日尚帘垂，爆竹无声睡起迟。入市浑忘禅让世，纪年忽遇永和时。惠风未被慵游骋，国学将亡孰转移。暗室有灯半明灭，此中消息只君知。（梦坡：《文字因缘·和高太痴壬子除夕癸丑元旦两律即用元韵》，《申报》，1913年3月11日，第3张第10版）

　　3月13日　马叙伦致函《中国学报》，对学报"扬榷国学"之举多有赞誉及建议。

　　函称："大报自先哲遗著外，若郑君之考金石，陈君之订《说文》，姚君之辨历，江君之笔记，皆有精旨可以上下古人，而仆独以为湘绮老人之序，真晚年见道之论。学以为己，此吾国学人之所宜三复也。昔程伊川云，古之学者为己，其终至于成物，今之学者为人，其终至于丧己，盖莫痛切于此言者也。且今日立言之所系尤重，一编之出，海内循诵，学者趋向之端不端，视乎其言之醇亦醨，又矧域外之士，察俗观习者，伺乎其侧，毫发之间，足以启轻视，而致悟谤。"故以为，"扬榷国学"，"当务实而避虚，崇本而绌末，疏证发明，而忌附会穿凿，昔敝省孙仲容征君所为《周礼政要》，不免为鸿业之累，而《墨子间诂》中亦复附会西来之术，皆尝以为白璧微瑕者也。诸君子，儒林之耆旧，翰苑之圭臬，立说足以成风教，出词可以鼓习尚，而仆敢于进器器之说者，自比于狂夫野人云尔"。（《马叙伦：《杭县马叙伦启》，《中国学报》，1913年第6期）

　　3月20日　《文史杂志》发刊，以"阐明国学、发挥幽潜"为宗旨，而参证西学新法新理。

《文史杂志》由武昌文史社编辑、发行。文史社由李哲逻、颜汝愚、罗树蘅、熊道琛、陈端、胡纬、鲁济恒、魏璋、张祥鸾、刘光藜、陈泽溥、李炎、杨中璇、姜钟煜、陈范、郭宗衡、宋翔裔、彭廷燮等创设，旨在"合群撰述，促进国学"。（《文史社呈请教育司转详军民两政府立案文》，《文史杂志》，1913 年第 1 期）

张仲炘任社长，姚晋圻为名誉总纂，王葆心、李希如担任编辑。社长与总纂，分别为原先湖北存古学堂的监督与总教。

张仲炘《文史社宣言书》交代缘起：

> 今自鄂军起义，民国成立以来，阅一载矣。既免异族之凌藉，复脱专制之桎梏，此诚万世一时之嘉会。凡属国民，皆当奋起自效者也。一切进步成效咸著，而吾先哲相传之微言大义，足以裨神智于无穷，而与斯人以无上之幸福者，独未有能发挥而光大之，以与时世相赴，此亦吾党之责也。同人等不揣梼昧，爰为倡立学社，举六艺百家之言，归之文史，意在精研旧籍，阐明哲理，与斯世相提携。（张仲炘：《社论·文史社宣言书》，《文史杂志》，1913 年第 1 期）

李希如《发刊词》交代旨趣：

> 吾闻史迁之言曰，知天人之故，通古今之变。睹往轨，知来辙。班孟坚曰，函雅故，通古今。然则学无古今，惟其通而已，无古今即无新旧，何前二说之为病。今欧西诸国之勃

兴，莫不归本于新学之发明，而新学之所以能臻其盛者，则以十五世纪末，有古学复兴为之导师，此尽人能知之，而能言之者也。盖无源之水，涸可立待，无根之木，其生不蕃。学之义训效，亦训觉，先有所效，而后有所觉也。故必因前人之已知而益求其所未知，因前人之已能而益求其所未能。怙其已知已能，而不求进焉，不可也，并其已知已能者而忘之，而惟徇外之是图，尤不可也，此吾文史杂志之所为作也。

抑吾闻西人之研究学术也，厥途有二，其一为演绎法，其一则归纳法也。演绎法者，持一本而推之万殊，由因而及果，所谓内籀者也。归纳法者，综万殊而返诸一本，由果而及因，所谓外籀者也。至其为用，则演绎法，适于论证。而归纳法适于探究。吾中土学术，自汉宋两家，多从事于演绎法，而为归纳法者盖鲜。此其所以不竟也。今吾杂志之所讲者，国学也，亦古学也，犹兢兢焉蕲以通今者辅之，务相为钩稽，融冶极深，研几求理，解之一进，其诸有适用归纳法者欤？（希如：《发刊词》，《文史杂志》，1913年第1期）

《文史杂志》为文史社的机关刊物，"以阐明国学、发挥幽潜为宗旨，而于泰西学术新法新理，足以证明国学者，并加辑述，以拓理想而除畛域"。杂志"共分十五门，一社论，二学说，三经学，四子学，五政学，六史学，七礼俗，八哲理，九六书，十金石，十一词章，十二美术，十三目录，十四杂俎，十五选录，计每号六十叶，约五六万言，皆出新撰，不同剿说，其所发明，专从国学渊源流别，有关微言大义处，疏通证明，为学人导以涂径"。杂志

"各门除由本社延请邃于国学之通儒分门担任外，并博征海内学人，锡以论著，或专门著述，敬当择尤刊登（润金另订），其有藏书秘籍，或经通人钞校，未曾刊行者，本社亦广为搜求，随时撡入，庶几取材邓林，收集思广益之效。国学至为浩穰，同人创为此帙，意在讲习质证，凡我同志雅儒，觉本报著论有未尽善者，普望锡以箴言，匡所不逮，是为至幸"。

《文史杂志》经发起人筹足三年资本，并由教育司拨款补助，经费充足，不募外捐。（《文史杂志略例》，《文史杂志》，1913 年第 1 期）

4 月 13 日 恽毓鼎"接新加坡吴翘云信，因教育部于医学弃中医而习西法，大动公愤，劝余提倡抵制，救我华人性命，不第为保全国粹计也。教育部之罪上通于天"。（〔清〕恽毓鼎著、史晓风整理：《恽毓鼎澄斋日记》，第 639 页）

4 月 15 日 国学尊闻社在《申报》刊登约言。

此文未署名，且未说明该社的具体发起人。文中表示该社地址为上海法租界西南段嵩山路四十九号，并交代其"程规之约"：

为学必先立志，志不立，则无以收恒久之功。《易》曰：有始有卒者，其惟圣人乎。凡我同人，其无忘创始之难。古称益友直谅多闻，意在有过相规、有疑共析，晚近之世，兹道已微，凡我同人幸勿忘规劝之义。人之情性不同，为学宜各从其性之所近，无论词章考订，任习一门，即拜陆宗朱亦不妨各明一义，凡我同人幸勿存门户之见。作者曰圣，述者曰明。古昔仲尼犹云述而不作，是知著作诚难，能述为要，好古敏求，端资博览，凡我同人幸勿废探讨之功。自士气衰而后相惊以舆服，实学堕而后相尚以声华。然则纠风愆挽流俗岂非学者之责哉。凡我同人宜咸守俭约之素。检身之道，寡欲为先。昔贤之于词章尚等诸玩物丧志，况手谈叶格，学者所讥，凡我同人幸勿近樗蒲之戏。学贵实践，勿尚虚声，处士浮华，古人所戒。正始林下之风，是亦贤者之过也。凡我同人幸勿蹈标榜之习。白鹿洞规，棉阳学准，载在盟约，即成简书，所立诸条既登左策，凡我同人幸勿背程规之约。

章程规定具体行事规则，"社内一切之事，社长主之，社员则谦焉。有所处分，必就正于社长而行，社友论文会课而已，则又谦焉"。社员入社需纳金一元，或捐赠价值三元以上的图书。社友每月交纳月费一元，视为社公费。国学尊闻社讲学约分五门，一为经学，小学附之。二为史学，地理附之。三为理学。四为经世学。五为古文学。"会课衡文，每月再举。讲说讨论，每七日再举"。（《专件·国学尊闻社约言》，《申报》，1913年4月15日，第3张第11版）

是年春　朱孔彰、马其昶在安庆创办国学社。

1915年，《甲寅》第1卷第6号载《读陶集三首》（朱孔彰遗稿），谓："朱孔彰，字仲我，骏声先生之子也，克承家业，曾以髫龄能言许学，见赏于曾湘乡，老而好学，著述等身。数岁前长国学社于皖城，闻癸丑之役，转徙老死于金陵矣。"（朱孔彰：《读陶集三首》，《甲寅》，1915年第1卷第6号）《甲寅》第1卷第8号有读者致《甲寅》杂志记者，有所纠谬，谓："盖朱先生犹在金陵，无恙也。不佞昔曾于皖国学社研问许氏之学，别离以来，虽不尝与先生通讯，然空谷足音，往往闻于同社旧友，去岁中秋，社友杨丙遇其公子立三于焦山，得询起居无恙。先生居金陵双狮巷，今年七十有五矣，犹手不辍笔，纪述清史洪杨一役，身亲见之，多所佚闻也。"（《涓蜀梁（致甲寅杂志记者）》，《甲寅》，1915 年第 1 卷第 8 号）皆提及国学社，地在皖城（即安庆），时间则未能确定。

1916 年 2 月，复刊后的《中国学报》载有方勇《上刘申叔书》，谓："慨自西学入华，举国若狂，雅记凋萃，国闻沦亡，是"三礼"束阁，《论语》当薪，怀古君子，每用蛊伤，勇寿县细民也，年仅及弱，名为迂腐，居亡奇节，出乏高行，粗习小学，略解考征。去春长洲朱仲我、桐城马通伯等办国学社于安庆，欲以挽近今之颓俗，振空谷之余音，勇亦从事其中，时更数月，和者尚众，值国事不臧，军旅云兴，讲学之所，变为戎马之区，青衿之宫，忽成屯兵之处，社遂停止。"（方勇：《上刘申叔书》，《中国学报》，1916 年第 2 期）

此函未署时间。然从函件内容则可确定，国学社创于 1913 年春，时间延续数月，停止原因在于战争。从上述信息推断，极有可能因 1913 年二次革命军兴（当年 8 月安庆即为双方军事争执之地），遂致停办。

5 月 19 日　时人刊文主张选取传统典籍中有裨于世道人心的相关内容，将其列入中小学的相应课程。

此文议论起于"浙有注重礼教之省长，而粤省偏有废止读经之教育司。何今日行政见解不同之一至于此"。基于此，作者"窃思之经之为物，迂拘繁冗，朱省长以注重礼教为前提，诚所谓纂言而独钩其玄者。彼粤教育司，必从而废止之，其设心亦未尝不是也。特废止手续以骤不以渐，不使人潜移默化，趋入于天演淘汰之一途，而必出以强迫之手段，勒令解散，严加惩罚，宜乎抱残守缺，皓首穷经者之纷起反对也"。对此，作者以为"四子六经之菁华，在义蕴不在句读，四千年来奉孔教为一尊，默守死读，遗其精华而占毕其糟粕，所以误我神州学子者非浅鲜也。今幸海内求学家，公理大明，知经之所以餍饫乎人心者，在彼不在此，则教育大家，穷经巨子，何不刺取经籍中孝弟谨信爱众亲仁诸大旨，编入小学中修身教科，以植童年之根柢，而培人类之道德，然后推而广之。刺取东鲁述作之微言大义，有裨于世道人心者，列入中学校之国学教科，与国文一科分途竞峙，以简括为主，要系千钧于一发，或亦所谓博学详说而一贯之以约"。作者署名萍。（萍：《杂评二·浙民政长与粤教育司》，《申报》，1913 年 5 月 19 日，第 2 张第 6 版）

5月20日 李尧勋发表《国学学校教育学（弁言）》，主张发扬孔教，而非仅限于儒学。

四川国学院设有国学学校，此文即为此校所作。文谓：

> 二十世纪，学术竞争优胜劣败，天演公理。人不自奋兴，徒怪他人强权，谬矣。儒者推崇孔子，五尺之童，羞称五霸，夐乎尚已，然孔子时中之圣，因时制宜，原不拘守自困。观其沮齐侯，却莱兵，何其勇。微服过宋，避桓魋，何其智。及门分德行、言语、政事、文学，何其多材。智仁勇三者并重，万世莫能出其范围。中国岂真崇孔子之道，用孔子之术哉？何以培植社会而德行亏，应对国际而言语殊，筹画庙堂而政事劣，指陈是非而文学陋。毋亦小儒，拘挐不能通经致用乎。考孔子"六经"，《乐》以发和，《礼》以节人，《书》以道政事，《诗》以达意，《易》以道化，《春秋》以道义。欧美治体，尤多与官

礼符合。日本小邦，崇姚江学派，而国势日隆，执东亚霸权。中国据温带最腴之土地，文明最古，何以日就式微？后生小子既不考古，复不审今，惊他国学说，不求实用。年掷数十百万学费，不闻归国成一大伟人，徒奢豪耳，放诞耳。道德堕落，几于不国，大势所趋，老师既不能持以相抗，腐儒尤沾沾于固守，为育者口实。由是病"六经"，诋孔子，文字且将不存。数千年国粹沦亡，精神消灭。何以保国，何以保种欤？世界上亡国而种不亡者，厥惟犹太，彼有宗教系之耳，中国无宗教，惟孔教作其精神，国教赖乎此耳，而中国言孔教者，率多在于士大夫，不能普及于国民，显有阶级之分，此在专制时代忽视人民，遂不能垂为国教。其实孔教在整理国家，维持秩序，而归本于个人，以修身为起点。智识则在于致知格物。修身以下，普通学也。修身以上，高等教育也，以之垂为国教，谁曰不宜。至于民国，孔子之说，尤为相合。春秋为孔授之书，中多微言大义。董子曰，贬天子，退诸侯，讨大夫，以达王事。王事即王道。一贯三为王通天地人之谓，此为道之托名，非一人尊称，而必专以为一人尊号，失之矣。至于讥世卿仕无世官义，尤屡见。今之妄人谓孔教为专制，欲废之。何其谬欤。惟孔氏没而大道衰，七十子丧而微言绝。汉儒章句，无关治体，宋儒理窟，陷于玄冥。承其学者，流弊至于束缚人心，不能活动。徒成为个人规规自守之学。以言适用，陆王为近耳，其他辞章之士，不过美术特学之一端，岂足为孔教哉。孔子之教大而公诸天下，小而独善其身，利国福民，无事不具。迂儒只视为理学，不能阐发孔子制度，言道德不言权利。观《大学》，生财有大道，孔子言智者利人，因民之所利而利之。子罕言利，非不言也，为垂教计。恐浅人专于利，为社会之害耳。至论人物生存之本，利实为先。《易》言，乾，元亨利贞。有利然后以义节之。义，训为事之宜。利视乎宜与不宜耳。孔子言，君子喻于义，小人喻于利。陆象山义，利之辨，在于喻字着眼，非概去利也。说者谓儒教主义，囿于道德，不能进化，与今之教育重实利物质主义不合。故日本夙宗儒教主义，今则尽采欧化，儒教势衰，孔子为儒教，宜不合于今耳。不知孔教至大，儒仅一端，《汉书·艺文志》儒家之说，不即指孔子。以今观之，教育家、政治家、哲学家，以及汉书九流，俱莫出孔子范围，故达巷党人曰，大哉孔子，博学而无所成名，固不囿于一家也。学者知此，以今之发达学科，进而征诸孔教涵义，不泥古、不悖今，斯体用备矣。（李尧勋：《国学学校教育学（弁言）》，《四川国学杂志》，1913年第9期）

6月15日　廖平在虎坊桥湖广馆讲演国学。

廖平因读音统一会事宜到京，宿于四川会馆。6月13日，《申报》登载《欢迎国学大家廖季平大会》谓："谨订于本星期日下午一时至五时（阳历六月八号[①]）在虎坊桥湖广馆开讲演大会，届时敬希驾临本会襄礼，并请各界学问大家届时演说世界学理竞争之大旨，以明国学、收人心。"特别说明：

[①]　原文如此，系"阳历六月十五日"之笔误。——编者注。

近来欧化东渐，废经贬孔风潮日棘。守旧者虽知孔学将大行于全球，然所主持非语录之讲章，即音训之考据，孔子直为乡党之善士，獭祭之学人，不得神化之，其何以御海外之侮。欲求中华因孔以恋国，知圣以自雄，其道莫由。先生近来四变已成，由中国以推全球，更由诸子以判人天至圣，精蕴足以俟后圣、质鬼神。世界无论何等学派、何等疆域，皆在范围之内，不能自外生成，而后孔学分量乃能圆满。其切要尤在先考泰西各种学说，以折中于圣经，故东西洋学人皆以其学为哲理，请求著作，公同研究，非如俗说是己非人，不读西书，妄自尊大者可比。诚为保国之良方，拨乱之捷径。（《要闻二·欢迎国学大家廖季平大会》，《申报》，1913 年 6 月 13 日，第 2 张第 6 版）

7月26日　瘦蝶发表短篇滑稽小说《钝根之笑》。

小说称："对此时局，君与予只宜痛哭，君殆哭不得而笑者耶，抑不忍哭而易以笑耶？将笑新机濡滞欤，抑笑国学沦亡欤？吾知一纸自由谈，无论国魂、新学皆赖以维持提倡，其喜而笑也，将笑人民之程度文明欤？抑笑社会之知识卑陋欤？然闭塞固非所宜，开通岂必无弊，无怪君笑之也。"（瘦蝶：《小说·钝根之笑》，《申报》，1913 年 7 月 26 日，第 3 张第 10 版）

7月　李希如在《文史杂志》刊文讨论国学研究的法式。他以西方哲学系为参照，历数历代学术之"形式"，主张由怀疑进于折中，以荟萃新旧、融通各学。

该文将西方学者所论哲学系统形式分为四种，"曰独断，曰怀疑，曰撰定，曰折衷"。四者因发生的先后，体现立术的精粗，符合"学术进化之次第"。以此四者，"观我中国数千年之学术"，以为"陷于独断、怀疑两家"，"而为撰定、折衷之学者，不少概见"。孔子之学，"为道术之总汇"，"实于折衷派为近"。"然孔子之学，虽本折衷，而后儒为孔子之学者，则据孔子之所述，持一必如此无不如此之意义，遂成为学术之专制，而陷于独断"。

至于孔子之后之学术，以为"战国之时，诸子朋兴，于时学术号称极盛，然所谓持之有故，言之成理者，实皆独断派也"。"庄周天资高迈，入理独深，其著书之旨，乃不主独断而务怀疑，其言儒墨之是非，全以怀疑为根据，实为思想自由之嚆矢。""惜乎更战国以迄秦汉，儒术遽定一尊，而学术进化，遂不可睹"，丧失由怀疑，以至撰定、折中之可能。"两汉以降，宋学为优，朱子生濂洛之后，雅善折衷，而即物穷理之说，亦与西士之实验派相近。惟囿于儒家，不能兼综九流，不免为先入之见所夺，而陷于独断。若陆子之尊德行，导明王文成学术之先，实为独断之尤。""至前清中叶，士大夫多假汉学为标帜，逐逐于名物训诂之末，益支离破碎，不可究诘矣。顾此等专门之业，无与至道，其研究法式，专从事于演绎旧说，又不寻其义理之所寄，匪惟无敢怀疑，实亦不为独断，盖学术界思想之蔽塞，至是而达于极端矣。""迨咸同以降，子学益昌，而怀疑之渐起。"近时"讲求国学者，不能因是而更进一解，用撰定折衷之法式，参之九流百家之术，以蕲进于淑世善群之学，顾有取于曩者支离破碎之为，思以抵其巇而夺其席"，以为"今所谓考据词章，虽极精深，要是专门之业，其于淑世善群之道，去之盖远"，并非讲国学的正途，不能由怀疑进于撰定、折中之学。故提出：

自五洲大通，世局新异，儒术既不可独用，固当综合新旧学术，舍短取长，沟通而融贯之，铸成一种道术，期足以应当世之变，而立人道之极。其致力之要，在本之道德，以植其基，推之群理，以尽其变。（此语最要。盖道德亦当合于群众之趋向，方可广被。子思子所谓庸也，否则纵极高美，亦不可行，或仅行于伦类最少之一部耳。又政治法律皆由群学出，即历史亦群学之一部分也。至物理学于群治最有关系，略知其意可矣。语其精深，亦须专门。）证之论理，以妨其舛。《名学浅说》谓：中国九流之学，什九皆瞽词，以其不合论理也。今当力防其弊。庶几以之撰定而判断精，以之折衷而弃取审。幸生学理大明之世，饫闻先圣鸿哲之言，务为实是求事之学，本其实验积诚之所得，创立新解，固有可建诸天地而不悖，质诸鬼神而无疑者。天时人事之相迫，必有人焉起而任之，何晰种学术之足贵？昔南伯子葵谓卜梁倚有圣人之才，而无圣人之道，其自谓有圣人之道，而无圣人之才。夫有圣人之道而无其才，则亦终于庸人耳。（希如：《论国学研究之法式》，《文史杂志》，1913 年第 5 期）

△ 宋育仁发表文章，论孔教兼合政教古今统系。

因《中国学报》旨在发扬国学、辨明孔学，故宋育仁将论孔学统系之文，寄于《中国学报》发表。其文交代缘起，称："吾国士夫君子，慨国学之沦胥，发起《中国学报》有日矣，闻而叹美之。诸君子遗书见甄，愿贡其平生研讲一得之愚，以质海内。敬读学报例言，以保存国粹，浚启新知为宗旨。汪君之题辞曰，取中国旧有之学术，而发扬光大之。郑君之题词，广为三端，一曰阐明孔学，一曰精研古义，一曰规导政治。王君之题词益广其例，为经史、政治、小学、地理、金石、文学诸目。育仁昔在江南南菁学堂为学报，曰讲学汇钞，按次高等学堂学科分类缀录，而增以天文、乐律，于兹报之规画有合也。方出五期，而育仁辞去斯校，学报中辍，他日或取旧录之足甄者，分别部居，附缀于篇。兹先撮其旧钞之旨要，论孔学综合政教之统系，与夫自孔子以来，学界相承离合异同之间，又成古今流别者。"

其约而言之，称：

中国之国粹何在乎？孔子之道，孔子之学，其最矣。今将由国粹以浚新知，非所谓温故而知新者耶。温故而知新，见于《论语》。夫子之言，而《中庸》述之曰温故而知新，敦厚以崇礼。夫子自明述而不作，又曰盖有不知而作，我无是也。明其所作者，皆有所述也。自孔子以前，缔造世宙者，皆帝王。其见而知之者，皆名世之相辅。故无论其政守于官，其教掌于官，即一切学术亦典于官。及天子失官，孔子继衰周，为素王，博综群学，默而识之，独发其经纶天下之大经，立天下之大本，以传其政教合一之大学。顾其博学多能，见端于达巷党人所称，吴太宰所问，家语孔丛所载，绪论流溢，传播于学者之林，于是私家之学并起。是为周秦诸子所从出。由是知三代以前之科学，最为发达矣。然夫子之传授，独注重政教两纲，而组合为一致。诸子者各就其所得专门之学说，推而达于极端。故孟子词而辟之。夫词而辟之，则必有其矫枉过正，激扬失当者矣。要之孟子申明夫子所传之中道，实重规叠矩，无所趋于一极端，则诸子不能不受责焉矣。孔子多能而默识，而曰君子多乎不多也。语子贡曰，多学而识非也。以为其所郑重精思，修订以传诸其人，为提挈世宙之纲领者，在彼不在此也。欲明孔子之学，必反而求之"六经"，其书之精微难知，而迹象可睹，诵其文而观其迹，可以分类而条钞，不外政教两门备矣。所谓夫子之文章，可得而闻也。其间言性与天道者，则微言也。见于《易·系》之外者，甚稀。（易理精微，而夫子之《象象》《文言》皆推而明于人事，故曰易本隐，以之显。授商瞿者，数耳。子夏不传易，盖亦不可得而闻也。）自七十子所不可得而闻，而后学乃欲舍其显教，而自诩为得其密教。专谈性道，不亦诬乎。由是而夫子之文章，不可得而闻矣。（宋育仁：《孔学综合政教古今统系流别论》，《中国学报》，1913 年第 9 期）

8 月 24 日　时人评刘师培学行多变，其遇可悲。

文称：刘师培"博学好古士也。前清时初主革命，而又提倡国学，官场捕之急，乃赴东。抵东后，忽又改变其宗旨，与党人不相能，乃归而投诸端方之门下，相与摹娑金石，品评书画，翕如也。迨路事风潮起，端方提兵入川，挈刘行，并携带图书彝鼎甚众，不数月而难作，端既毙于兵，所带古玩复尽失，刘得人说项，乃脱险。子身从间道抵川，匿年余而始长该省之国学院。今者久离桑梓，回省情殷，遂匆匆请假东返，不谓剧盗无情，复遇浩劫，虽其生命获免，所遭不及端方之惨，而数年来心血所积之异书古器，已荡然矣。其遇抑何可悲也"。（萍：《杂评二·刘申叔》，《申报》，1913 年 8 月 24 日，第 2 张第 6 版）

8月 戴季陶论保存国学，主张既能笃信守护其旧，又能光大发皇其新。

文谓：

> 言保存国学者，必其人于国学诚有所知识，而又具有保存之之能力者也。盖其学为世所称，斯其言为世所信。于其旧者，能笃信而谨守，于其新者，乃能光大而发皇。保存国学之名，以斯为可贵也。
>
> 中夏衰微，学术之槁散，至今日而已极然。未尝无抱残守缺之士，知类通达之材。谓国学不振则可，谓国学已绝则不可。而浅识之夫、求名之子，思以保存国学之号，博诸盲聋者之颂扬。其人实未尝问学。下者乃至不通文法而俨然以保存国学自任。国学待此辈之保存，则信乎其当保存也。
>
> 往者八股试士之时，读经者以四书五经备旨为极。读史者以了凡、凤洲、纲鉴为宗。文则《古文析义》，诗则《唐诗合解》。此可谓臲陋甚矣。然其人寻常笔札尚不至于辞气不通，而自视欿然，未尝以是为尽学问文章之能事。论其谦德，犹胜于今人百倍矣。（季陶：《论保存国学》，《神州》，1913年第1卷第1号）

9月1日 论者表示西洋学者及日本学者对中国学之研究颇具进展，敬告中国之提倡国学者不能屈居人下。

此文称：

西人之学，实事求是，中国之学，运实于虚。其造因不同，斯其结果亦大异矣。今日者，世界大通，欧化东渐，我方欲灌输欧西新学术以致富强，而欧西研究东洋学术之趋势，亦由是以锐进。俄、英、法、德诸国，或独立大学，或附设一科，以从事于历史、宗教、文学之研究。沙氏、白氏、何氏等，且为彼邦东洋学祭酒。据日本狩野文学博士之谈片，意者唐代文学东渡之故事，又将复见于今日乎？

虽然，窃因之有感矣。我国自乙戌以来，竞谈西学，炫新奇而嗤墨守，道德之不修，文学之不讲，取古人立德立功立言之懿训而分裂之。再越数年，而国粹荡然，江河日下，更不知亚东古国之世道人心，将伊于胡底也。设异日者，欧西诸祭酒，出其研究所得以与此邦之国学家互相印证，或者青胜于蓝而后来居上也，岂非举国之大耻乎？用敢持是以告今之有提倡国学之责者。（萍：《杂评二·敬告今之提倡国学者》，《申报》，1913年9月1日，第2张第6版）

10月21日 云南都督谢汝翼、民政长（省长）李鸿祥发布尊孔公电，于政体初更之际发起孔教会，阐扬名教、兼研国学。

电谓："政体初更，潮流□恶，诚恐影响所及，受害无形。用特发起孔教会，合政法军警商学各界一致赞同，借以阐扬名教，兼之研究国学，庶几狂澜砥柱，永树人道之大防；丝竹弦歌，重沐尼山之雅化。"（《公电·滇都督省长尊孔电》，《申报》，1913年10月21日，第1张第2版）

12月9日　章太炎于北京化石桥共和党会议厅设国学会[①]讲学。

先是，章氏本拟在上海开设学会。1913年7月21日，《大共和日报》"文苑"记，章氏在沪，有"开学会之讯"，乌目山僧（黄宗仰）为之撰诗，题为《太炎先生将开学会，得观云先生赞成之，赋呈志喜》。（汤志钧编：《章太炎年谱长编（增订本）》，第256页）

之后，章太炎为讨袁明志，"要与诸志士同处患难，为中夏留一线光明"，于8月11日入京。（汤志钧编：《章太炎年谱长编（增订本）》，第257页）随后即被巡警监视，"蛰居一室，都不自由"，事实上幽居于化石桥共和党本部。至此，"穷愁抑郁既以伤生，纵酒谩骂尤非长局"。（吴宗慈：《癸丙之间太炎先生言行轶录》，《逸经》，1936年第13期）"同人劝以讲学自娱，聊复听之，然亦未尝不招当涂之忌也。若并此不为，则了无生趣矣。"（1913年12月7日〈家书〉，转引自汤志钧编：《章太炎年谱长编（增订本）》，第262—263页）

遂于是日开国学会讲学，报章记《国学会本日开始授学》，谓"国学会主讲章太炎先生定于本星期二日（即九号）开始授学，凡有热心讲习者就化石桥该会事务处接洽可也"。（《国学会本日开始授学》，《顺天时报》，1913年12月9日，第9版）"到者约百人"，太炎以为"此事既与文化有关，亦免彼中之忌"。（《1913年12月10日〈家书〉》，转引自汤志钧编：《章太炎年谱长编（增订本）》，第263页）"都下狐鼠成群，吾之所在，亦不敢犯，讲学之事，聊以解忧。"（《1913年12月长至日〈家书〉》，转引自汤志钧编：《章太炎年谱长编（增订本）》，第263页）

浙江省教育会主办的《教育周报》刊有《章太炎上书请设国学

---

①　章氏自称"国学会"，吴宗慈记《癸丙之间太炎先生言行轶录》则称之为"国学讲习所"，《教育周报》亦刊有《章太炎上书请设国学讲习所》。

讲习所》，其书略云：

　　大总统执事，前上一书，未见答复，迩者宪兵虽解，据副司令陆建章言，公以人才阙乏，必欲强留，炳麟不能受此甘言也。若有他故，能议公者，岂惟一人。舆论纵不振于中土，若外人之烦言，何炳麟本以共和党独立，来相辅助，其傥至而将行耳。而大总统羁之不舍，既使赵秉钧以国史相饵，又欲别为置顿，炳麟以深山大泽之夫，天性不能为人门客，游于孙公者，旧交也。游于公者，初定也。既而食客千人，珠履相耀。炳麟之愚，宁能与鸡鸣狗盗从事耶。史馆之职，盖以直笔绳人，既为群伦所不便。方今上无奸雄，下无大佞。都邑之内，攘攘者摸金穿窬皆是也。纵作史官，亦倡优之数耳。窃闻史迁陈寿之能，谤议而后嗣乐于览观者，以述汉魏二武之事也。不幸遇朱全忠、石敬瑭，虽以欧阳公之叹息，欲何观焉。今大总统圣神文武，咸五登王，簪笔而颂功德者，盖以千亿，亦何赖于一人乎。属有武汉人士，招往讲学，北方亦有一二人耸之。愚意北方文化已衰，朝气光融尚在，江汉合流之地，不欲羁滞幽燕也。必若蔑视约法，制人迁居。知大总统恪共宪典，必不为也。饱食终日，无所用心，以与明辈优游谑浪，炳麟亦不能为也。苟图其大，得屈此身，以就晦冥之地，则私心所祈向者。独考文苑一事，经纬国常，著书传世，其职在民而不在官。犹古九两师儒之业。迩者方言国音、字典文例、文学史、哲学史等，皆未编成。而教育部群吏又盲瞽未有知识。国华日消，民不知本实。愿有以拯济之同苑须四十人，书籍碑版印刷之费数复不少，非岁得二十四万元不就。若大总统不忘宗国，不欲国性与政治俱衰，炳麟虽狂，简敢不从命。若絷维一人以为功，委弄文化以为武。凤翱翔于千仞，览德辉而下之。炳麟其何愧之有。设有不幸，投诸浊流，所甘心也。（《章太炎上书请设国学讲习所》，《教育周报》，1913年第28期）

又刊《国学讲习会简章》，谓："（一）本会专以讲演国学为主旨。（二）本会主讲者为章太炎先生。（三）凡欲为本会学员者，须具有国学之常识。（四）本会科略分四类：（甲）文科：小学、文学。（乙）史科：史评、社会变迁。（丙）法科：历代法制。（丁）玄科：九流哲学、佛学。（五）本会讲演时间每日两点钟。四科轮演。（六）本会教授书籍由章先生指定，学员自行笔记。（七）本会学员每月须纳会费两元。（八）本会学员来会听讲以执听讲证为凭。（九）本会学员到百人以上即行开讲。（十）本会讲演地暂假用共和党本部。"（《国学讲习会简章》，《生活日报》，1913年12月3日，第7版）

讲室设于共和党部会议厅之大楼，"报名者沓至。袁氏私人受命来监察者，亦厕讲筵"。（汤志钧编：《章太炎年谱长编（增订本）》，第263页）太炎"每晚必开会两点"。（《1913年12月15日〈家书〉》，转引自汤志钧编：《章太炎年谱长编（增订本）》，第263页）"讲授科目为经学、史学、玄学、子学，每科编讲义，党中此类书籍无多，先生亦不令向外间购借，便便腹笥，取之有馀。"（汤志钧编：《章太炎年谱长编（增订本）》，第263页）具体的"讲学次序，星期一至三讲文学科的小学，星期四讲文科的文学，星期五讲史科，星期六讲玄科"。（顾颉刚：《〈古史辨〉第一册自序》，转引自汤志钧编：《章太炎年谱长编（增订本）》，第263页）太炎

"讲授时源源本本，如数家珍，贯串经史，融和新旧，阐明义理，剖析精要，多独到创见之处。讲学时绝无政治上感情，不惟专诚学子听之忘倦，即袁氏之私人无不心服，忘其来意矣"。（汤志钧编：《章太炎年谱长编（增订本）》，第263页）

12月9日至27日，顾颉刚"每晚与毛子水、朱孔平前往化石桥共和党本部听章太炎所开国学会之讲学，所讲为文科的小学及文学、史学、玄科"，"可惜章太炎只讲学三星期，就给政府逮捕下狱"。顾颉刚将堂上笔记整理出来，成一册《化石停车记》。（顾潮编著：《顾颉刚年谱》，第31—32页）金毓黻从12月18日开始听，至26日停。据金氏所记，"先生自撰讲义，称引甚繁，而于讲义之外，发挥之精言眇义，余皆条记于简"。（金毓黻：《国学会听讲日记》，《东北丛刊》，1930年第7号）

太炎讲学时，对于今文公羊家言及孔教会多有批评。当时在讲学处的壁上"粘着一张通告"："余主讲国学会，踵门来学之士亦云不少。本会专以开通智识、昌大国性为宗，与宗教绝对不能相混。其已入孔教会而后愿入本会者，须先脱离孔教会，庶免熏莸杂糅之病。章炳麟白。"（顾颉刚：《〈古史辨〉第一册自序》，转引自汤志钧编：《章太炎年谱长编（增订本）》，第263页）章太炎并有《反对以孔教为国教篇，示国学会诸生》一文，略谓："夫欲存中国之学术者，百家具在，当分其徐品，成其统绪，宏其疑昧，以易简御纷糅，足以日进不已。孔子本不专一家，亦何为牢执而不舍哉！欲救道德之沦丧者，典言高行，散在泉书，则而效之，躬行君子，亦足以为万民表仪矣。若以宗教导人，虽无他害，犹劝人作伪耳。"（汤志钧编：《章太炎年谱长编（增订本）》，第265页）

1914年1月3日，章太炎欲乘车离京，为军警所阻。1月7日，"以大勋章作扇坠，临总统府之门，大诟袁世凯之包藏祸心"。内务府总长与军政执法总长，以章太炎滋扰总统府为神经瞀乱，提出交由警察厅，另择相当住室，妥为安置。（汤志钧编：《章太炎年谱长编（增订本）》，第754页）1月9日，国学会发布启事，报告章氏赴总统府与袁世凯面质，未见到袁世凯，而卒为军警"挟先生出府，下落不知"，故告知听讲诸人，国学会中废。（《国学会启事》，《顺天时报》，1914年1月9日，第9版）

1月14日《申报》记太炎，谓"共和党本部人乃劝其仿照在东京留学生会馆时办法，开会讲学，将借以安其心也。太炎大以为然，乃开一国学会，会址即在化石桥共和党本部，闻到会者颇多。共和党楼上之会场，为之座满，盖不下百余人。传闻门上贴有凡入孔教会者不准入会字样。又在讲座中除讲学外，则专以骂康有为、陈焕章等为事，如是者月余，而先生乃大不耐烦矣，岌岌求去。新年，以函致黎副总统，表明去京之意，谓将冒死而行……国学会昨日登启事宣告解散，措辞颇激，至有谣传张伯烈君不知何往，疑有他故，其实张君现极消极，遁居百云观中，并家事亦不过问"。（驻京通信员远生：《要闻一·记太炎》，《申报》，1914年1月14日，第1张第3版）2月21日，署名步陶者评章太炎谓："以太炎之文学，何适不可，而必热中于政党，而必奔走于北京，无怪人之咸目为有疯疾也。今既有将居龙泉寺之说，我愿旦夕即成事实。其地颇幽僻。久居必能涤去俗尘，还我初赋，极深研几，国学庶有昌明之一日。又闻太炎门人京中多有，倘于寺中，续讲前业，未始不可为中国多留一二读书种子。北望燕云，再维国学，我不禁合十默祝，曰太炎其速醒。"

（步陶：《杂评二·章太炎将居龙泉寺》，《申报》，1914年2月21日，第2张第7版）其观点与当局称太炎"神经瞀乱"的"定论"相似。

12月20日　上海圣约翰大学学生创办《墨海》月刊，主张保存国粹应从学生始，认为这才是从根本上保存国粹。

据墨海社启事，"本报发行已届一年"，现改为月刊，扩充篇幅。（《本社启事一》，《墨海》，1913年第1号）墨海社发行《墨海》，"以商量旧学，交易新知为宗旨"，"本社社员以学界中人为限"。（《墨海社简章》，《墨海》，1913年第1号）墨海社"对内而不对外"，《墨海》的发刊，也是"对内而不对外"。（公展：《本社宣言二》，《墨海》，1913年第1号）《墨海》发刊词揭示旨趣，以为要作"根本之改革"，应"革其人心"，自学生始。（檗子：《发刊词》，《墨海》1913年第1号）其宗旨以"保存国粹"为主。墨海社以为，保存国粹之论，"近数年来，宣腾社会已久。而国粹非惟不能保存，且每况愈下，何也？不从根本的保存始，不足以言保存也。根本的保存者，即凡学生先能保存之谓也"。故主张，"保存国粹，必自吾侪学生始"。（公展：《本社宣言二》，《墨海》，1913年第1号）《墨海》分建言部，文艺部，杂纂部。

创刊号杂纂部设有《国学丛谈》，墨海社同人讨论国学，发扬此刊宗旨。

公展谈论"保存国学"。其言道：

金先生聿修谓我国国学，尚在幼稚时代，吾人当增进之，不可徒言保存也。公展以为此说仅可对于平昔重视国学者言，若对于一般藐视国学者，仍不得不曰保存以唤醒之。何也？盖我国国学，非但幼稚，且罹危病。西学之东渐也，犹感邪之入腠理也，使不急鼓其正气以御之，则浸假而入脏腑矣，浸假而入膏肓矣，浸假而病且不治矣。尚何增进之足云。故欲增进之，仍必先保存之，以保存为增进之先声，以增进为保存之标的。国学庶几可不亡乎。（公展：《保存国学》，《墨海》，1913年第1号）

天梦则谈"国学价值"。就公展之论，称：

公展论保存国学，至矣，尽矣。予以为吾国国学，自科学外，其精深博雅，且将突过西人。即以文学一端论之，神明变化，仪态万方。气之纵者，浩乎如江海。气之敛者，屹乎如山岳。言其色，则霞蔚云蒸，波谲云诡。言其声，则高下疾徐，抑扬顿挫。然此犹其粗者也，若夫传神于阿堵之中，蓄意于幽眇之末，阴阳开阖，操纵呼应，所谓相马出乎牝牡骊黄之外者，万非西人所能及。美人某君，尝言中国文学为最高尚华美之品，奈何国人不知保存之也。（天梦：《国学价值》，《墨海》，1913年第1号）

公展进而谈"以学救国"，称：

以愚之不学无术，何敢侈谈国学，然尝闻诸许守微先生曰，国有学，则虽亡而复兴，国无学，则一亡而永亡。以为论国学之精义，莫过于是。汉儒虽不能救黄巾之厄，然其学弥漫宇宙，至于五胡之乱，文物扫地，衣冠涂炭，而南北诸儒徐遵明、崔灵恩辈，犹守其学而不为夷俗所易，则汉儒之泽远也。

宋儒虽不能救南渡之祸，然其学风靡一世，于夷夏之界，辨之甚严，不久汉土光复，重见威仪，而宋濂、薛瑄辈，复昌其说，于是吾汉族不至终沦左衽，则宋儒之泽远也。可见国有学，则国亡而学不亡，学不亡则国犹可再造。正学之士，以学救国，其效岂立见哉。（公展：《以学救国》，《墨海》，1913 年第 1 号）

公展又谈"以学救变"，称：

三代以来，天下之变多矣，然皆有学以救之，有一代之变，即有一代救变之学。盖天下之事，如夏日奇云，瞬息千变，不有学以救之，则其变将靡所底止，天下不乱者，未之有也。周之季世，王室式微，诸侯僭窃，强并弱，大兼小，乱象日炽，乃有孔墨老庄诸子之学。虽立说各殊，而其规切时弊，匡正人心则一。是以周祚绵延，长有天下，此周末诸子学术之所以救变也。秦兴，重刑法，靡纪纲，薄仁义，弃廉耻，四海鼎沸，天下骚然，不二世而即亡，乃有西汉诸儒，抱残经，守正学，虽武帝尊崇儒术，实非儒学之真，然西汉经学，垂诸千古，世道太平，彬彬称盛，此西汉学术之所以救变也。厥后王莽篡汉，称颂功德者，至十余万人之多，廉耻道伤，乃有东汉之学，崇尚气节。一二儒生，守正道而不污，遭党锢而不惧，使国学有一线之延，故东汉风俗之盛，上几三代，此东汉学术之所以救变也。二晋之时，五胡乱华，中原扰攘，神州陆沉，而后唐代学风崇尚经术，于是国威远振，不亚汉代，此有唐学术之以所救变也。五代之乱，可谓极矣，弑逆相寻，文物扫地，而有宋之学以兴，胡安定教授湖州立经义治事二斋，以究实用之学。朱陆诸儒，隐居读书，名节相励，故胡元入主，而忠义之士，若文天祥、陆秀夫辈，前后相映，此有宋学术之所以救变也。有明一代，科举盛行，学风极坏。袭前代之糟粕，无善足称，然魏奄执政，杀戮禁锢，而东林诸子，能持义处世，临节不移，是以及其亡也，义旗相望，而王船山、顾亭林、黄梨州〔洲〕诸先生，又能伸大义于天下，义不帝清，流风甚远。此有明学术之所以救变也。清以满族，入主中华，三百年间，汉族起义者踵相接，然终不敌。洎乎晚年，西入东渐，相形见拙，割地赔款，不可终日，国家之危，莫甚于是时，乃有邹容、章炳鳞〔麟〕、邓实及南社诸君子，以文学鼓吹革命，受其化者日多，实行革命者亦众，终至清室见覆，民国成立，此有清末造学术之所以救变也。由此言之，可见变无常而学有常，学有常而其变始不至流而无终极，学术之所以救变，昭昭然也。然一代学术，各有其趋势之方针，故能救变若是其见效。今日者，五族共和，民国肇造，世变纷纭，千古未有，救之之道，首在学术，愚以为今日言学，欲救今日之变，当以尚公尚实为务。世之君子，其不河汉斯言。（公展：《以学救变》，《墨海》，1913年第1号）

是年　杨昌济发表《余归国后对于教育之所感》，重视国学，融化新知。

1914年（民国三年　甲寅）

1月18日　浙江有人赴京呼吁开设国学特科。

谷钟秀《中国大事记（中华民国三年）》记是日浙江有人上京呼吁开国学特科。（谷钟秀：《中国大事记（中华民国三年）》,《正谊》,1914年第1卷第2号）《大公报》刊文评论此事，谓："科举废止，在专制时代尚无复活之望，稍明大势者，无不知之，腐儒脑筋，尚有此二字盘据于中，因近日各种政治不免有恢复旧观之处，闻有浙江名士若干人来京运动请开国学特科，及第者授官，以期保存国粹云。"对此加以批评。（《要闻·又有运动国学特科之怪闻》,《大公报》,1914年1月19日，第3版）

1月20日　《四川国学杂志》改为《国学荟编》。

2月初①　倪羲抱创办上海函授国文专科学校，号召扶植世教、昌明国粹。

此校于2月3日在《申报》登载招生广告，加以宣传。谓此校宗旨在于"补助学者，以期扶植世教，昌明国粹"，教法则为"编

_____

①　具体时间未考明。1914年2月3日《申报》载有此校招生广告，故酌定于此。

授讲义，评改著作，互证闻见"，等级"分正科、附科"，学科则为"正科：论辨、考证（兼史学、地理等）、劄记、诗词；附科：论说、记事、尺牍、字法"。报名程度要求"正科能作三百字以上，附科能作二百字以上"。报名地址位于上海宁波路兴仁里口。[①]（《上海函授国文专科招生》，《申报》，1914年2月3日，第1张第4版）

　　一年后，倪羲抱于自己所创之《国学杂志》对该校的办学宗旨进一步阐释，谓："本校慨国学衰微，斯文沦丧，期以通信教授，裨益学子，俾能明达贯通，定名为函授国文专科学校。"核心则在国文，所谓："因国文为国民人人应研究之学术，不论远近，无间男女，皆可肄业。"

　　其意谓：

　　　　立国于圜舆之上，植身于覆载之中，夫必有语言以宣其情愫，尤赖有文字以著其心思，故不知话言曰顽，质之胜文谓野。然而情或未达，可援翰而写心。理有难通，贵立言以居要。博文约礼之教不施，成德达材之望奚获。是则国文者，精神道义之渊薮，民生日用之常经，在启迪所当先，为须臾所难缺者也。慨夫晚近，道变风移，急功利而人尽思迁，求变通而矫又过正。即有青年嗜读，卓志超群，独学难成，冥行罔索。道方坠地，横经之舍无多，浸且稽天，问字之车奚适，欲切劘少他山之玉，求讲贯无传火之薪，不免踯躅异途，必至弃捐中道。本校有鉴于此，是用殷忧，不避拘迂，经营创办，冀以鳞

[①]　1915年4月，登载于《国学杂志》第2期的此校章程谓"本校便四方通信起见，校址设上海南市新码头里五十三号"。

鸿之便，借修翰墨之缘，一纸风行，不少嘤鸣之友。

此校编有讲义，正科分国文、经学、小学、诗词。附科甲级分国文、经学、小学。附科乙级分国文、经学。具体而言，"国文讲义正科第一学期授文学源流及体旨，第二学期授文体异同及正变。附科第一学期甲级授国文大义及研究之初步，附科第二学期甲级授国文大义及研究之次第，附科乙级第一学期授作文入门之捷径，第二学期授作文入门之进阶"，"经学讲义正科授孔子、孟子及周秦以下诸子之论……附科甲级授经学简要之义理，乙级授经学浅显之注解，均以明伦复性，培养人格为主"。(《上海函授国文专科学校章程启》,《国学杂志》, 1915 年第 2 期)

2月12日　女子艺文专修社在《申报》登载社章，以振起国学为宗旨。

章程称：

旨趣　国学颓废，殆将沦胥，奋发振起，谋及邦媛，明教化之攸始，抑亦鄙人之所习也。肄业所及，不废异域，进而他求，有借焉耳。学业　分主科、附科。主科《论语》《礼记》《左传》（以上经传），《孟子》《老子》《列子》《庄子》《墨子》（以上诸子），《史记》（以上史），《昌黎集》《河东集》《庐陵集》《老泉集》《东坡集》《栾城集》《南丰集》《临川集》（以上文集），古今体诗（以上诗），楷书、篆书、草书（以上学书），文例（以上正字修辞）。附科英文、算学。

社址设于上海西门外教育会后九十九号，社长吴公之。(《来件·女子文艺专修社社章》，《申报》，1914年2月12日，第3张第11版)

3月3日　四川国学学校出春季课题，其一为立孔教为国学议。

春季课题提前于1月20日登于《国学荟编》上，其一为《立孔教为国学议》。此题附有题解，谓："孔教包天人，兼大小，不应以国字囿之。中国于孔学，服习二千余年，国教为外国法，诸请立国教者皆属空词泛论，未有草案及组织范围之细则。驳者动以外国争教为恫赫之词。孔教广大，无所不容，且教与政混合为一，与海外性情资格迥不相同，孔教与外教迥殊。"(《国学学校春季课题目》，《国学荟编》，1914年第1期)

4—6月　贵州学界因新旧交争，新学、旧学皆有不足，乃轮流以国文与科学命题，示以奖励，以为提倡。而考试之结果，恰见国学之衰亡。论者谓黔中新旧之情形，乃中国相关情况之缩影。

《申报》记："比年来，新学家詈旧学家顽固，旧学家詈新学家忘本。实则各有所偏。平心论之，吾人处今日竞争之世界，不可无新知识，以周知环球各国之大势，而一雪外人轻视我国毫无共和程度之耻。然根据地毫不稳固，徒摹仿外人皮毛，弃国学如敝屣，即以尊维新，则亦不免有数典忘祖之讥。吾国革鼎以后，实坐是毙，故今日反动力之大势，至为剧烈。近来贵州当局，因见各学校学生国文程度不及远甚，教员亦不注意教授，且有文理不通，常认别字者，气习之嚣张轻狂，又为社会所姤病，而旧人物谈及新事新理，恒格格不入，寒儒谋生尤为困难。此种现象于教育前途关系非轻，特与省教育会磋商举行课士，每月考试一次，轮流以国文科学命题。提出公款数百元作为课金与奖励之用。"

　　第一次于四月举行，"应考者颇属踊跃，以十余年寞落之月课，不料复见之于今日，俨然一科举小影"。"是日题为商鞅开阡陌而井田制废，后儒多非之，然秦卒致富强，其故安在？"成绩揭晓后，"正取分甲乙等，课金每名二元。副取丙等，课金每名一元。正取前十余名，酌给奖资每名多至十余元"，"发表以后，报名者骤然加增，利之所在，人争趋之"。开榜后注有评论，"大意谓此次课卷佳者甚少，国学之衰于斯为极。愿以后发奋勤学云云，颇多嗟叹之辞"。

　　五月举行第二次月课。"考试科学首题为托辣斯为近世经济界最有势力之企业，何以独盛行于美利坚。次题为吾黔近日财政困难，多归咎于纸币不能实行兑现。究竟纸币实行兑现是否即可解决财政问题，试申论之。"本次成绩"揭晓后仅取副取数十名，无一正取者"。

　　第三次于六月举行，共五题，"以四艺为完卷"。具体题目为"龚遂黄霸论""定孔教为国教并非尊孔辨""广韩退之原道""戒奢说""霪雨为灾，居民漂没甚伙，怆然有感（古体诗一首，不限韵）"。评论谓"多切合今日时势与贵州现况，揭晓后似较前两次进步"。据说"至是学校学生颇注意文学，而三次考试常有占优胜位置者，固不难日渐进步，养成人才。惟旧学家脑筋终难掉换，则莫如之何？此贵州新旧两派之状况，实可为吾国之小影。惟黔中旧人物多归天演淘汰，不若衮衮诸公之得势耳"。（黔愚：《要闻二·纪贵州政学界》，《申报》，1914 年 8 月 2 日，第 2 张第 6 版）

　　4 月　罗振玉拟接续《国学丛刊》。

　　4 月 10 日，罗振玉致函王国维道："弟在此，与贾人中之有资本者议接续《国学丛刊》（即前所谓《文学杂志》之改变），请公任其事，弟助理之（此时请告小儿等勿宣），月脩百元左近（与索百二十元，尚未定，大约至少百元也），与订一年之约，一年以后，观其销行何如，再行续订。其详细办法，候面谈。此事若定，虽公可免岁余衣食之忧，然又不免写清稿之劳矣。"（王庆祥、萧文立校注，罗继祖审订，长春市政协文史和学习委员会编：《罗振玉王国维往来书信》，东方出版社，2000年，第17页）

4月24日，罗振玉致函沈曾植道："曩在京与静安共创《国学丛刊》，以国变至第三四册而止，今仍拟接刊，长者旧著能允刊入否？"（许全胜：《沈曾植年谱长编》，第398页）

6月，王国维代罗振玉撰《国学丛刊序》，亦交代："宣统辛亥，某始创《国学丛刊》于京师，遭遇国变，中道而辍。今年春，海上友人乞赓续之，亟允其请。"（《〈国学丛刊〉序（代罗叔言参事）》，王国维著、彭林整理：《观堂集林（外二种）》，河北教育出版社，2003年，第565页）

7月，《国学丛刊》第一卷发行。《申报》登载广告称："方今国学衰零，有生同憾，旅沪同志特立本社，以资讲求，并请上虞罗叔言、海宁王静安两先生相助编辑。丛刊月出一册，凡八十页。编中皆海内硕学新著，及前人已佚或未刊旧籍，与学术绝有关系者。每册成书三五种不等，从闰月始，本年共八册。准于每月下旬发行，不误期日。印刷精良，校勘完密。八册共价金四元。"（《国学丛刊出版广告》，《申报》，1914年7月27日，第1张第1版）《国学丛刊》社设于"上海法界新北门外天主堂街四十三号"。

《国学丛刊》发行三卷[①]，后中辍，然此意一直存于罗振玉心中。

---

① 目前可见《国学丛刊》在《申报》登载第三期的出版广告。

两年后，1916年2月5日罗振玉致函王国维道："奉托各事，俟［下缺］与执事之姬君与学报之分任人与发行之期是也。连日所议假手于外人，以期稍稍助成学术一事，乞公日后留意，此时尚不能知也。"（王庆祥、萧文立校注，罗继祖审订，长春市政协文史和学习委员会编：《罗振玉王国维往来书信》，第26—27页）1916年2月16日，王国维致信罗振玉，"最后维提议：学报（一）分门类而不立名目；（二）各门不必每期皆有；（三）兼印古书，此三者皆立刻解决"。（王庆祥、萧文立校注，罗继祖审订，长春市政协文史和学习委员会编：《罗振玉王国维往来书信》，第31页）2月19日罗振玉致函王国维："弟意公仍以守初志，专意办报（学报内容仍愿闻），能兼教科更佳。弟所以以此相劝者，办学报与公平日学术有益无损，学堂则是长局。我不与人以可侮，外侮无由而至，此即善为戒备之良法，若别有防御之策，即是过度，转启争招侮矣。"（王庆祥、萧文立校注，罗继祖审订，长春市政协文史和学习委员会编：《罗振玉王国维往来书信》，第32页）

　　2月18日王国维致函罗振玉："函致景叔言两种办法：一即包办之法，报中分经学、小学、史学三门（美术本自别行，又除去觉学、宗教二门，使之别行，令他人担任），并附印古书。维任经、小二门，而史学中之徵文与古书之借钞，均自任之，每月将全稿交该处付印。如此法不可行，则用第二种办法，即维担任二门，不问他事，但所撰述，他人亦不能过问。每月交稿若干页，其薪水亦但受二门。但无论用何种办法，均不能在园办事，且章程既定，别无商议之事，亦不必常常至园。如此二种办法均不能行，则只有谢不敏而已。此函昨日寄出，今明当有复信也（逆料复信必允一种，而后仍时以万不能行之事相纠缠，二三月内必致决绝而后已）。"（王庆

祥、萧文立校注，罗继祖审订，长春市政协文史和学习委员会编：《罗振玉王国维往来书信》，第34页）

2月19日，王国维致函罗振玉："昨晚景叔至，云姬君已承认第一种办法，先行告知。……此亦出意料之外，如此则维对此事已获得全权，一面当设法请杨芷晴诸公为助（外间徵文每页五六百字者，页酬三元，或千字五元，已与说定），一面附印古书（未刊或已刊而流传极少者）。求公选择尊藏之孤本稿本，初选适于俗眼者，大约每月须得五六十页乃至六七十页（前云每期须百廿页或百页）。……现在报事定分部办理，美术以板大别行，哲学、宗教以性质不同别行，此报惟讲学术。美术景叔任之，渠拟将其金文尽行印出，此事极善。维告以渠所未备，可以尊藏补之，将来成一大书（如有考释，可附于后。如此，则拓本亦不至为考释所累。此中金石外，并印书画，维以公意如此。则尊藏之画可以尽印出矣。至哲学、宗教一报既已另行，无论如何，听之可也）。"并强调："如此则《国学丛刊》虽停而不停，当亦公所乐闻也。"（王庆祥、萧文立校注，罗继祖审订，长春市政协文史和学习委员会编：《罗振玉王国维往来书信》，第35页）

2月23日，王国维致函罗振玉："现已定分三支：一、《学术丛编》，由维任之；二、《艺术丛编》，景叔任之；三、《苍圣大学杂志》，则况夔笙任之。"（王庆祥、萧文立校注，罗继祖审订，长春市政协文史和学习委员会编：《罗振玉王国维往来书信》，第40页）2月25日，王国维致函罗振玉："学报式已定，如《国学丛刊》，而每行加一字，用四开本印之。"（王庆祥、萧文立校注，罗继祖审订，长春市政协文史和学习委员会编：《罗振玉王国维往来书信》，第42页）则罗、王二人大体仍视此与《国学丛刊》一脉相承。

5月23日　章太炎致函女婿龚宝铨，叹国中后生不好学。

章太炎函称："近见后生之好学者，亦无几人，远不逮日本留学生。以国人而治国学，其情又不如东人之笃好，然则本实先拨，枝叶自亡，虽强聒不舍无益，亦可以无恨矣。"（《与龚宝铨》，马勇编：《章太炎书信集》，第587页）

5月24日　因有复设提学使以提倡国学的传闻，时人刊文讨论国学与新进的关系。

此文称：

> 中国教育之在今日，岌岌乎有不保之势。苟能就现状长此敷衍，已为不幸中之幸。今乃有以国学为重，并议恢复提学使请者，为教育前途之佳音乎？抑否乎？则一疑问也。国学之当保存，自是不刊之论。第保存国学，教育司果具热忱，亦优为之，何必恢复前清之提学使，斤斤于名义之问哉？且各科学与国学，不可偏废。若以中文程度欠缺之留学生为无用，则何以解于有国学而无新智识者之显达。故余以为保存国学则可，若对于无国学根底而富于专门学者，概行不录，则不啻以注重国本为名，实行排斥青年新进之政策而已。前清科举出身者，今已战胜学生，而大形活动。直隶教育司等呈请之里面，若再推波助澜，窃恐新学萌芽，摧残尽矣。（无射：《时评一：国学与新进》，《生活日报》，1914年5月24日，第3版）

6月1日　清华国学研究会刊行《国学丛刊》。主张国学即国粹，国粹亡则国亡。故唤醒被视为国之希望的少年研究国学，为当务之急。

1月，清华学生王天优、闻一多、洪深、陈达等人组建清华国学研究会。[①]清华为留美预备学校，素重西学，而于国学有所隔膜。王天优《国学研究会宣言书》交代国学研究会旨在唤醒新少年研究国学，为"今日急务"。称：

> 嗟乎！国学衰微至今日极矣。举国士大夫昏昏昧昧，醉心于欧化，弃祖国深奥优美渊博精切之学术思想而不之问闻，以致数千年来之文化将荡然而无存，有心人能不为之疾首蹙额而长太息乎。夫国学者，国粹也。国之有粹，犹人之有血，血壮则人生，血枯则人死。惟国与国粹亦然。国粹繁孳则其国兴，国粹灭绝则其国亡。是国粹者，当滋养之、护爱之，此以培国本、固国基也。乃今且反其道而行之，上既不提倡而鼓励，下亦不研求而推究。

虽倡导国学研究，国学研究会并不固守于此。以为居物质文明世界的二十世纪，"欲与人争短长，西学尚矣"。研究国学，应深入发扬国学之奥秘，"道人之所不能道，驾西学而上之者"。主张"发扬蹈厉以与西学相融汇。采人之长补己之短，以己之有，助人之无。开辟五光十色之新文明，为亚东生色"，以为"国非特不至于

---

① 王天优《国学研究会宣言书》并未交代国学研究会创办时间与人物。文中所述该会创办的具体月份与闻一多、洪深、陈达等人，转引自古今、杨春忠编著：《洪深年谱长编》，中国戏剧出版社，2009年，第14页。

亡，且将因之以兴，世界牛耳之执可指日而待也"。此即国学研究会之所以成立的要因，"将以起新少年于梦梦中，于新学外从事于国学也"。

国学研究会推动的工作之一，即是发行国学杂志。宣言书称："国学研究会既以研究国学为宗旨，则不可徒有其名而无其实。一腔热血，秘之心坎间，不能挽救国学之垂亡也。必也将平日之文章议论表而出之，以与留心国学者共相研究，并以引起废弃国学者研究之心。"提倡"一艺之长，一技之能，不妨笔而出之，以公诸同好，则本会同人既得收集思广益之功，而新少年对于国学之兴味或可因之以增。此《国学丛刊》所以刊布之趣旨也"。（王天优：《国学研究会宣言书》，《国学丛刊》，1914 年第 1 期）

本日，《国学丛刊》发行第一期。杂志分义理类、词章类、杂俎类。义理类分经篇、史篇、文篇。词章类分传奇、乐府、长歌、诗、词。杂俎类分小说、游记、笔记、谈乘、演说辞、辩论辞。可见其国学之内容与类例。

唐文治应邀为《国学丛刊》撰序，称：

> 夫我国文字，庖羲而后，首推放勋。孔子之赞尧曰：焕乎，其有文章。唐虞之际，于斯为盛。尼山设教，文学斯闳。子贡曰：夫子之文章，可得而闻。天将以夫子为木铎，其弗信矣乎。孟氏传道，亦兼传文。汉之董子、贾生、司马子长，唐之韩、柳，宋之欧、苏，皆圣门文学之选也。濂、洛道学，为儒林之分派。周、程、张、朱诸大儒中，紫阳得南丰之传，其文最为卓绝。元明以来，余姚王文成其杰出者也。近数十年，

曾文正崛起于湘乡，其精研文字，剖析毫芒，数百年来，一人而已。文治读书讲学，窃尝私淑曾氏，又尝以其绪论，教诸门徒。比来得有志之士，不下百余人。自薛生桂轮外，如张生宏祥、曹生丽明、孟生宪承、陈生延锡、廖生世承，皆自我工业学校递入清华学校者也。诸生虽离余较远，然殚精国学锲而不舍，时时以扶衰起敝为宗旨。昔马季长于郑君之行曰：郑生去，吾道东矣。今桂轮诸生之去，吾道北矣。惟愿诸生以余平日之言告同志。诸君子尚志居敬，以立其本。致知格物，以观其通。天德王道，以会其全。尽性知命，以立其极。推曾文正之精蕴，上溯汉唐，希踪孔孟，他日者贯中西之学派，成巍焕之文章，立德立功立言，各臻其极。是则余之志也已。（唐文治：《国学丛刊序》，《国学丛刊》，1914年第1期）

6月3日　徐岱祥病故，友人吊唁，多以此叹息国学凋丧。

徐岱祥为《申报》"自由谈"栏目重要作者，故《申报》在徐氏故后，有一文介绍，谓："了青姓徐名岱祥字泰云，居嘉定城内南门大街七十六号。少负文名，橐笔游燕赵齐鲁间，备尝艰苦。晚年退职家居，与其夫人沈倚桐女士唱酬为乐，所为诗古味隽永，望而知为醇儒。先生亦孤高自赏，不与世俗相周旋，故幕游数十年依然寒素，家徒四壁，箪瓢屡空。今年五月中得湿温病，辗转床褥者二十余日，延至六月三号之晨竟溘然长逝。弥留之际犹以所著小说未竟全稿为言。"（《为了青先生逝世告海内文字交》，《申报》，1914年6月8日，第4张第13版）

署名懒僧稿者挽之曰："一代骚坛老作手，十年宦海万生涯。

淞滨多士齐挥泪，国学凋零又一家。"（懒僧稿：《挽了青先生》，《申报》，1914 年 6 月 29 日，第 4 张第 14 版）蒋包康悼之曰："中原大雅久沉沦，国学维持正赖君。愕耗传来齐失色，大家挥泪哭斯文。"（蒋包康：《悼徐了青君》，《申报》，1914 年 7 月 16 日，第 4 张第 14 版）

6 月 12 日　松江国学研究社在《时报》刊载广告宣传。

广告称："松人宿学杨了公、姚鹤雏诸君现在发起国学研究社以扶植国粹为宗旨，刻已组织就绪，业将拟定简章付印。俟印就后当即通行分发招集同志共同研究云。"（松江通信：《国学研究社发现》，《时报》，1914 年 6 月 12 日，第 5 版）

6 月 18 日　《申报》刊文表示在新官制下，任命道尹的标准之一为通国学，且知新学大纲。

《申报》记："新外官制改定，每省划分为道区，所有各道之道尹政府刻正陆续加以任命。闻总统以道尹为地方重要之官，非得胜任人才不足以安民而治国，故此次任命道尹非常郑重。"其选择之标准有五，除"必于行政素有经验、确著成绩者""曾经政事堂以观察使存记或经地方巡按使保荐者""在前清有府道之资格或在民国曾任荐任官以上者""熟于某道地方之风俗民情者"四项外，另一项标准为"通于国学，并于新学问亦知大纲者"。（《要闻一·各省道尹之一夕话·任命之标准》，《申报》，1914 年 6 月 18 日，第 1 张第 3 版）

6 月 20 日　《夏星》杂志在上海创刊，以讨论政制、发扬国学为宗旨。

《夏星》杂志由吴淞中国公学学生毕振达联合诸学友创办。据郑逸梅《说林凋谢录》所述，毕振达（字倚虹）于"民国肇造，来沪读书，入吴淞中国公学攻法政，讲师如张季鸾、黄季刚、康心孚辈极器重之，倚虹于学律之余，喜以诗文与海内外硕彦相质证，在公学中，联合诸学友，创刊《夏星杂志》《学艺杂志》，开学府刊行杂志之先声"。（纸帐铜瓶室主：《说林凋谢录（二）》，《永安月刊》，1943年第51期）

6月20日，《夏星》创刊号发行。其创办人为法政学科出身，又受太炎门生国学熏陶，杂志的两大要事即为"讨论政制，发扬国学"，"不为偏激之论，不持党同之见，一以中正和平为宗旨"。此志"月刊一巨册，都凡十五六万言，内容分言论、纪事、法令、专件、学艺、杂录六大部分，子目繁多，不及备载"。此杂志于发刊前，曾在《申报》登广告宣传，而谓"集江左人流之胜，作诸夏长夜之星"，大体揭示命名之义。（《东南唯一之大杂志夏星出版预告》，《申报》，1914年5月29日，第1张第1版）

《本社宣言》详述夏星社创办之宗旨，谓"当汉文之时，宇内乂安，兵革不起，内无蠢然思动之暴民，外无相逼而处之邻国，贾生犹痛哭流涕长太息如此，而况四郊多垒，伏莽堪虞，矫首神州，蹙蹙靡骋，可痛哭可流涕可长太息之事，什百千倍于贾生之时，而无一人痛哭焉流涕焉长太息焉"。故颇愿觉世醒民。

作者最深忧于"国家之危险"者，以为其"未有过于人民不议论时政之得失也。夫人民不议政，固危险矣，然而今日政府，并未尝禁止人民议政也，所可叹者，人民不敢言耳，或言之不轨于道耳"。然"何故哉？"析之谓："一言蔽之曰，无学而已矣。顾亭林曰，救民以事，达而在上者之责也，救民以言，穷而在下者之责也。故达而在上者有学，则可以事救民，穷而在下者有学，则可以言救民。……群一国之人而无学，无论政体如何改革，终不能措国家于磐［磐］石之安。……无学之人，固不足以行政，并不足以议政也。今于学术绝亡之际，在上者徒知增涨权力，在下者徒知争竞权利，权谋势夺，鲜耻寡廉。……此大乱之道也。夫肉食者鄙，未知远谋，视学无足轻重，原无足怪，最堪悲者，在下无学耳。学亡于上，犹存于下，政治虽堕，清议尚足以补救之，惟在下之学亡，怯者唯诺成风，声臭已实，强者是丹非素，出奴入主，学术绝则清议息，清议息则国家殆。其今日之谓乎！"

如何振起之？"或曰欧学东渐，皙种学说，输入中邦，风声所播，如潮莫御，既以之改革二千年之政体矣，安得谓之无学？则应之曰，吾所谓学者，非艺术之末也，非政法之迹也，于社会则在风俗，于人民则在心术，今之风俗何如乎？今之人心何如乎？习俗薄恶，人民抵冒，法出而奸生，令下而诈起。刘向所谓承千岁之衰周，继暴秦之余敝，民渐渍恶，贪饕险诐，不闲义理。以今例之，更有甚焉。此事实所共见，而莫可为讳者也。以为此之风俗人心，欲使之回心向道，断非负贩东西洋之学说可以救之也。"故"及今图之，其惟国学乎？且夫一国之立，必有一国特具之精神，一国之学术，即一国之精神之所寄焉也。中国有历史五千年矣，虽其间祸乱相寻，兵革无已，尚不至仁义充塞，率兽食人，倾而未颓，决而未溃者，实赖有学术相持相维于不敝。今学亡矣，无本之木立槁，无学之国立殆。旧者志气卑汗，与时俯仰，新者窃取西儒之皮毛，日事嚣张，泯梦胥渐，能无惧耶"。

该文同时指出："学术当于出处去就辞受取予之间，辨之严而守之固。……夫晦盲否塞，大道沦亡，匿迹销声，舆论寂寂。前日之患，在于叫嚣。今日之患，在于沉默。夫惟沉默，故真理日晦，是非莫辨，政局恼恍，令人迷乱，茫茫后顾，来日大难。同人既痛政象之危，又惧学术之晦，则斯志之创，又乌可已哉！"（《本社宣言》，《夏星》，1914年第1册①）

《夏星》杂志社社址位于上海派克路昌寿路三十三号。今只见两期。

6月28日　镇江王成等人发起国学研究社，于《申报》登载广告，加以宣传。

镇江王成等人创办国学研究社，于《申报》登载广告，谓："镇郡王成诸君，现在发起国学研究社，以扶植国粹为宗旨，刻已组织就绪，业将拟定简章付印。俟印就后当即通行分发，招集同志举办矣。"（《地方通信·镇江·国学研究社发现》，《申报》，1914年6月28日，第2张第7版）此会在7月初组织就绪。《组织国学研究社》云："王君成绪素以保存国粹为怀，现发起国学研究社，招集一般同志研究国学，刻已组织就绪云。"（《新闻·组织国学研究社》，《时事新报（上海）》，1914年7月5日，第4版）

7月9日　南洋中学行毕业典礼，复旦公学（复旦大学前身）校长李登辉讲演。

《申报》记其梗概，谓"是日演说者共五人。……一为李登辉君。略谓中国人对中国人而用英文演说，乃各校习惯之使然，亦从校长之请也。中国学者精外国语者，或不长国学，中外俱长而所译太深又难适社会之程度，此各校课程所以多仍外国文而实非事之得已。望诸君有以益之"。（《本埠新闻·南洋中学毕业式志盛》，《申报》，

---

①　第2册改称第1卷第2号。

1914 年 7 月 9 日，第 3 张第 10 版）

7 月 国学扶危社在东京成立，并于当月下旬发行《国学》杂志，以"导扬国学"为志。

国学扶危社由毛澄宇发起创办①，时间应早于当年 6 月。同为此社的重要创办者吕学沅（字博文）曾撰诗记此事，题名为《赋赠毛君澄宇时君谋创国学扶危社故也》，刊于 6 月 1 日，诗曰："百川浸灌古滔滔，谁辩来牛与去毫。乱世君还尊绝学，狂名吾已谢屠刀。鹓飞南海鸢寻食，鸥啸东山鬼怒号。安得一舸天外逝，任从仙佛拱贤豪。"（吕博文：《赋赠毛君澄宇时君谋创国学扶危社故也》，《谠报》，1914 年第 12 期）7 月，国学扶危社同人照社章共推湘学名宿陈尔锡为社长。（《国学扶危社启事》，《国学》，1914 年第 1 期）

7 月下旬，国学扶危社在东京发行《国学》杂志，"原为国学扶危社同人研究国学而设，非营业可例"，故"撰述概由本编辑人担任。如有来稿亦选"。（《〈国学〉刊例》，《国学》，1914 年第 1 期）杂志社骨干吕学沅、丘陵，编辑甄海雄、毛澄宇、文镐。

此杂志绍续"沪上《国粹学报》（近时易为《古学汇刊》）、京师《中国学报》、川蜀《国学杂志》、江都《国学丛选》，暨南社各集、《神州国光集》。"（《〈国学〉刊行启》，《国学》，1914 年第 1 期）"以导扬国学引为职志，不含党见，不涉政谭。"栏目共分八门，"（一）学篇门。辑载尊经、明理、研子、读史等著，以阐国光。（二）文衡门。辑载论著、序跋、令教、檄移、疏议、笺启、祭吊、诔哀、颂赞、箴铭、祝愿、传志、行状、碑谱、杂记、典志各体文，盖仿昭

---

① 目前多称此社由陈尔锡、吕学沅创办，略有误。

明《文选》、刘勰《文心雕龙》、姚氏《古文辞类纂》、曾氏《经史百家杂钞》各例，略为变通，宁阙不滥。（三）杂笔门。见发刊辞叙次，兹不赘述。（四）诗辞门。辑载古近体诗赋及歌谣词曲，陶铸性灵，宗风不坠。（五）拾遗门。（六）谐隐门。（七）纪录门。（八）前载门"。搜辑原则乃"务择发明至理，脍炙人口之著，俾臻温故知新，集思广益。至如拉杂烂语，陈腐芜辞，概不屦人"。（《国学刊例》，《国学》，1914年第1期）

吕学沅《国学发刊辞》交代发刊缘起，称："居今日而相诏以国学，强者必目眦尽裂，攘臂欲诤；弱者亦面从腹诽，窃窃私语。然则国学固可忽乎哉？设有人焉室罗珍鼎，而衣窭人之衣以出见之，人鲜有不匿笑者，盖以其逆行而倒施也。独至于学则异是？"就教育而言，"经学也，昔之见于中小学读经科者，今无有焉。史学也，附丽于泰西历史、世界地理科外，探源而叩津者鲜矣。子学也，攻之者谓其异端，究之者患其浩瀚，甚或以之为浇块磊之下酒物，而视等俳优。理学也，几将斥明道，诟伊川，谇徽国，令其体无完肤"。故需警惕"教育之亡，国家之危，不可立而待"。作者以为"教育者，国家学治之命脉也，乌可不刮垢磨光。国学者，又国民教育之渊髓也，更乌可不旁搜左证"。因此有发扬国学以振国民教育之志，《国学》之刊即缘此。（吕学沅：《国学发刊辞》，《国学》，1914年第1期）

毛澄宇在《国学叙言》一文中以农业比喻国学之状况。称："孝弟力田，树艺五谷，屡惟丰年，于穆乐只，讵不甚善。然而水旱荐虐，疠疫为病，蝗螟滋殃，则谷有不登，民乃菜食。于是欲罪耘耔，举以废之，而他求助长焉。稼穑为害，未有若斯之亟者也。

以吾国人觇吾国学，无乃类是。故群治不张，国几不国，则譬犹水旱、疠疫、蝗螟之灾也。指画东西，争骛形质，是求助之长也。以国学例石耕，竟思废之，是只知罪其耘籽者也，本末倒置，耗矣哀哉。呜乎，宋人揠苗，孟子疾呼，以为无益，今之宾宾，恶弃国学，亦若农夫，以耕为厉，虽未识视宋人奚若，然对于孟子，其有以自解也乎。"可谓"吾之国学弃如遗也"。

之后讨论挽救之术，认为应取其大端而治之。称：

> 先圣垂训，曰在于经，形上道德，兹焉是寓，泯梦祸乱，又足以默化潜移者也。培养元良，莫善于此。使经术或坠，则民将无措。手足皆桎，虽法令更密而盗贼不为加损。是经学之不可废者也。立国之载，又鉴于史，兴亡继绝，察有由来。况家族谱传，民且永宝，亦敬祖念宗之诚系耳。史学之缺，非徒治乱无稽，而爱国之心亦致茫昧。是史学之不可废者也。振立人纪，道义以担，莫重理学，虽仲晦象山，不无议诤。汉儒宋儒，或有岐见。然韩子说原（括原道原性原毁并种种杂说），周子通书，程子四箴，张子二铭，朱子集传，皆为载道而述，人共由之。理学若亡，则率兽食，人人将相食。此理学之不可废者也。尘垢秕糠，陶铸尧舜，宁侫百家，故虽纯疵杂投，大小异说，然忧天悯人，悲怀则一。使罢百家，则先贤之道莫称，后贤之法无述，钧天沉醉，如瞽如痴。是百家之不可废者也。黼黻章施，目成采色，则又莫若辞章。是故诵诗三百，遂知变雅之衰，载读七哀，又识西京之痛。楚些骚七，要皆惩悠之思，颂赞箴铭，率寓善恶之隐，岂为轻如雕技，亦有裨于世

风。此辞章之又不可废者也。其余卓荦，弥绘焉馨，世之君
子，知抉择耳。

于是编辑《国学》杂志，"绍述先师，如是云尔"。（毛澄宇：《国
学叙言》，《国学》，1914年第1期）

《国学》杂志仅刊行一期。

8月5日　舆论记唐文治在寰球学生会欢送游美学生大会上之
讲演，谓国学即吾国之国文，号召学生输入文明、不忘国粹。

唐文治演说道："吾国今日大局风俗浇薄，人心茫昧，诸事棘
手，其故安在？皆因吾国学生倾向西学，曾未窥其精萃而先弃吾国
固有之美，以致人心、世道、风俗、学术无不江河日下。何谓固有
之美？国学是也。何谓国学？吾国之国文是也。凡文化盛者，其人
种必强，文化衰者，其人种必弱。未有提倡国学而国不兴者，未有
自戕国学而国不亡者。所望诸君输入文明以开颛蒙而通闭塞，更当
不忘国粹，期日后回国能行其所学于国家社会，非徒袭文明之外观
而实有根本之裨益。"（《本埠新闻·寰球学生会欢送游美学生》，《申报》，
1914年8月5日，第3张第10版）

△　教育部咨复江苏巡按使咨陈经训编入教科书意见。

《申报》记："日前江苏巡按使咨陈采取经训编入教科书意见并
述折衷三则，以释群疑，讨论二端，以期至善。兹悉教育部详细核
阅，特为分别疏证，已于八月五日咨复该巡按使查照施行。"文称：

经训以圣言为旨归，采取之法，要视修身之德目，及国
文之教材，而量为分配。本部设立教科书编纂纲要审查会教授

要目编纂会，即为标示准绳起见。将来本部尚拟编成模范教科书，于修身、国文二科中，加以注意，庶足以矫原咨所陈之失。今日由学校出身者，或以文理不通，或以风习不善，为世诟病。归咎皆在于未尝读经。不知文字为一事，道德又为一事，以经为文字，渊源固也。然有不能因文以见道，或转饰经以舞文者。揆之国民教育之精意，固已背驰。本部采取经训分别编入修身或国文教科书，诚以就道德言，当于修身科求之，以文字言，当于国文科求之。二者旨趣不同，教法亦因而异。经训中包含道德最广，可为修身格言者十之七八，故必折衷圣言，以立人心之准。至为培植国文根柢起见，在校外补习经书全文，自求深造，原所不禁。本部大学令中，中国哲学及历史学两门，皆附有全经，以备通人研肄，用意可知。要之，本部为中小学校之教育计，则以国民道德为重，故于经略其形式，而取其精神。兼以本国模范人物为之之准则。为保存国粹、阐扬国学计，则群经不得不列为高深之学科，俾成有系统之研究。(《要闻一·教育部咨复采取经训办法》，《申报》，1914 年 8 月 17 日，第 1 张第 3 版)

8 月 23 日　博文女学校在《申报》登载广告，以国学为号召。广告称：

本校志在提倡国学，设国文专修科，授女子以高等文学，造就师范中学教员，并附设高、初两等小学，以期教育之普及。国文专修科所授首在声音、训诂之凡例，辨字析句之科

条，俾学者略谙字学，备知文律，持以为文，庶几弗畔。又于
文章体制、文学源流，称述则求其周，评议则求其允。旁及经
史百家，亦略为引其端绪，示以门途，诵读兼及诗歌，书法溯
之篆隶，学子诚能尽心研索，于此用之自修则无冥行之患，持
以教人，可免瞽论之讥。方今国教失坠，妇学尤衰。本校特设
此科，实有扶微继绝之望。延请黄季刚先生为教授主任。先生
当世雅材，师承有自，文辞彬蔚，学术精通，加以讲说周详，
诲人不倦，必能使学者获益也。（《来件·博文女学校招生启》，《申
报》，1914 年 8 月 23 日，第 3 张第 10—11 版）

8月28日　国学书室赠申报馆《江湖异人传》二帙、《双鹃血》
一帙。《申报》特致谢，谓"并皆佳妙，书此志谢，且为介绍"。
（《谢赠》，《申报》，1914 年 8 月 28 日，第 4 张第 13 版）

9月　剑云发表《国学罪人论》，批评数典忘祖、不顾国本之
人，主张中西并重，注重保存国粹。对于当时流行的媚外、畏外、
排外现象，皆有批评。

剑云自承非"反对西文"，惟"特痛恶数典忘祖之不肖国民，
抛弃国本，甘心从贼，视廉耻若无物，为奴隶而不惜，是真国学之
罪人耳"。故"为国体计，为人心计，为保存国粹计，为尊重人格
计"而作此文，主要批判崇洋之心理，而并不反对学习西学。作者
以十里洋场的上海为范围，举子弟入学为例，"明明入学也，而日
到洋学堂，明明中西并重也，而独置国文于不顾"，缘于"心理洋
毒太深，只望其子弟早解西语，俾可糊口，则毕生之能事已尽，其
他不遑计及也"。因此感叹"此辈独非中国人乎，是何心肝，是何

肺肠，而丧心病狂，一至于此。循是以往，则百年之后，中国人必无一人识字，被发左衽，同沦隶台而已"。"反而观之两人，未有不解本国文字，而第先学异国语言者，即其欲学异国语言文字，亦自有其目的，非若我国人仅欲供职西人，以求一己之温饱者可比。"

作者认同"士生今日，当知国家兴亡，匹夫有责，苟能究心西学，穷其精奥，于治国要道、富民政策，详加考察，以之饷我国人，讵为不美"，反对"徒知谋妻子室家之乐、个人经济之富，遂至廉耻道丧，甘居人下，受人驱使，奴隶牛马而不辞。又复蔑弃国粹，舍己从人，以父兄血汗之资，终日辛勤之力，一生所得，徒为人作嫁，宁非大愚？"讨伐的是"入洋籍、作洋奴、假洋势以压同胞，尤为犬豕不食之败类也"，呼吁"生为中国人，即当爱护中国"。（剑云：《国学罪人论》，《繁华杂志》，1914 年第 1 期）

△　王汉辅发表《种瓜亭笔记》，称"清人以射箭为国学"。（王汉辅：《种瓜亭笔记》，《中华小说界》，1914 年第 9 期）

10 月 21 日　《申报》载阎锡山保荐刘师培文，称刘师培提倡保存国粹极有力。

《申报》记"山西阎将军特呈保荐刘师培氏"，称"该员博闻强记，颖悟过人，经史百家，靡不淹贯。自襄事南洋督幕，于吏治掌故，研究有年，力求实用，而于保存国粹提倡尤力，故东南人士咸耳该员淹博之名。嗣充四川国学院院长兼办存古学校分经教授，造就多才，其征文考献之功，尤为川人所交颂"。（《要闻二·刘师培送觐之保荐呈》，《申报》，1914 年 10 月 21 日，第 2 张第 6 版）

10 月 22 日　参政院议员公议严复所提保存国粹、导扬中华民国立国精神的议案。

　　《大公报》记："参政院将提出保存国粹以为立国精神建议案一节，曾志各报。兹闻此项建议案系由参政严复提出，题曰导扬中华民国立国精神。其内容无非奖励忠孝节义，并附有办法六条，连署者已有十余人之多，定于二十二日开会时提经大众公决后再行咨交政府云。"（《要闻·参政院保存国粹案之议题》，《大公报》，1914年10月22日，第6版）

　　10月25日　小说《国学阐明会》发表，讽刺推行国学沦于利禄的社会现象。

　　小说作者王梦生，故事围绕国学阐明会第一次讲演邀请一位老儒谈国学展开。文中开首，作者设计一处听众对话，其中甲问："来何晏？已开会多时了。"乙答："本要早来，有点事耽误住。我想今天第一次开会，也讲不出什么精理名言来，就迟到些也无妨，故尔来晚了。"甲进而称："你那里晓得，我们这国学阐明会是定要大发达的呢。昨天由外省来了一位博学先生，会长、干事备了卑礼厚币，特地请他到会演讲古学的精蕴，今天读开会词后，第一个就是他演讲，你还不知道哩。"老儒所讲多"俗套"，"台下的人，大概十个就有八九个不大舒服的"。所谓不舒服其实不在于讲学内容，主要在于，"我们这国学阐明会，原是要别开生面、以投时好，不过讲讲词章，也好作编辑的材料，更好盼着内务部听得名色好、讲解好，津贴点子费用。谁想这老学究，一味的唠叨起来"。既讥推行国学者的投时好、趋利禄，又讽旧学不知时务。（王梦生：《国学阐明会》，《小说月报》，1914年第5卷第6号）

　　10月　杨昌济发表《劝学篇》（署名杨怀中），谓中国固有文明如遍地宝藏，之所以不能光大，缘于"尚未谙取之之法"。主张研究国学，应融合东西洋文明而治之。

杨氏认为"今以新时代之眼光，研穷吾国之旧学，其所发明，盖有非前代之人所能梦见者"，可谓"千载难逢之机会"，"对于世界人类之前途，当努力为一大贡献"。引述王国维对于国学的见解，即"战国之时，诸子并起，是为能动之发达；六朝隋唐之间，佛学大昌，是为受动之发达；宋儒受佛学之影响，反而求之'六经'，道学大明，是为受动而兼能动之发达"，以为今日"吾国第二之佛教来矣，西学是也"。然"环观国人，不特未尝能动，而且未尝受动，言之有余慨焉"。作者所期望者，"在吾国人能输入西洋之文明以自益，复输出吾之文明以益天下，既广求世界之智识，复继承吾国先民自古遗传之学说，发挥而光大之，此诚莫大之事业，非合多数人之聪明材力累世为之，莫能竟其功也"。（杨怀中：《劝学篇》，《公言》，1914 年第 1 卷第 1 期）

11 月 10 日　孙叔谦《国学（致〈甲寅〉杂志记者）》一文发表于《甲寅》杂志，主张国学应不限于儒学，而应立百家之学于学官。

此文大体针对东京国学扶危社《国学》杂志，称"近有东京某某，创为国学一报，浮游肤浅，偶然无所归宿，颇为学者所病。东人之子，犹多精研文献，恐遗笑异邦，自增点辱，大志能进其忠告，则天地神祇，实嘉赖之"。反对将国学与儒学等而视之，称："神州学术，自汉武屏黜百家，独尊孔子，而规模一小。自'六经'为利禄之鹄，孔子为丹紫之獭，而规模又一小。百家去，则中国惟有儒学，而无国学。利禄盛，则儒学惟有糟粕，而无精英。数千岁政治之不能改良，学术之不能孟晋，道德之不能匡正，国势之不能振拔，谁生厉阶，至今为梗。"此即"独夫专制之祸，烈于洪水猛兽也"。

征之历史，"春秋之季，儒学与百家并立，各不相下，人民视之，亦无轩轾。故列御寇言孔丘、墨翟，无地而为君，无官而为长，天下丈夫女子，莫不延颈举踵而愿安利之。孟子言天下之言，不归杨则归墨，不归墨则归儒。可见孔子在当日，实无统一学术之势"。因此讲国学，不应独讲儒学一家，称"章炳麟为国学讲习会于东京，刘师培、黄节诸人为《国粹学报》于沪上，朱孔彰为国学社于皖城，皆不专宗孔学，是为名实相称"。

故孙叔谦特别强调"名实相称"的国学，主张须融萃一国之学术思想，而不能局限于一家一派之学。详谓：

愚所谓名实相称者何也，以为国学者，必萃一国之思想学术也。若以一家之思想学术为教，只得曰一家之学，而不可曰国学。朕即国家之妄语，久为天下所弃。思想学术，犹有同情。一家之学，不称国学，即渺渺之躬，不可命名国家也。不然，以儒术为国学，则若道、若墨、若法、若阴阳、若兵、若农，与邹鲁荐绅，势类水火，将屏诸国学之外乎？指为夷狄之学，盗贼之学乎？故以儒术为国学者，名不称实之举也，朕即国家之学也。今者满洲逊退，专制消沉，而数千年利用之武器，尚未去于人心。或发于清季科举之妖孽，或主于皇室遗党之谬论，相应相求，铸为一炉。盗贼假孔子败坏千载之道德，彼反以为维系百世之纲常；夷狄借孔子陷塞天下之聪明，彼反认为诱启后生之才智。视垩而曰黔，望泰山而曰海，是非倒置，阴阳错绲，未有若是之甚者。现今民德，突梯滑稽，如脂如韦，夸毗寡耻，万象罗陈，利禄实为最终之的。而孔子三月无君，则皇皇如也。出疆载质，曰可使南面，曰从政何有，曰吾岂匏瓜，系而不食。儒家立己立人，首重为仕，与老聃、严周之隐遁，墨翟、禽子之中立，迥然不同。干禄之徒，引为口实，排道拒墨，独尊尼山。上自名公巨卿，下至负笈之子，一命之士，有不以私淑弟子自居者乎？观其治国经邦，则于孔子所谓富教即戎去杀，立国大本，茫乎不识为何物。观其修身厉志，则于孔子所谓礼、乐、恕、敬，多识鸟兽草木。泳乎沂，风乎舞雩。钓不纲，弋不射宿。执干戈，卫社稷。陋巷箪瓢，疏食饮水。立身大本，惚焉视若无睹。诘以读圣贤书，所学何事，彼最上者亦不过如文文山成仁取义云云而已，况为数百岁而一见者乎！愚以为今日言国学专尚儒术，则名实不称，言民德专尚儒术，则奔走之风炽，二者皆洪水猛兽。孔子之灵，必不来格。立百家于学官，复三代之旧，去利禄之贪黩，行富教之修养，国学兴而民德振矣。汉以来之"六经"，唐以来之诗赋，明以来之八股，以及今日之新技异能，取崇官厚禄，以为宗族交游光宠者，何一非假道于儒术？今之入官，稍趋于实。乃必以儒术为方相氏之熊皮，蒙以黄金四目，则一切新技异能，将与诗赋八股同其功效，生民日用，失其典谟，此倡国学者不可不察也。（孙叔谦：《国学（致〈甲寅〉杂志记者）》，《甲寅》，第1卷第4号，1914年）

11月　中华国学社在《宗圣汇志》刊发宣言书，宣传其关于编辑教科书与发起学校的旨趣。

董清峻早在1908年即有志发起国学研究所，以新式教法编定国学教科书。此次发起中华国学社，证国学不可轻忽，提出推动国学的主要措施即在发起国学学校、编辑国学教科书。

《中华国学社宣言书》称"民所以各爱其国者，尝以其国之文化为主因，而文化之传则系乎学，废其学，则文化亡，文化亡，则人将不知有国"。"今吾国人专崇西学，弃中学如弁髦，非徒不知中学，抑未知西学为何物耳。"作者从中学西学异同的角度论述国学不可废。

首先论西学中学皆同有者。

一论西学之哲学，称其为西学"诸学所从出也，世间无论何学，莫不由理而明，人必先能明理，然后可以为学，哲学即所以明理也"。而"中学大部分皆以明理，虽称为哲学可也，历来旧学较优之士，其治新学也亦必较易"，"今乃弃其固有之哲理，而又不能输入外国之哲学，是使全国之人皆丧其根柢，而无所资以为学也。故曰：哲学者中学所固有，不可废也"。

再论西学之宗教学，为"道德学之统系也。其在科学中尝与道德学相离合，日本则以为伦理"。作者将世人治学分为三个范畴：道德、智识、能力。"知识能力之进步，用以利人而利进，用以害人而害亦进，唯道德则有利无害，故必以道德为本，然后一切之学专为利人之用。""中学大部分皆道德学也"，"人类可以无宗教，而绝不可以无道德，故曰：道德学者，中学所固有，不可废也"。

三论西学之"语言、文字、地理、历史诸学"，称"无论何国，亦必有之，要以属于本国者为主，属于外国者为辅，今将并学各国者可也，焉有自废其国之语言、文字、地理、历史，而但学他国者，亦中学所固有也"。

其次论西学所有、中学所无者。

一为法科之学。称"因中西立国之异，其法制政术迥不相侔，今之法政各科学诚不能于中学间求之"。然"吾国古时国体非一，各有学术可称"。"统一以后，虽难尽详，而少皞名官，周礼分职，俨然文明国官制焉，三代王礼有宪法之性质焉"，"春秋之义，有国际法之模型焉，李法、吕刑法家律书，于刑为密，经传言治，莫不以民为本，周秦诸子所发挥，多同外国政论，而历代政治、经验积而弥富，皆研究之资也"。

二为理科之学。中国古人"于数学则历算最明，……于卫生则医学久著，……于物理化学之事，往往散见群籍，而机器可列举者，不下数百事，皆信而有征。……至于艺术之盛，可以入美术之林，古物之丰，可以备生物学、社会学之考证，兵治之技巧，为飞行家所必惊，……方士之神奇，视催眠术为尤奥，……名物训诂包孕极博，……六艺之精微，皆极于天人之际，其道可以前知，其治可以大同，其礼可以通神明，其乐可以致百物，咸有实事可据，真理可寻，但未易为世俗言耳"，国人"群曰无用甚矣，其不知中学也"。

分析中西学异同，以为中学"有纯然与西学同者，治中学即以治西学，如哲理道德是也；有其事与西学等，因国别而各殊者，吾国人之治之等于他国人之各治其学，如语言、文字、地理、历史是也；有古无其学而有其材，足供参考者，如法科、理科诸学是也"。故国学不可废。

中华国学社提出推动国学"猛进"的措施，如编辑教科书以补救中学"有参考书而无教科书"之弊，组织各种学校以救"有专门学而无普通学""有自修法而无教授法"之弊。同时建议，"凡治中学者当并学补助之科学，如哲、理、法、政以济其用，如外国语言文字以通其邮"，根据这一准则设立学校，"非徒存古又昌明之，非徒自精又播布之"。此为中华国学社之主张。（董清峻：《中华国学社宣言书》，《宗圣汇志》，1914年第1卷第10期）

是年　姚鹓雏创办国学私塾。

姚鹓雏《国学私塾启》谓："今夫发潜阐幽，抱残守缺，古人往矣，精魂接于几席，吾道非耶，仰止庶在简编。或谓章甫之饰，适越而怪，褒袼之制，于世已陈，非其时也。则应之曰：独寐晤言，或有同愿，风雨如晦，无改鸡鸣。结夏多暇，薰风来轸。疏帘清簟，左图右书，不犹愈于博奕之为者乎。敢告同志，昭此微言。"（鹓雏：《国学私塾启》，《江东杂志》，1914年第3期）

姚鹓雏《中夏偶书》诗亦云："归来生事足淹留，名饮清言倚市楼。出入蹉跎骑户限，声闻寂灭誉掌头（近倡国学私塾）。炷香读曲梅花落，高枕看云水簟秋。终古文渊成底事，少游欹段更何求。"（姚鹓雏：《诗选·中夏偶书》，《申报》，1916年6月1日，第4张第14版）

△　无锡石塘湾国学函授研究会成立，设正科与预科。该机构于1916年6月在《申报》刊登广告，表示其"创自甲寅，近于正科、预科外添设商业科学"。（见《申报》，1916年6月24日，第1张第4版）

△　是年黄鸿寿《清史纪事本末》刊行。

卷二十二之编者曰："乾嘉之间，一经学昌明之时期也。诸经师家疏注之宏博精确，有足与国学俱不朽者。如吴派皖派是已。桐城文士，乃自附于程朱，而究无以传，非理学家，亦非经学家，其间有宝应王白田懋竑者，于治朱学殆庶几之，著有《朱子年谱考异录》。善化唐镜海鉴，虽以劲埼善、耆英辈著直声，足觇风骨，而所为《学案小识》，专持门户，识者颇隘陋之。浙东源出姚江，邵、全羽翼南雷，存其一线，功亦伟已。他如陈宏谋、杨名时、朱轼、李绂、孙嘉淦等，皆以朱学自鸣于学界，实无有影响。至纪昀、阮元、毕沅辈，鼓吹汉学，似亦甚力，然位高任重，仅于文学政事之余，偶得以间治经，著述每多假手，故皆不能自名其家，无足道也。"（黄鸿寿：《清史纪事本末》卷二十二，民国三年石印本，第 4 页）

1915年（民国四年　乙卯）

1月8日　《申报》在一年之初展望国粹与国学之前途，建议清史馆集合全国文献，保存国粹。

文章建议各省"组织征访文献机关"，保存国粹，并述其与国学前途的关系：

> 在共和以后之国民社会人心学术道德固另有一番气象，参酌新旧，折衷中外，适用于交通时代之学理。而自前清以前四千年文明祖国，历黄帝尧舜禹汤文武周孔列圣之薪传，自有一种真正国粹，足以维持于不敝，以故继继绳绳递传数千年之久。秦汉以后奇儒硕彦，出为名臣贤相，其功业已载在史册，处为山林逸彦，亦备载于儒林列传，历朝正史均可披阅而见。惟前清二百七十年中，名臣将相其功应宣诸史馆者，固已多所流传，而草野之间，或潜德幽光，伏而不出，或直言被谴，始盛终微，其流风遗韵，足以正人心而励颓风者，率多为国史所未备。现在清史馆访集文献，通函各省，虽云加意征集，而官样文章率多敷衍，即能认真探索矣，而遗行嘉言，藏之家乘，

与当道公事毫无关涉，则又无从搜集。其敷衍下场者，更无论
矣。使二百数十年文献隐没不彰，何以劝后进而淑人心？清史
馆集合全国文献，意在精而不在博，不有各省分设机关与之相
辅补助史馆之不备，则挂漏必多，何以保数千数递传之国粹。
刻拟首先提倡自捐一万元，组织机关征访文献，从直隶开始，
敦请王晋卿为征访领袖，河南由某巨公捐，敦请李敏修为征访
领袖，自由探讨，编纂成书。凡一乡善士，一言一行之长，皆
不湮没，一以备清史馆之采访，一以存一代之文献，俾新学发
明，而后数千年国粹不致从之销灭。（《要闻二·国粹与国学之前
途》，《申报》，1915 年 1 月 8 日，第 2 张第 6 版）

1月　署名谔声者撰文展望新的一年，希望昌明教育、振兴国
学，赞同教育部读经令。

此文呼应剑云《国学罪人论》，反对媚洋，注重国民教育。认
为"有民斯有国，惟既负国民之责任，不可无国民之知识，知识于
何得之，曰于教育得之"，"国无大小，视乎民之众寡，国无强弱，
视乎民之智愚"，故国民教育为要。"教育部深知教育之原理，不在
彼而在此，特重国民教育，以示之标准。国民之教育者何，以为
一人不爱国，则国不能立，一人不力学，则又不足以言爱国。既
积千百万国民而成一国，必综千百万之学术，特成一国之学术，融
千百万国民之性情，特成一国之性情，庶几立于地球之上，俨然一
国如一人焉。此一国殊特之性情学术，即所谓国学者是。"国学事
关国民教育及一国之独立，而"今我中国之国学何如乎？鄙夷之，
轻弃之，以为此迂阔之学，无讨论之余地"，则国学危矣，而国学

危则国危。"凡亡人之国，夷人之宗，墟人之社者，必先更其言语，变其文字，其为害也，以视寡人之妻，孤人之子为尤烈，故波尔尼国学湮灭，而洼效为墟，婆罗门经典式微，而恒都他属，杞用夷礼，见诮春秋，齐习戎言，贻羞颜氏，此国学之关系至重且要，诚有一发千钧之不可或弛者也。"故赞成教育部颁布尊孔读经之令，以为探本穷源。（谔声：《民国四年之大希望》，《繁华杂志》，1915 年第 5 期）

1—2 月 中日签订"二十一条"的消息，经路透社等外媒公布，在国内引起巨大舆论反响。此事对于国学讨论的影响不小。

2 月 小说《归梦》塑造两位青年，一谙西学、一精国学，以讨论中西问题。

《归梦》第十一部分《摆伦之诗（其一）》写道："程瑛并且还命他自己一个儿子，名叫天民、号葛生的陪伴吴士，每日两世弟兄，性情既合，年纪亦差不多，彼此挚爱之情，真是如胶似漆，不啻同胞。若论起学问，两个却是路数有点不同。葛生这个人，是从小便跟着他叔父到外国去，在外国学堂文科卒业回来的，如今正在补习国学。吴士的学问，国学虽然很好，但是于外国学问，却甫在问津，外国语一道，不用说的，那时更是初学了。"（湘影：《归梦》，《中华小说界》，1915 年第 2 卷第 2 期）

3 月 11 日 商务印书馆拟刊《四部举要说略》，于《时报》推广。

《时报》广告谓："睹乔木而思故家，考文献而爱旧邦，知新温故二者并重，自咸同以来，神洲几经多故，旧籍日就沦亡，盖求书之难，国学之微，未有甚于此时者也。"（《艺林一勺·商务印书馆拟刊四部举要说略》，《时报》，1915 年 3 月 11 日，第 3 版）

3月　本年第三次教育大会在天津举行，提案之一为维持国学。

《申报》记"教育大会之提案"："本年第三次教育大会在天津举行，其各省议员共二十三人。届时教育总、次长均出席。"据闻中央提案之一为"樊云门之维持国学，康南海及各省巡按使对于小学读经各意见"。（《要闻二·民国今日之教育》，《申报》，1915年3月16日，第2张第6版）

△　倪羲抱等人创设国学昌明社，发行《国学杂志》。

该杂志门类分别如下："一、有关国学切中事势论说。二、前人遗著。三、未刻专集。四、古今考证。五、风土纪实。六、政治商榷。七、百家杂说。八、唱和雅什。九、笔记杂俎。十、学校课艺。十一、天文算术。十二、兵农医学。十三、金石图谱。"（《上海国学昌明社启》，《国学杂志》，1915年第1期）第1期分总论、经学、小学、史学、舆地学、兵学、文学、艺术学、附录、插图。主要撰稿人有黄浚、金嗣献、秦云、于邑、四素老人等。

该杂志广告称："本杂志出版以来，风行学界，兹更揭其十大特色如下。全书分论著、经学、小学、文学、史学、舆地、政治、艺术、附录、插图诸门，每期分门登载。集古今之大成，为国学之嚆矢，特色一。论说标示统宗，不涉偏激。学生可为模范，教师可备攻错，特色二。经学辟发前旨，鞭辟近里。唤起国民之精神，灌输高尚之学识，特色三。小学正文字之本源，示钻研之途径，特色四。史学搜近代之遗编，补前人所未逮，特色五。舆地斟酌古今，兼收并采，特色六。文学古色古香，可资圭臬，特色七。政治艺术，旁征远稽，攸关实学，特色八。附录取会文辅友之旨，寓博闻多识之义，特色九。插图精选名本，复印石鼓一种，尤为不可多得

之宝，特色十。"（《国学杂志之十大特色》,《文星杂志》,1915年第1期）

4月8日 《申报》介绍"章氏丛书"。

文谓："章太炎先生委托上海右文社发行'章氏丛书'，业已排印及半，阳历七月准可出书。先生文名重海内外，今有此丛书发行，凡治国学者，当无不欢迎也。"（《本埠新闻·介绍新刊》,《申报》,1915年4月8日，第3张第10版）

4月11日 《申报》记者从某政客处得到消息，称参政院不久将提出关于教育的建议案，其中有因一般童子国学知识浅薄，不足以供实用，故似拟建议废除小学的提案。

《申报》记"废除小学建议案"，称："昨据某政客谈云，参政院中不久将有关于教育之建议案件提出讨论。闻其说系秦参政所主张者。至于该案详细内容，虽目今未能确悉，然刻据吾人所闻，则其议案所持之理由，略谓中国设立小学已有年，所迄今日，揆其成绩，毫无可观者焉。一般童子之国学知识，均甚浅薄，息忽岁月，仅饰外观，纵毕业后，亦不足以供实用，甚无益也。"（《要闻二·小学与自治之前途》,《申报》,1915年4月12日，第2张第6版）文中提到的秦参政，当是秦望澜。5月12日参政院开会，秦望澜提出涉及教育的议案，但其内容为组织教育会议统筹全国教育，并无废除小学的建议案。（《要闻二·参政院近提三案之原委》,《申报》,1915年5月18日，第2张第6版）

4月25日 国学昌明社赠申报馆《国学杂志》第一期一册。《申报》谓其"体例完备，材料丰富，诚昌明国学之佳制也"。（《本埠新闻·介绍新刊》,《申报》,1915年4月26日，第3张第11版）

4月 萧公弼发表《科学国学并重论》，称国学是经国济世之学，能振奋心志、发扬国性，为"唯心派之学"；科学则为"唯物界之学"。科学、国学两者应相济并重。

科学（欧化）与国学的冲突、取舍与协调，一直是中国近代思想界的一大问题。萧文分别定位科学与国学，以为科学乃"唯物界之学"，国学乃"唯心派之学"，两者各有所长。"发扬国性，振奋心志，国学之长也"，"而覈核群伦，推察物理，则科学之长也"。两者皆于人生社会有密切关系，"不相悖害者也"。两者殊途同归、体用一贯，不宜有所偏倚。

然自西学东渐以后，科学与国学却冲突不断，两相妨害。一种倾向为"群趋维新"，偏重科学，致使唯物与机械论大盛。如以此为主，则"六艺置阁，诗书覆瓿"，"有从事旧学者，不指为迂拙，即目为腐败，道丧学弛"，"养成今日多数气习嚣张、行为悖谬、思想卑劣、识量狭隘、破灭道德、逾闲法律之学子"。"其甚者至数典忘祖，颠倒张李，书简笺帖，讹别丁丁，笑柄丑谈，时不绝耳，启社会轻侮之心，贻腐儒讥评口实"。此为偏重科学之弊，实为不了解科学之特性与局限：科学并非可以解释任何事物与原理。科学在于探察物质，"而遍法界尚有无形之心灵"。"科学者考究群物，判定原理，而虚空界尚有原理之原理乎"。科学家对于宇宙中万千事物，也有不能了解者。"科学家所断定公理原则，不过仅适人类现象当境之利用，固非普遍法界之道也"，形而上者，"非科学家之所能洞悉"。

国学并非寻章摘句的无用之学。以科学为主、蔑弃国学，既不明科学，又不明国学。"国学者，经国济世之学，国性所存，国魂所托者也。小儒鄙夫之寻摘章句，推敲声韵，饾饤辞藻，婆娑训诂，此世之目为腐败糟粕，非吾之所谓国学也。吾所谓国学，乃吾国神圣华胄，上下五千年，纵横数万里，圣贤英杰之心思脑力，才智聪明所阐发垂训，天下之大经，古今之大本，天地之化育，以贻我后世子孙之宝藏金规者也。吾华文物声名，典章法度，所以开化最早，炳耀全球者，实食其赐也。"究其大要，"六经史册，诸子百家之言哲理政治，伦常风教，下逮山川河岳，草木鸟兽，皆有名论至理，奥义微言，烨赫垓埏，与天地共垂不朽者也。吾人读之，足以高尚心思，奋发精神，增进智能，宏阔器量，皎洁言行，瑰玮气宇。愿欲追踪圣贤，继迹英雄，以旋乾转坤，救国匡时，胥于是乎赖。则国学关系吾侪，岂浅鲜哉"。

因此，科学为"扩张智能之学"，国学为"发展精神之学"。正因有"轩昂之精神，而后能获充分之智能，有远大之思想，而后有雄伟之事业"，则国学为主观，科学为客观。作者以为"谈政治者不谙古法之沿革，究学业者昧融中外之理论，所得科学不过东洋贩夫，欧化豚犬，本实先拨，羊质虎鞹，伥伥无所适，茫茫无所归，欲恋爱祖国，奋身学界，岂可得哉"。"惟物之论胜，惟心之道衰，将见天下成为机械之世界，而人类绝无精神之作用矣"，故提倡科学国学并重、主观客观并进。（萧公弼：《科学国学并重论》，《学生杂志》，1915年第2卷第4号）

5月10日　高一涵致函《甲寅》，论章太炎的"自性"及与学术人心的关系，指出袁世凯禁锢太炎实为钳制言论自由。

章太炎于1914年1月7日赴总统府，欲面质袁世凯，被军警以"神经瞀乱"滋扰总统府为由软禁于京城。当时为袁世凯所影响的舆论，多讽章太炎患疯症。高一涵此函，揭露袁世凯软禁章太炎实为钳制言论，欲天下同一言论，而行其私利。文章开篇表示，"故余谓欲识先生，惟在证其自性之所诣，与其及于国学之影响奚若而止"，论章氏之学离教言学、发明国学之真，可以开二十世纪中国学术之新生命，关系国运。称：

　　吾国昔贤言学，类皆各局于一宗，非惟域外真宗未能融贯，即域内之旁支别派，亦未敢抉精索髓。道本无方，依宗则有方。道本无体，依宗则有体。若离于宗，则道无尽藏。先生之学，不宗一派，所撰《国故论衡》诸子学九篇，及《齐物论释》七节，统儒墨诸流大小二乘而融之于一炉，其最能辟脱吾国学者数千年之恒蹊者，则在离教而唱学。吾国古学所以优于诸宗者，以合教学为一途，然学之所以不进者，亦坐此。孔子为吾国教学合途之代表，故其身果为宗教家，抑教育家，迄今不能定论。夫教期于维世，不离学以为言，则教不立。学期于征实，不离教以立说，则学不明。隐依真理，求不悖乎教宗，此吾国学者之特性，非如耶回诸宗之专言教而弃学也。然而学为一事，教为一事，依教言学，终以有所忌顾，不能验实学之真。今者乃教蜕学昌之世界，先生会丁此运，其学遂创成二大特色。一则总观万法，示拘宗者排异之非。一则推阐真言，破泥教者依违之习。渊哉先生，用心玄远，此宗大昌，吾国学必结成一大异彩，别开生面于二十萘之东方也，可决然无疑已。（高一涵：《章太炎自性及与学术人心之关系（致〈甲寅〉杂志记者）》，《甲寅》，1915年第1卷第5号）

　　△　烂柯山人发表《双枰记》，内中讨论教育与沟通中西文化的问题。

　　《双枰记》谓："本国教育之乏根柢，当咎中小学之未兴。此辈早年失学，今所学者，又不足养其德性，源不清矣，流胡不浊，而源清者，又复闭拒，耻言欧化，今日言吸取西方文明，诚非易事也。棋卿曰，是非有国学巨子，更殚精西籍，力以沟通东西文化自任不可。"（烂柯山人：《双枰记》，《甲寅》，1915年第1卷第5号）

　　5月12日　秦望澜在参政院提出组织教育会议统筹全国教育建议案，以人才不振之故，推本于国学陵夷，建议修改现行学制。

　　据报称，"秦望澜提出之组总教育会议案，其用意虽亦激于外侮侵寻，欲于教育上图根本之自强，惟其议案内容，似欲以斟酌国情为由，修改现行学制，以人才不振之故，推本于国学陵夷，又深叹国家岁糜巨款，而人民未沾实益，统观全篇大意，其思想是新的抑是旧的，其主张是积极的，抑是消极的，殊难明了。参政中王印川、江瀚发言，都以变更学制，足滋全国人民之疑虑，而与教育前途以打击，表示不赞成之意。结果定付审查，或者在审查会，须另行起草也"。（《要闻二·参政院近提三案之原委》，《申报》，1915年5月18日，第2张第6版）

　　5月14日　倪羲抱在国学昌明社《国学杂志》"通论"栏目发表《论爱国为研究国学之本》，申说国学昌明社的宗旨。

　　倪羲抱此文，以爱国为研究国学之根本，多少与中日签订"二十一条"的消息散布之后的氛围有关。其文以为"天下事大难逆料，兴亡之故，匹夫焉逃其责"，故"是编之续"，"不能考订圣经贤传之章句，搜讨天渠石禄之秘藏"，而又特别强调"爱国！爱国！"，系有其深意。

作者之所以以爱国为号召，正在于"学之不讲也久矣，国之不竞也甚矣。……国之未亡，悬于一发"。在此特殊时期，"诏人以学，若徒曰正心也，修身也，抱残而守阙也，不流于清谈之误国，必致以曲说为害人"。其论"古者圣贤之心，无非救国与天下之心。古者圣贤之学，无非救国与天下之学。其亟亟乎冶[治]学也，非专治一己以求为愉快也，惧己之不明不恕，为国与天下之蟊贼，而必学以免于过也"。提出其"本者，爱而已矣"。故辨"爱"之义。以为"国"为爱人与爱己之所统。"以爱己爱人两言之故，不如为爱国以爱其国之故，知不能自弛其责任，则爱深矣。又以爱其国之故，知不能自残其同类，则爱又深矣。"进而强调"行事而不以爱国为心，则其事为无益之事；立言而不以爱国为心，则其言为无益之言；为学而不以爱国为心，则其学为无益之学"。对于"故旧之学，其取之无间，而论之必笃，此亦于残编断简之中，为求其可以为发挥光大，不欲自毁而尊人。苟于其故者日亲日近，则新者之益致其精，庶乎有同功焉"，号召国人在爱国心的驱动下温故知新。

（倪羲抱：《论爱国为研究国学之本》，《国学杂志》，1915 年第 2 期）

△ 同期的另一篇"通论"，为王蕴曾《论尚武为吾国国粹》，与倪羲抱以爱国为国学之本的见解相呼应，一内一外，一文一武，不无配合，显现时势影响及于本就与时局呼应较多的国学阐发。

王氏之文，明确交代写作缘起，以为"大祸已迫燃眉，吾民将无立足"，故大力阐发尚武精神，以为"吾欲葆此渺小之躯，留传一线，无忝祖宗者，其道何由，则最要者曰：尚武"。宣称：

夫武为吾国粹，而近今人民心性所深惧而讳言者也。惟武可以立国，而民若可以致亡。惟武足以葆身，而民若可以速死。尺籍之中，决无千金之子，惟游手好闲者，借为糊口资，击刺拳勇，上流之人，视为贱技，惟江湖卖解，市井无赖，始得习焉。久矣，夫果敢刚强之气，节烈侠义之风，无复有纤毫遗留于吾人身体中矣。奴隶我而叱辱受之，牛马我而鞭棰安之，庸讵知我祖宗宅此区夏，安莫厥居，经几许汗血之功，战斗之役，而始克有此。祖宗奋勇而得之，子孙安坐而覆之，其贤不肖之相去几何耶？故不欲保存吾国则已，苟欲保存，则惟有尚武，不欲保存吾国粹则已，苟欲保存，则首宜尚武。盖武之为道，大可卫国，小可卫身，为吾先民遗传之天性，不可一日缺者也。

并引经据史，"明吾国粹所由来，与夫保存之不容缓，而振起吾民之精神"。且以为"吾国之弱，自兵农既分，人民惮于为兵始，吾民之弱，自重文轻武，社会贱视勇力始，至今日而吾国尚武之国粹，渝胥尽矣。不知彼自诩为武士道者，独非中土所流传耶，彼火药枪炮，独非吾国首先发明者耶。他人愈演而愈精，吾国残废而不用，浸至求学于人，浸至仰给于人，浸至人将代我制造。甚矣，夫不讲尚武精神之弊，一至于此耶。不解保存国粹从旧蜕新之败坏，至于此极耶"。故大声疾呼："欲保吾国，惟有黑铁耳，赤血耳。吾民乎！吾民乎！酣睡醒乎！醉梦苏乎！班超投笔，卒斩楼兰之头。终军请缨，遂击单于之颈。"（王蕴曾：《论尚武为吾国国粹》，《国学杂志》，1915年第2期）

5月　顾颉刚致书叶圣陶，告知自己读书及著述的计划，其中包括撰写《国学志》。

函谓："国学志之作，念在最后，予我中寿，必五十后执笔。盖非统系极明、是非极辨、无书不窥、无事不察；率尔操觚，亦与坊刻文学史、文字学源流等耳。急于贸利，而轻标以美名，虽迫我以刃，不能为矣！学志者，吾意必兼有史传、表志、学案、平议之业，以为其纬；经史、百家、政治、社会，其经也。又必旁通欧、非、印度之学（美洲与日人可云无学），广交识大思玄之士，乃能度量上下，言庸无违。"（顾颉刚：《顾颉刚书信集》卷一，中华书局，2011年，第20页）

5—6月　丁福保撰成《全汉三国晋南北朝诗绪言》。

文末颇忧于"迩来国学沦丧，衣冠运息，朝华已谢，夕秀未启。不及数十年，恐汉魏六朝人诗仅存于坊选习见之本，其散逸者又过半矣"。（丁福保：《畴隐居士自订年谱》，民国十八年铅印本，第36页）

6月25日　侯鸿鉴在教育界提倡国学、国耻、劳动之三大主义。

中日签订"二十一条"的消息流布于舆论界，亡国亡种之忧患，直露于士人的字里行间，同时更强调自立自存之精神。作者感于"外交棘手，欧战方剧，青岛之攫去，二十一款之要求"，认为"种不患人灭而患自灭，国不患人亡而患自亡。一国之文字文学，一国之国性攸关，而不容轻忽。一国之疆土财产，一国之国势所系，而不容轻弃。忽其文字文学，而道德知识，日渐榛芜者，种族未有不渐灭。弃其疆土财产，而地促民贫，坐待瓜豆者，国家未有不灭亡。此国粹之所以必保存，国权之所以必保持也"。然"中国割地丧师之事不可缕指数，耻孰甚焉。一般普通之人民嬉嬉酣酣，日沉溺于醉生梦死，槃乐怠傲而不知一返省者。逸惰之念中于人心而不可救药，安乐之境狃于积习而不知忧患也。是以非提倡国学不能使发扬国辉也，非涮洗国耻不足知忠爱国家也，非人人习耐劳苦又何能养成体魄强毅之国民哉"。故提出国学、国耻、劳动三大主义，将正面维系国家凝聚力的国学与反面激发爱国心的国耻感连接在一起，提倡国学、唤醒国耻心、以劳动健全国民性，三者合为一体。

作者认为，有关国学这一主义，着眼处主要在于改良师范教育，提高小学教育。"人民应有之常德常识，必从应有之普通文字输入之。文字之所以能灌输于吾民者，一在小学教育之书法读法，必先知笔画音义之正确。一在师范教育之国文教授，必先知文字文学之源流。二者注意，国学之基础乃立。"而目前的师范教育情况，虽"今日之主持师范教育者，国学尚有根柢。任师范学校国文教员之讲席者，类多旧日儒士。教授国文，尚有字源等目"，"然师范生之毕业成绩，则甚平常"，"国学凌夷，江河日下"。一般老师宿儒提出读经问题以纠正。作者以为"国学之不讲求，岂真不讲经、不读经使之然哉"。真补救之法可资研究者有二："（一）师范学校校长招考新生，究应考取何种程度之学生为合格？（一）师范学校国文教员究用何法教授师范生，方为合法？"应切实从严招生，以国文程度较清通为录取标准。入校考试标准较高，师范教育才见郑重。入校以后，师范课程注重国文一科。"师范生之国学根柢较深，毕业后出任小学校务，庶不致有平仄不知、笔画讹误、题目不通、改削不雅驯之种种弊病乎。"以此师范毕业生，"教授小学国文，尤必以正确笔画顺序、辨别音义为先"。故"小学教育之良否，实系乎师范教育之良否。故师范校长及国文教员，皆当提倡注重国学为尤要也"。

有关国耻这一主义，作者以为："国家多难，国势日衰。内忧外患，相逼而来。人之生存，必求自立。欲求自立，须知吾国数百年来所受外交上种种耻辱。苟能一举而湔洗之，则人民均能自立，国势盛而国权强，须臾间事耳。"故"提倡国耻二字，使人人印于脑中。非必使之排斥外人，乃保全自立于生存地位也"，具体方法则落在"小学教育、编辑教科书中，寓其大意，而以国文、历史、地理、博物等科最有关系也"。作者建议的方法为："（一）教科书之编辑，对于外交痛史，宜揭其大纲，不详其事实。教授法中，略言其事实，说明种种之国耻，教员尽情以发挥之，借提起学生之精神。（二）教科书之编辑，对于外币外货之流入，宜于简单言辞中，痛言其弊。教授法中，历举外币外货之种类，及提倡流通自制银币、改良土货等。讲授时尤须详尽言之。（三）教科书外之补充。校中悬国耻地图，设国货陈列处，及自制标本器械，并陈设外交失败之战图，关于国耻之图画照片等，为引起学生各种痛愤观念。（四）训话之指导。须提絜生徒，爱重自己，磨厉以须，为将来之作用。万勿轻于尝试，滋人以口实。此尤最宜注意者也。"

面临亡国危机之时，"国学之不容不提倡，国耻之不容不唤醒。然则国民教育，尤非以劳苦二字，不足为健全体魄之原素也"。作者强调身为"小学教师者，苟能以身作则。凡校中洒扫拂拭，皆躬自为之。儿童富于自动性及摹仿性，自有不期然而然者。故学生之服务，往往由教员训练于无形者，皆以身示范，无事不习劳耐苦。

则全体学生，观感自易进一步"。故"在学校一方面，均应以实践劳苦主义，为体育之要，为强国之基。惟劳之至，乃见有劳中之安逸。惟苦之至，乃见有苦中之快乐"。

作者以此三大主义贡献于教育界，以为"非如此不足以保存国粹，涮洗国辱，强固国本也"。（侯鸿鉴：《国学国耻劳动之三大主义》，《中华教育界》，1915年第4卷第6期）

7月　陈启彤发表《中国国学博大优美有益于人类说》。

此文撰于第一次世界大战之时，作者称西方学问过于功利，致使欧洲列国战火纷飞。因此，发挥中国国学的博大优美，可以帮助人类追求共同的幸福，有益于全人类。其文称："民无学不能群，群无学不能国。员舆之上，国亦众矣，历史之延长，有逾于中国者乎？人民之滋多，有逾于中国者乎？土地之膏腴广博，有倍于中国者乎？得此佳果，岂偶然哉？盖有为之桢干之国学，有以致之然也。由此观之，则吾国之国学，其博大优美有益于人类，盖可知已。"并在下文分别证明此意。

其一，"吾国国学以道为学术之指归"。称"道也者，诸科之源泉，学术之总汇也。故精之则不可明言，粗之则天地鬼神、山川草木、鸟兽昆虫、王制礼仪、日用人事莫不毕属，举世间之学，而统为一科包括之而无遗者，盖惟道之说为能尽之矣"。作者以为"充欧西之治，一法家而已。顾其量既狭，则其用不宏，可暂而不可久也"。故"欧洲之所以长演于列国争雄之局，而未能稍弭战祸乎？观于今时，可慨也夫"。中国之礼教，"所以蕴育多数之人民而成为硕大无京之古国"，可以维宗法、消战乱，"博大而有益于人类也，信可征已"。

其二，"吾国文字条例不繁，而含义宏深，且又富有感化情志之能力"。"人类之进化也，在于有学，学之所以传也，系于文字。学之理日博，则文字必日繁，不繁无以达学理也。苟理矣，而无科条以统之，则习者不胜，而学理以湮，而文化以滞。有科条矣，失之繁则扰，失之简则陋。"作者以为，"西方之文字，则失之陋是也，彼不自知其陋也，乃自诩其演声之佳妙。又不知我国文字构造之原理也，乃妄以为纯乎演形而无条理"。文中列举了西方文字的若干弊端，"徒衍声耳，苟觅其义，杳不可知，非习腊丁，不详其故，有声无义，习之无味，此大敝一也。一事一物，表而明之，必须多音，而复累赘，难于记忆，多费时间，其大敝又一也"。中国文字"声形同衍，义随之明，音单画简，含义无穷，结构之间，妙达神指，综以六例，而该备焉"。"果以六书之义而观天地鬼神、山川草木、鸟兽昆虫、王制礼仪、日用人事之名，其含义之宏深，实莫不各尽其致，而各臻其妙；循名而求，则天地鬼神、山川草木、鸟兽昆虫、王制礼仪、日用人事之学，可知也。启人之智，达人之慧"，"流而为词章、美术也，又可以淑人之性情，益人之神志，而有化民进俗之功焉"，"其优美而有益于人类也，又信可征已"。

因此以为：

> 中国之国学，其至矣乎。以比希腊（欧洲学术原于希腊，故举以统之）固胜之矣，以方印度，则何如？（指佛学。地球之上，能自发生学术者，惟中国、希腊、印度三国而已）顾兹非所及也。盖兹之所言，以谋人类之幸福为依归，所谓入世主义，非论道之主义也。果就人类之主义，尽量而求其至大至多

之幸福乎，则中国国学其至矣乎！嗟嗟！功利之说，学者莫不奉以为富强之术矣，顾其效亦数十百年耳，量运数而乘除之，又何见尝其为人类之幸福邪！彼欧人而果悟欤，道吾中国之道，人类益已。（陈启彤：《中国国学博大优美有益于人类说》，《国学杂志》，1915年第3期）

△[①]　赵钟淳发表《国粹教育论》，主张学校教育应以国粹为首科，以奋醒国民，促进爱国保种之观念。

此文首先确定何为国粹，以为"一国相传之典章文物、宜俗政教是也"。而"我中华自立国以来，五千年于兹矣。为亚东开化之鼻祖，世界文明之主人。圣圣相承，代代相传，载于'六经'，著在史册，备见于诸子百家。凡宇宙之原理，天演之公法，莫不言之凿凿。故历代所因所革，靡有能外之者。虽外族入主中夏，若魏，若金，若元，若清。不惟不变更其典章文物、宜俗政教，且令其国人亦服从之，所谓以夷变夏者是也。则我国之国粹，卓哉其有不可磨灭之处。"

然"自欧风东渐，一般少年子弟，英锐骛进之徒，无不趋时炫俗，以欧音相标榜，而视本国国粹，竟弁髦粪土之不如，驯至风俗日坏，世道日漓，是非颠倒，黑白混淆，国运蹉跌，国祚倾危，谁为厉阶，至于斯极焉"。其原因在于，众人以为"二十世纪之时代，一竞争之时代也，学竞，工竞，商竞，竞优者胜，竞劣者败，我国之不振，竞不胜也。故不得不取法泰西，以为争胜之田地"，又有

---

①　因记有乙卯年（1915）毕业典礼，故酌定于当年7月。

人以为"中国文明之程度，远逊欧西，科学竞争之时代，不得不重右行文字，以为啮精吸华之助，此欧文不得不加重于汉文"，故"浮华好异为我国人之通病，废弃国粹，求之外人，以为新为奇"。作者以为上述看法皆有疏漏，并从文献与学术诸方面，证明当时文明的新理新法，其实在中国国学早有开端。

一、证之文献。称：

> 近人盛称欧之政教法度之完美，并为世所突出。讵知欧西之政之教之法度，早已行于吾国三千年前。民主立宪，唐虞禅让之成事也。君主立宪，三代君统之故迹也。县官由民举，各属长官皆得举掾。周礼乡老及乡大夫群吏，献贤能之书于王是也。询国危，询国迁，询立君，有合于今上下议院征求民意之例。诵训掌道方志以诏观事，[道] 方慝以诏群 [辟] 忌，以知地俗，有同于今月报日报之例。其所设寻常高等小学校，即周之家塾里校也。其高等中学校，即周之乡庠州序也。此皆《尚书》《周礼》可考者也。

二、证之学术。称：

> 今之谈哲学者，辄曰实验派则推倍根，穷理学则推笛卡儿，而集其大成者则康德之检点学派，然我国尧舜所授人心道心之旨，精一执中之传，实为哲学之祖，而格物，致知，诚意，正心，修身，齐家，治国，平天下之大原则，一是本也。岂不推而广之。谈政治者辄曰，孟德斯鸠之法理学，边

沁之乐利主义。然我国《大学》十章，足以平天下，《论语》半部，足以治中国。推而上之，元公周礼，集政治之大成，尤足为千古法也。谈教育者辄曰，苏格拉底之设疑问、善剖晰也，拍拉图之明宗教、养人伦也，亚理士多德之体操，音乐，发达知力也。然我至圣人之愤启悱发之道，循循善诱之旨，不减于苏氏。学宗尧舜，教首孝弟，不减于拍氏，礼乐射御书数之文，不下于亚氏。

由此以言，"吾国固世界文明之主人翁"。只是"吾国人不特不知继起而发明之，扩充之，且又从而磨灭之。祖龙一炬，经籍荡然。汉武崇儒，百家顿衰。考注于两汉，骈体于六朝，诗赋于隋唐，义理于宋元，帖括八股于明清。而中国之国粹，日趋于迂腐，吁可慨也夫"。

因此，强调"欲振兴民国，非先保存国粹"，"然后折衷中西学说不为功"。根本之途，不但在于全国教育趋重国粹，还要"学校之中，当以国粹为首科"，陶冶品性，奋醒国民，爱国保种之观念可以油然而生。（赵钟淳：《国粹教育论》，《浙江省立第一师范学校校友会志》，1915年第6期）

8月20日 《船山学报》创刊。

8月29日 博文女学校登报招生，以注重国学、培育国本为号召。

招生广告谓："窃维国粹为文化之本，女学乃教育之基，同人不揣棉薄，创办博文女学校，注重国学，以培国本。前经沪海道尹杨批准嘉奖提倡，又经教育部立案，本学期阳历九月一号开学，扩充校舍，推广学额。凡松江府属及湖北旅沪者来学，概减收学费两元，以敦乡谊，而宏造就。"（《来函·博文女学校来函》,《申报》, 1915年8月29日，第3张第11版）

8月　叶德辉携刘肇隅、杨树谷、任壬在长沙坡子街乾元宫丽泽中学旧址创立湖南经学会，以研究经义、发扬国学为宗旨。

是年，袁世凯颁布《大总统特定教育纲要》，其中规定："中小学校均加读经一科，按照经书及学校程度分别讲读，由教育部编入课程，并妥拟讲读之法。""提倡各省各处设立经学会，以为讲求经学之所，并冀以养成中小学校经学教员及升入经学院之预备，由教育部通咨办理。"（《大总统特定教育纲要》,《中华教育界》, 1915年第4卷第4期）湖南经学会的开设，承此风气而起。刘肇隅、杨树谷、任壬上禀巡案公署，既以"遵令"为名。（刘肇隅等：《遵令设经学会禀巡案公署立案文》，见王逸明主编：《叶德辉集》第二册，学苑出版社，2007年，第27页）

《湖南经学会章程》规定：

　　一、本会谨遵大总统颁布教育纲要建设类第七条，以研究经义、发扬国学为宗旨，定名曰湖南省经学会，暂设坡子街乾元宫旧丽泽中学校址，俟有相当房舍再行迁改。一、经学以发明义训、通知世用为本，不分汉宋门户，亦不拘守乡里私学小派，惟遵纲要，按经分科，编辑要义，以广切磋之益。一、本会为讲学之所，除推叶先生德辉为都讲外，无会长、干事、评议等类。一、会友资格务取严重，入会者须得本会二人以上之介绍书，其必品端学正，及素有经学门径者，余概不得轻率介

绍。一、会讲常期每月四次，以各学校休沐日为率，其特开大
会，由都讲临时定之。一、汉宋经学之书，叶都讲收藏甚富，
入会者可以在会所借校，借阅别定简章，务共遵守。一、经
费力从撙节，现由同人筹备，并不收取入会券金，略表高洁之
意。一、会友应守礼法，保持全会声誉，如有动违礼则及臆造
新说渎乱经义者，公同纠察，以后来会，即不接待。一、会章
有不备不适之处，随时修正。（《经学会简章》，见王逸明主编：《叶
德辉集》第二册，第29—30页）

9月29日　《申报》记录政事堂核准的保存国粹条陈。

《申报》记："近年政界时论均谓新学竞进以来，固有之国粹渐
有今不如古之象，不可不力图挽救，而总统亦注意及此，特饬政事
堂检阅维持旧学之条陈。其中可资采择者有二十余件，内康南海、
樊樊山、黄开文等所上国语国学读经正音等十二件，各省巡按使所
上维持国学意见书五件，耆绅丁泽周所上振兴教育系内医学办法
一件及其他留学生宜以国学为根柢之条陈四件，已片交教育部，令
讲求实行方法矣。"（《要闻二·教育近讯》，《申报》，1915年9月29日，
第2张第6版）

9月底　江苏省立第一女子师范附属小学拟设藏书处，以图保
存国学、得其本真。

孙佩兰《拟本校藏书记》述此事道："自欧风东渡，新学之名，
潮流澎湃，灌输吾国，于是举国若狂，怵于富强，莫窥真蕴，口诵
旁行之文，脑印AB之字，皮毛未得，乃视'六经'如糟粕，等孔
孟于弁髦，至于尧舜禹汤文武周公之道，未闻于耳鼓者，何可胜

数，岂不恫哉。呜呼，国学者，国之所与立也，宜危而扶之，颠而持之，奈何交挤之而又埋没之也，是诚何心哉。本校悉焉，忧国学之式微，大道之沦废，故网罗国籍，访诹旧闻，藏之校舍，使学者涉其流、探其源，得国学之本真。"（孙佩兰：《拟本校藏书记》，《中华妇女界》，1915 年第 1 卷第 9 期）

10 月 29 日　教育部核准以"阐明孔子之微言大义，发挥国学，并研究诸经之理解及其教授方法为宗旨"的曲阜经学会，并改订章程。

孔子七十五世孙孔祥霖禀文，拟设立曲阜经学会。教育部"查《教育纲要》建设事项第七款内开，提倡各省各处设立经学会，以收罗年长宿学经生，并冀以养成中小学校经学教员及升入经学院之预备，由教育部通咨办理等语。查核奉交原拟章程与纲要所载，尚属相符，拟请准其筹办"。教育部对于曲阜经学会的态度，以为"曲阜既经设立，各省闻风而起者，谅不乏人"。对于章程有所改订，"拟由曲阜先行设立，以资模范"，再推广至各省，并称"近今新知未裕，旧学寝衰，亟应仿鹅湖、鹿洞之规，以昭盛世休明之化。惟规模过大，则经济困难，故设为专修、听讲两部分，分为有给、无给二种讲师，意在提倡学风、纳民轨物"。

改订后的曲阜经学会章程如下。

第一条　本会以阐明孔子之微言大义，发挥国学，并研究诸经之理解及其教授方法为宗旨。

第二条　本会设专修部及听讲部。

（甲）　专修部会员常年驻会。

（乙）　听讲部会员以四季讲经大会之日到会。

第三条　本会设会长一员，由会员推选充任。

第四条　本会设专修部讲师三员，由会长延聘，听讲部讲师无定员，由会长届时定之。经师宿儒愿为本会讲员者由会长随时延订。

第五条　专修部讲师为有给职，月俸由本会议订，听讲部讲师为名誉职，但经会长认定，得酌送川资旅费。

第六条　专修部会员应收学费，其数由会长定之，听讲部会员不收学费，但收会费。

第七条　本会会所设于曲阜学宫内。

第八条　本会成立后，由会长将会员会费册籍连同章程，禀缴巡按使咨送教育部核明备案。（《十月二十九日教育部呈核议曲阜经学会办法改订章程缮折请示文并批（令附章程）》，《中华教育界》，1915年第4卷第11期）

1916年4月28日，曲阜经学会召开第一期演讲。（《曲阜经学会第一会期演讲》，《顺天时报》，1916年4月28日，第4版）

10月①　四川省城学界及士绅为创立大学，于四川教育会开会商议，认为"川学兴则国学五分之一兴"。

是月，四川省城学界及各绅耆，就请立四川省大学事宜，在省教育会开会商议。"经莅会诸君议决，拟就高等学校加费改立并请巡署于学款、杂税等项内设法挪移，以为经费，即由各绅联名函请巡按使主持。"联名函详述创办缘由，其中称："川民得国民五分之一，川民强则国民五分之一强，川学得国五分之一，川学兴则国学

---

① 1915年10月19日的《申报》记录此事，称"日前"，故酌定于10月。

五分之一兴。"（《要闻二·川人请设大学》,《申报》, 1915 年 10 月 19 日, 第 2 张第 6 版）

△　唐文治发表《论语新读本序》, 批评治科学与国学者不求深造进修, 而又不讲求道德。

唐文称今世"旧道德扫除殆尽, 而于新道德亦茫乎无所知。为人之道当如何鲜有能道之者, 此陶汰道德之过也"。批评"国民咸惮于深造, 阻于进修", 指出"言科学者曰求浅求浅, 言国学者曰求浅求浅", 乃定《论语新读本》, 为"师范学校及文科学校而设, 日后即可为中学或高等小学教授本"。（唐文治:《论语新读本序》,《交通部上海工业专门学校学生杂志》, 1915 年第 1 卷第 2 期）

11 月　上海澄衷学校编"国粹体育十分钟体操"。（《来件·国粹体育十分钟体操（上海澄衷学校编）》,《申报》, 1915 年 11 月 24 日, 第 5 张第 17 版）

12 月 9 日　寰球中国学生会邀请南洋学务视察员梁家义演说, 介绍南洋华侨的教育状况。

演说预告大体说明演说内容:"吾国人侨居海外日久, 与祖国情形殊多隔膜, 自海禁开放, 渐与国人交通。考查彼处工商实业骎骎日上, 惟教育一途, 尚多缺漏。近闻研究国学者益众, 与祖国人往还亦日见亲密。"（《本埠新闻·演说南洋华侨之教育状况》,《申报》, 1915 年 12 月 9 日, 第 3 张第 11 版）

12 月 10 日　教育部总长张一麐委派彭清鹏为京师图书馆主任。《申报》指出, 彭氏名为协助馆长夏曾佑, 实际乃专门主持其事。

《申报》记:"京师图书馆长夏曾佑, 本由教育部社会司司长调任是职, 于国学极有根底。前任司长时, 该司事务清简, 仕而兼学，恒以读书自遣。今改长图书馆，职务较繁，而夏氏仍不脱书生本色。张总长虽以图书馆筹划进行事务极为重要，而对于夏氏仍敬礼不衰，仅派该部编审员彭清鹏兼充该馆主任。名为协助馆长，其实乃专责成，所有该馆一切事宜即由彭主任切实筹定办法，随时详部核夺。业已饬知彭遵照矣。"（《要闻二·教育部近事》，《申报》，1915年12月10日，第2张第6版）

12月 复旦公学学生杨颖发表《与同学王君白虹论研究国学书》，文中表示欲治各门科学，不能不先讲求国学。

函谓：

> 吾辈既毕业于高等小学校以后，亟欲在社会谋事则已，如欲进受较深之教育，似不宜敝屣国学。夫西文之与国学，邈不相涉者也，顾有一西籍于此，由甲乙二人共译之，其邃于西文相若也，甲以兼邃于国学故，所译曲折无弗达，而乙则格格不吐焉。算学术科耳，似与国学无与，顾有时遇极艰深之题，释以极平易之语，以笔代舌，亹亹乎言之有余味者，此不仅由算学之浅深，而并关系于国学之浅深也。西文算学，与国学有相互之关系如是，况与国学有密切关系之各科学乎。是故各科学（除体操、图画、音乐等术科外）如宝藏，而国学为之钥。研究种种科学，而不能不肆力于国学，犹之欲搜无尽之宝藏，而先求其钥也。迩者余杭章氏，上书总统，请讲国学，此盖为保存国粹、增进文化计。鄙意则谓今日中学以上之学子，欲研究种种之科学，而撷其精，必先肆力于国学，意与章氏微异。（杨颖：《与同学王君白虹论研究国学书》，《复旦》，1915年第1卷第1号）

　　△　张朱翰芬发表《是我师集》，将"读书所得，及师友讲述，凡清代女子中，其道德文学，足为世楷法者，咸著于篇"，以此"聊以表促进女德，保存国学之意云尔"。（张朱翰芬：《是我师集》，《女子世界》，1915 年第 4 期）

1916年（民国五年　丙辰）

　　1月5日　章奎森发表《论国学名义及其重要》，主张国与学相连，欲雪国耻，先雪学耻。

　　此文刊于《文星杂志》，该杂志与《国学杂志》皆为国学昌明社所刊行。作者以为一国有一国之学，国有界、学无界，但学以国为界。"世未有无学而能立国者也。国各为国，学亦各为学。学倚国为根据，国视学为精神。无国即无学，无学即无国。全球万国，棋布星罗。一国有一国之政治，一国有一国之风教，一国有一国之制度，一国有一国之习尚。政治风教制度习尚者，学所从出。政治、风教、制度、习尚不同，学亦因之而异。学也者，所以记本国之政治、风教、制度、习尚，而剖别其是非，讨论其隆污者也。舍己国之政治、风教、制度、习尚，而学他国之政治、风教、制度、习尚，是之谓忘祖，是之谓病狂，是之谓不有其国。"

　　同时表示中国作为世界文化之鼻祖，"法度、文章灿然美备，其学术渊博浩淼无涯"，时人应"考证得失，研究是否，汇万流而剂之，合一炉而冶之"。"学有左右世界之能力，我之不国，由于我之不知有我国之学。果知有我国之学，发扬而振励之，继长而增高之，以学维国，奠国祚于苞桑，我国之萎靡不振，不致如斯也。而无如举世昏懵，学风丕变，弃其所有而学于外人。不知一国有一国之学，前既明言之（见上段），英美德法俄日之学，英美德法俄日之国学也。舍我之国学，而学英美德法俄日之国学，岂不自忘其国，胥天下而为英美德法俄日之国民哉。"爱其国，必爱其学，"国与学相维系"，主张欲雪国耻，必先雪学耻。故提倡：

> 欲救我国，当先知中国有中国之学。吾为中国人，应习中国学。外人之学，可旁肆及之，不当奉为圭臬也。犹树木然，必先固其本根，而后枝叶硕茂。中学其根本也，外学其枝叶也。根本不固，虽枝叶郁葱，有立见其憔悴者矣。愿我国氏，恢复自主权，保存固有，毋为异国政府之奴隶，毋为异国学术之奴隶。（章奎森：《论国学名义及其重要》，《文星杂志》，1916 年第 3 期）

1 月 16 日　金蓉镜发起国粹学会，从金石图画、弦琴读书等娱情之物入手，振起精神，顺人心、趋同意，由格物入于道德，阐述发起国粹学会的缘起。

其文称"国粹者道德仁义，其次莫如礼乐"。以为道德仁义礼乐，"一毫不可伪，一日不可缺，而后有世界，有合群，其粹也若此"。

国粹学会，"从娱情之物，振起精神"，合于以礼乐进于道德仁义。国粹学会，"或陈列金石图画为博易，或弦琴读书，可以传习，可以观摩"。看似玩物，实际"天神引出万物，使之作睹，必先于其浅者。《大学》首重格物，庸非精意所寓乎。请质言之，金石图画琴书，皆礼乐之散见，而大道之寄也。习之则违鄙悖暴慢，依之则亲仁友贤，有一节之用，不可诬也"。而在"尚武"之世提倡此事，其意在于"武必尚义，义必有分，安分则不黩，守义则乐死，此金石图画亦明守义之具，可不谓粹乎？或曰，消遣长日，则大不可。消遣者，怠心慢心而终之以乖离，与敬和为反对，此暮气也。中庸不诚无物，世间万物，何一非诚心所结撰乎。农之耒耜，工之绳墨，商之积储，皆养身安国之方，一以怠心慢心中之，则物必消散而无余，格物与玩物之分，正敬肆之辨耳，凡来观者，掉以轻心，则诵言忘味，美术为虚设，而斯会亦不昌，不得不为国人辨之"，并以为"导以格物，而进于道德，勿为玩物所溺，即强国之精神也"。（金蓉镜：《国粹学会缘起》，《教育周报》，1916年第112期）

1月18日　沪江大学为举行毕业礼，预先在《申报》发布消息以广而告之，表示其虽为教会学校，但于国文一科特别注重，纠正学生偏重西文、蔑弃国学之弊。

沪江大学之名，起于1914年。初名浸会神学院，1909年又开设浸会大学堂，1911年两处机构合并为上海浸会大学，1914年中文校名定为沪江大学。"杨树浦沪江大学原名浸会大学，系由美国浸礼差会设立。""其大学部内之课程及程度，概与国内各大学相等。课本除国文一科外，都用英文原本，又鉴于近日学子之醉心西化、蔑弃国学，故于国文一科特意注重，严格取缔，按程度分班，不拘学级，如有各科已毕业而国文程度不及格者，不能给授文凭，使学生无偏重西文之弊。"（《本埠新闻·沪江大学举行毕业礼预志》，《申报》，1916年1月18日，第3张第10版）

1月20日　《大中华》杂志开始连载梁启超《国文语原解》。该文吸收西方社会学等学问，于解读中国文字在形声外另辟蹊径，作者自信对于国学不无小补。

梁启超在正文前写有按语，表示中国语言文字，"但我国既主衍形，而其形则由古而籀而篆而隶，以迄于今之楷、行、草，不知几经递嬗变化，或与固有之形，绝不复相肖，故欲按形索义，往往有差毫厘而缪千里者。虽然，此仍不足以掩其长也"。鉴于此，"不佞既信国文之不易变置，又鉴其委曲繁重，不适于普及，为教育家深所患苦，颇思别辟途径，为新研究法以饷国人"。此新方法，颇有社会学之新理，梁氏自称"学殖浅薄，志焉未逮，属方草史，冥想先民生活之程度，进化之次第，考其思想变迁之迹，而覆按诸其表此思想之语言文字，犁然其若有爪印之可寻也，辄相说以解，手舞足蹈而不能自已。乃札记四十八条九十七文，名之曰《国文语源[原]解》"。梁氏对此颇为自信，以为"虽所发明者不过九牛一毛，然自信于国学，盖有小补。循此法以求之，则世人所目为干燥无味之字学，或可为思想界发一异彩焉。其于国粹之发扬，与国弊之矫正，或能间接以生效力也"。据此按语，《国文语原解》正文应自丁未年（1907）正月十七至正月二十写成，按语则为本次发表时新作。（梁启超：《国文语原解》，《大中华》，1916 年第 2 卷第 1 期）

1 月　《中国学报》重组，专为袁世凯称帝所鼓吹。

重组事就绪不晚于 1 月中旬。《顺天时报》《益世报》记《中国学报》重组缘由，谓："内史郑叔进君（名沅，湖南人，甲午探花），前清官至翰林院侍读，现因内史人多有等尸位素餐，迭请辞职。元首素知其品学优长，再三挽留，责令办理《中国学报》，月支薪水洋六百元，刻已组织就绪。"（《北京新闻·中国学报重行组织》，

《益世报》，1916年1月17日，第6版）"社址已定西城二龙坑地方，大约下月可出版云。"（《又有中国学报出现》，《顺天时报》，1916年1月16日，第2版）《申报》则谓："去岁帝制发生，刘师培亦为筹安会发起人之一，袁政府无处可报答其附和之意，遂发款三万，令其重办《中国学报》，借资豢养，并可使其作成数篇歌功颂德之文字，以粉饰帝政。"（《要闻二·祸首决不置之度外》，《申报》，1916年7月8日，第2张第6版）故后人多视该学报为"洪宪学报"。罗家伦《今日中国之杂志界》谓："若说到守旧式的杂志所谈的学理，也有许多可笑的地方。这类的杂志从前最出名的就是《国粹学报》，其中虽有不纯粹的地方，但是有极少的几篇，也还能整理出旧学的头绪来。等到后来什么《中国学报》——洪宪学报——那就糟了。其中材料既不能持旧学作有统系的研究，又不能在旧学内有所发明，古人的年谱同遗著占了极多的篇幅。我以为前人若是有价值的东西，仅可印单行本，何必在杂志上替死人刻文集呢？他们难道不知杂志的性质吗？这种冢中枯骨的已往印刷品，我本来不愿批评的，但是我前月还看见北京书坊里有卖他的，社会上还有许多也学他的，所以我不得不乘便说几句，以备一格。"（罗家伦：《今日中国之杂志界》，《新潮》1919年第1卷第4号）

　　1月23日，中国学报社在《申报》发表通告："本报前次发行九期，因事停版，有负阅报诸君之雅意，抱歉良多。现由同人赓续前业，定于本月二十八日出版，所分门类或接续前册，或另列新编，俱系人间未见之本，并采集唐宋以来名人书画，用珂罗版精印，以饷海内，大雅宏达，幸赐教正。本报每月一册，计一百页左右，定价三角五分，半年一元六角，全年三元五角，邮费在外。凡有定阅本报与从前订购本报暨《雅言》诸君，务祈开具详细住址，速寄北京西城二龙坑梯子胡同本社为盼。"（《来函·中国学报社通告》，《申报》，1916年1月23日，第3张第11版）

中国学报社交代缘起主旨，称："清室既屋，式造新邦。九服之士，习于横议。往往自矜奇奥，鄙弃国闻，虑非励进民德之道。同人惴惴窃引为忧，思欲光大前修，以启来哲，俾知祖德匪遥，遗征可宝，庶能闳我汉声，葆我黎元。……方今国体问题解决伊迩，应古合旧，厌塞众心。本社同人，重理旧业。……扬祖国之光荣，示学人以模楷，以昌亭林船山之余绪。"（《重组中国学报缘起》，《中国学报》，1916年第1册）

学报分为通论类、经类、子类、集类、杂录类及附录，编辑人为刘师培。

△　杨而墨发表《国粹思想与实用主义》，谓国粹为历史上立国之精神，且适于实用；无济于实用者，非国粹。

作者从教育思想的国粹与实用更替入手，以为"吾国学校教育，自极端趋重于欧化，而学风顿呈不良之象，乃始悟舍己芸人之流弊至于此也，因有国粹思想之提倡，同声相应，风靡一时。未及十稔，又觉有体无用，于世无补，而又悟文胜于质之流弊至于此也，因复提倡实用主义，以矫其过"。"与夫学风趋势所届，国粹思想与实用主义，一似尚忠尚实尚文之递相救失者然。"国粹思想与实用主义是两不相容，还是可以并行不悖如水乳交融，系一关键问题。作者从国粹与实用主义的名义入手讨论这一问题。

作者考究国粹名义，称：

国粹者，历史上立国精神之所在。政治法律，宗教道德，风俗习惯，文学艺术，皆檃括焉者也。凡此种种，甲国有甲国之特质，乙国有乙国之特质。而其特质，有良者，有不良者。不良者当矫正、当改革，良者当保存、当发挥，故凡称为国，而能独立生存于地球上者，皆有其所以为国粹者在。正非仅仅吾国有国粹，而他国均无之也。故无论为形而上之精神，形而下之物质，于一国相沿，纵极数千万年，其间苟含有腐败质点，实不可谓为国粹。如我一身，虽为祖父遗传之体，然不幸皮肤患癣疥、血素杂毒质焉，则不可不亟消灭而排泄之。非不爱父母之遗体也，不良者不去，良者亦将不保，必有所割弃，而后能全其可贵也。且充类至义之尽。他国国粹，见有适合于吾国，而可补我所不逮者，亦当采取而效法焉。所谓善善从长，见贤思齐也。由是言之。专以文章为国粹者，非真知国粹者也，专以复古为国粹者，不知国粹为何物者也。即仅知保存己国之国粹，而不知吸收他国之国粹者，亦未达国粹之真谛者也。如是而国粹之意义可思过半矣。

又考究实用主义之义：

实用者，谓所教所学，既有裨于学者生活所需，又适合于世界潮流也。凡百科学本皆有用，惟不能因地因时因人而无别异，要在审其缓急轻重，以定先后取舍而已。矿学不适于水国，渔业不合于山国，此所谓因地而异也。昔时视为必要，于今为世吐弃，则可弃而不学。在昔视为无用，于今必

不可少，则当急起直追。现在虽尚淡漠，将来势所必需（如
世界语之类），则当豫为养成，苟不可得兼，则又舍将来而
先现在。此所谓因时而异也。专门之学识，当期诸中学以
上，不可概之于小学，女子之智识，当先注重家政，不宜广
漠无垠，此所谓因人而异也。要之实用主义，在利用科学智
识，于社会各种事业，并以社会之常识，助科学之运用而已。
故谓科学不合实用而另觅所谓实用学问者，不明科学之精神
者也，亦即误认实用主义者也。谓偏重实用主义恐致斯文扫
地者，不知文字之作用者也，并亦不识实用主义者也。如是，
而实用之目的，可皎然明矣。

由此进而断论："一切智识技能，适于实用者，为国粹。无济
于实用者，非国粹也。故欲辨所教所学之是否为国粹，只须问其所
教所学者，是否于吾国有实用并是否能适合于世界潮流，文明进
化而已。"反观教育界头脑陈旧、思想简单之人所主张的所谓保存
国粹，"除注重国文外，一若别无余事可言矣"。反观附和讲求实用
者，"除竹头木屑外，真若何必读书，然后为学矣，于是相背而驰，
日趋日远"。由此以为，现今教育界主张国粹主义与实用主义者，
"考其成绩，非朽腐不足观，即孤陋何足道"。

作者的落脚点主要在批评当时孤陋保守的国粹主义者。故"谨
为一般村学究头脑之校长教员正告曰，国文固为国粹之一种，然非
几本《古文观止》、一部高头讲章可以囊括而亵渎之也。且即以文
学而论，非可以文学博士、大文豪、词章家责之小学生也"。此论
并非提倡小学不必注重国文，而是强调"国文为各种科学之本，其

用最为广大。小学校中，自当与各科并重，惟须认明程度，以文从字顺、求能浅近日用为主，不在典丽乔皇，所谓辞达而已矣。若夫高文典册，自有高等及专科，非可强小学生从事也”，“须知真正国粹之内容，要非具村学究头脑者所能梦想于万一，彼不过与无意识者以辫子为国粹之见解，仅高一等耳”。（杨而墨：《国粹思想与实用主义》，《南汇县教育会月刊》，1916年第5期）

2月15日 易白沙发表《孔子平议上》，指出野心家利用孔学易造成的不良后果，直接针对当时孔教与复辟的联结。

此文从当时论孔子学说互相针对的两大趋向——“一谓今日风俗、人心之坏，学问之无进化，谓孔子为之厉阶。一谓欲正人心、端风俗、励学问，非人人崇拜孔子，无以收拾末流”谈起，以为二者“皆瞽说也”。

首先揭示孔子学说在孔子时代的真相：“孔子当春秋季世，虽称显学，不过九家之一。主张君权于七十二诸侯，复非世卿，倡均富，扫清阶级制度之弊，为平民所喜悦。故天下丈夫、女子，莫不延颈举踵而愿安利之。无地而为君，无官而为长，此种势力，全由学说主张，足动当时上下之听。”

孔子学说，在当时为九流之一家，“只能谓之显学，不得称以素王”。孔子学说后经贤弟子如子夏、子贡等推扬，逐渐由显至尊，至“汉武当国，扩充高祖之用心，改良始皇之法术，欲蔽塞天下之聪明才志，不如专崇一说，以灭他说。于是罢黜百家，独尊儒术，利用孔子为傀儡，垄断天下之思想，使失其自由”，孔子学说成为专制之助。作者将“赵绾、王臧、田蚡、董仲舒、胡毋生、高堂生、韩婴、伏生、辕固生、申培公之徒”所倡，称为“筹安会”。

因此之故，"中国一切风俗、人心、学问、过去、未来之责任，堆积孔子之两肩。全国上下，方且日日败坏风俗、斫丧人心，腐朽学问。此三项退化，至两汉以后，当叹观止矣"。

作者借古讽今，指出：

> 汉高帝、武帝、魏文帝皆傀儡孔子，所谓尊孔，滑稽之尊孔也。典礼愈隆，表扬愈烈，国家之风俗、人心、学问愈见退落。孔子不可复生，安得严词拒绝此崇礼报功之盛德耶？就社会心理言之，昔之丈夫、女子延颈举踵而望者，七十子之徒尊崇发扬者，已属过去之事。国人惟冥行于滑稽尊孔之彀中，八股试帖，俨然衣钵，久而又久，遂成习惯。有人诋此滑稽尊孔者，且群起斥为大逆不道。公羊家接踵，谶说垄起，演成种种神秘奇谈。身在泰山，目能辨吴门之马。饮德能及百觚，手扛国门之关，足蹑郊坰之虎，生则黑帝感召，葬则泗水却流，未来之事，遗于谶书，春秋之笔，绝于获麟，几若天地受其指挥，鬼神为之使令，使人疑孔子为三头六臂之神体！公羊家之邪说，实求合滑稽尊孔者之用心。故历代民贼，遂皆负之而趋矣。乃忧时之士，犹思继续演此滑稽之剧，挽救人心。岂知人心、风俗即崩离于此乎？

此一层论"中国二千余年尊孔之大秘密"，进一步论"孔子以何因缘被彼野心家所利用，甘作滑稽之傀儡，是不能不归咎孔子之自身矣"。

下文揭示要因有四：一、"孔子尊君权，漫无限制，易演成独夫专制之弊"；二、"孔子讲学不许问难，易演成思想专制之弊"；三、"孔子少绝对之主张，易为人所借口"；四、"孔子但重作官，不重谋食，易入民贼牢笼"。指向筹安会以孔学为袁世凯复辟鼓吹之举。（易白沙：《孔子平议上》，《青年杂志》，1916年第1卷第6号）

3月4日 国学昌明社择优刊登征文于《国学杂志》，东台县振新高等小学校教员丁觐辰之《国学研究之方法》为其一。

文章主旨与国学昌明社宗旨一致，旨在论述昌明国学之办法。作者开宗明义，称国学事关一国文化命脉，为所有文明国家所重视，趋重新学不应泯灭国学。谓：

> 国于天地，必有与立。国学者，国家命脉之所关，元气之所存，凡生于斯长于斯者，均有提倡昌明之责任，而不可漠然置者也。彼灭人之国者，必先灭其国之语言文字。英美德法号称文明之邦，其人民莫不致精于国学。野蛮部落，蚩蚩昏昏，不学无文，则终古为人奴隶。是故群治之进退，国家之存亡，莫不视国学之盛衰为转移。吾中华人士，苟思自保其种族，使永永为世界中文明之古国，安可不以发展国学为唯一之要务乎。然而知此义者鲜矣，知此义而真能研究者，尤鲜。慨自欧风东渐，校舍如林，一般厕身学界者，睹人群之趋势，顺世界之潮流，撮拾西人牙慧，为欺世盗名之具，言者既视同拱璧奇珍，听者亦奉为金科玉律，日复一日，有加而无已，"三史"埋尘，"六经"覆瓿，而吾国固有之国粹，几伏匿而不见。夫人之一心，不能两用，其倾向甲端者愈甚，则其隔离乙端者愈远，此世界之公例也。吾国人士之趋重新学，既已达于此

极，古圣先贤之竭其心思，绞其脑力而留贻以饷我后人者，有
日见其沦亡，日见其散失已耳，其尚可言保存耶。此忧时之君
子，所为惓惓于心，特以昌明国学为己任也。

昌明国学，则亟须注意研究国学之方法，并"朝夕从事，积极
进行，方能达其目的焉。否则道日背驰，效日迂远，焉有升堂入室
之望哉"。作者将研究方法分为甲乙二种，甲关于表面，乙关于内
容。有关表面者，作者详尽论述：

研究国学，何以有表面之方法乎？曰：表面之方法，即形
式之方法也。凡百事业，必先有形式而后有精神，否则肢体不
具，未有可言完人者。此表面之方法，所以当首先注意也。其
详如下。

（一）宜集社讨论也。学问事业之成立，由一人研究而得
者兴味浅，由多人研究而得者兴味深。况国学中之五光十色，
美不胜收，尤非一人之力，所能穷其义蕴耶。故鄙意以为研究
国学务宜集合多数同志，联为会社，定期讨论，取人之长，益
我之短，庶几有疑必析，日就而月将，不致有独学无友、孤陋
寡闻之叹焉。

（二）宜通函询问也。开通之地，娴熟文字者，多欲得研
究国学之伴侣，尚不难如愿以相偿。若偏僻之区，则热心于国
学者，几如凤毛麟趾，不可多觏，更安所得声应气求之友乎。
欲弥此缺憾，则通函询问尚焉。盖当今之时，邮政遍中国，书
信往还，克期可达，虽相处在千里之外，亦无异聚处于一堂。

研究国学者，果能利用此法，则微言奥义之难于理解者，必能得他山之助，可预期也。

（三）宜多阅参考之书籍也。书籍者智识之府库，而学问之源泉也。学富五车，昔贤之佳话，开卷有益，明主之良言。苟仅专守一书，遇有意义之深奥，解释之不详者，将何从而决其疑乎。惟取他书为参考，则彼此详略互见，不难交相为用，收融会贯通之效焉。此亦研究国学者，所当注重也。

（四）宜期以永久之时日也。孔子言学，首重时习。孟子垂训，深戒十寒。况时至今日，数千年相传之国学，浩如烟海，尤非积三余之勤苦，经十载之揣摩，必不能深得其旨趣乎。是故研究之士，譬之为山，当尽一篑之力，譬之凿井，当以及泉为期。苟得半而自足，或浅尝而即止，皆未足以言有成也。

有关内容者，作者指出：

（一）宜分别国学之种类也。夫合经史子集，统称之曰国学，而各有特具之长焉。经主载道，史主记事，子之中多寓言，集之中多名著。研究者倘不分门别类，知一书有一书之特性，一书有一书之深意，其必蒙囫囵吞枣之讥也，无疑是不可不特别注意者也。

（二）宜定研究之序次也。求学犹登楼也，不经多级而欲飞升绝顶，未有不中途挫跌者。我国开化最早，人物优秀，数千年来相传之国学，日演而日多，其见于载籍者，几于汗牛充栋，不可思议。研究之士，苟不先定其次序，而漫然从事，则论孟未娴，而径究心于庄列，语策未晓，而径肆志于马班，其不致穷年矻矻，终无进步者几希。故入手之初，务宜按其浅深，辨其难易，酌分先后之序次焉。

（三）宜勤于笔录也。近来人士之倾向，往往过贪知识之分量，而无思考审择之余地。迨时过而情迁，则与未经寓目者，无异涉猎不精，徒劳而寡效，有心人为之太息矣。善于研究者，坐拥百城，咀味于经羹子醢，口有所诵，即心有所思，思而弗得，则录之以待咨询，思而得之，亦录之以供参考，日引月长，自不难有茹古涵今之乐焉。

（四）宜屏除杂念也。夫古人之矢志于学，有功深面壁者矣，有目不窥园者矣，非过拘也，盖欲有镕经铸史之长，自不能无诚意正心之学，彼胸罗万卷，下笔千言者，固无一不自艰困中来也。倘鸿鹄未睹其高飞，而此心已随弓缴而俱杳，则虽有绝类雕群之质，亦终无登峰造极之观矣。是屏除杂念，亦研究国学者所当加意也。

如汇集上述思考研究之方法，"收集腋成裘之效，庶我中华四千余年相传之国学，因是而日益发展，日益昌明，无散失沦亡之恐惧乎，祖国幸甚，同胞幸甚"。（丁觐辰：《国学研究之方法》，《国学杂志》，1916年第6期）

△　国学昌明社择优刊登征文于《国学杂志》，苏州师范学校吴熙庭《国学研究之方法》为其一。

此文由界定国学之定义出发，分类论述国学研究之方法。作者将国学定义为"我国之学也"，甚为广大宽泛，"上而天，下而地，中而人，其道无所不包，无所不容"。即以《汉书·艺文志》《隋书·经籍志》所列书目言，"丛杂猥多，作者姓氏，至于不可胜数，虽以生知之圣，究毕生之精力，恐亦不能穷其蕴也"。何况后世书籍更繁，"及至有清，其著录于四库之目者，凡三千五百七十部，七万八千七百二十二卷"，学问广博无边，后人"苦于不得其门而入，若云求师，则良师亦非易得者也。是故古今之势虽异，而求师之难，则未尝不同"。因此必须注意研读之方法，主张借鉴《书目答问》，以书为师。作者循旧例分国学为经史子集，分类论述国学研究之方法。

有关经学。称："'六经'古称六艺，七略列之于首，班志因之，后之作史者，亦无不因之。诚以经者天下之常道而人所共由者也。及夫后世注解义疏之流，转相讲述，而圣道大明，然矜奇炫异之说，大言博辩之谈，世亦未尝少也。是故治经者，苟不明夫经说之是非，则盲从之诮恐终难免，虽有道济天下之志，而亦无所施其用。盖未有入室而不由户者也，各经传述之原流，即治经者入门之途径。"

有关诸子学。称："诸子之学，皆起于王道既微，诸侯力政，各引一端，崇其所善，以此驰语，取合诸侯，其言各有专长，班志所谓合其要归，亦'六经'之支与流裔者，此之谓矣。然欲治其书，则家数不可以不先辨。辨家数者，即或为儒，或为道，或为阴阳，或为名法是也。"

有关史学。称：

夫史官者，必求博闻强识，疏通知远之士，使居其位，然自是而后，世有著述，皆拟班马，以为正史。及至有清，所定为正史者，凡二十四，浩如烟海，岂能尽读乎。然全史之中，以四史为最要，而四史之中，更以《史记》《前汉》为尤要，盖读班马之书，则可证经义，可通史法。四史之外，则以欧阳氏《新五代史》《新唐书》为最善，其义例正大，而文辞和雅。他若司马温公之《通鉴》，杜氏之《通典》，马氏之《通考》，皆为必读之书，郑［氏］《［通］志》非可比伦也。及至有清，万斯同《历代史表》，李兆洛《纪元编》《历代地理今释》，王鸣盛《十七史商确［榷］》，赵翼《二十二史札记》，钱大昕《廿二史考异》，俱读史者所不可不阅之书也。若夫读史之法，则以读志为最要，盖作史者，以作志为最难，一代典章，皆在其中。

有关集部之学。称：

古文名家者，世称八家之外，唐有元、陆，宋有张、叶，明有归、王，清有方、姚、恽、曾，兹数家之书，皆初学所宜读者也。至于古文选本，《唐宋十大家》《古文眉诠》《古文苑》《唐文粹》《唐宋文醇》诸书外，尤以姚氏鼐《古文辞类纂》为初学最善之本，盖其体例分明，评点精妙，而校雠亦详审也。若夫读骈体之文，则以李兆洛《骈体文钞》、曾燠《骈体正宗》为善。诗之名家最烜赫者，唐有李杜，宋有苏黄，诗之善者，则有《全唐诗录》《宋诗钞》，皆无偏畸，而《唐宋诗醇》，尤为精粹。张氏惠言《七十家赋钞》，为学古赋究源流者所必读。盖自春秋之后，周道寖坏，聘问歌咏，不行于列国，学诗之士，逸在布衣，而贤人失志之赋作矣，大儒孙卿及楚臣屈原离谗忧国，皆作赋以风，咸有恻隐古诗之义，其后宋玉、唐勒，汉兴枚乘、司马相如，下及杨子云，竞为侈丽闳衍之词，没其风谕之义。及乎六朝，清辞巧制，雕琢蔓藻，词多平淡，文寡风力。自唐得天下，韩文公以布衣，独作古文，力挽时弊，文章之道，为之一振。及乎五代，干戈相寻，乱靡有定，而文章道丧。宋有天下，欧阳氏法韩公为古文，而其体则异，所谓得阴柔之美者是矣。下逮有明，唯震川归氏独得欧曾之传。而清之讲古文者，有桐城、阳湖二派，虽曰未能尽古文之变，然初学者由此入门，斯为最善矣。若夫梁《昭明文选》，以李注最为精博，盖不独多记典故，而于考订经史小学，皆可取资焉。又刘勰《文心雕龙》，乃操觚家之圭臬，亦宜讨究者也。

总结治国学之法，在于"读书不必畏难，得门而入，事半功倍。一经一史，古集一家，词章一体，通鉴古子，观其大略，知其要领，其次则涉猎而已。昔诸葛武侯读书观大略，陶渊明读书不求甚解，皆所谓通经致用，知其典要者也。析而言之，《四库提要》者，读群书之门径也，《汉学师承记》者，读经学之门径也，《国朝学案》者，读宋学之门径也，《史通》为史学之门径，《历代帝王年表》为读史之门径，《古今伪书考》为诸子之门径，《文心雕龙》《诗品》者，诗文之门径也"。（吴熙庭：《国学研究之方法》，《国学杂志》，1916年第6期）

△　陕西成立国学研究社，是日正式开学，"以经史地理国文为主科"。

国学研究社发起缘起为，"近世科学日兴，国文不讲久矣。青年志士，虚掷岁月，毕业以后，上进无路，终身致累，热心诸君，慨然忧之，发起一国学研究社，招生究研国学"。体现研究国学的是"以经史地理国文为主科"，"英文算学"为辅。此社实为一所补习学校，入读此社，"资格年龄不拘。假满城红十字会西关帝庙为地点，定阴历二月初一日开学。吾知此举实能补助各学校教育之不逮云"。（《国学研究社将成立》，《顺天时报》，1916 年 3 月 8 日，第 4 版）

3 月 24 日　穆藕初（原名穆湘玥）讨论派遣女学生出洋游学，应以具备国学、西学基础及经济充裕为条件，其以为目前不具备这两重条件，故主张暂缓此事。

穆氏称："吾国自海通以还，与外人接触，步步退后，至近年益形窘迫。"究其原因，"非吾国无人才也，恃以旧人才驭新气运，恒有不能从容"，故出洋留学成为培养新人才的潮流。"前此之新潮流为派遣男学生，后此之新潮流为派遣女学生。有此潮流，既经造就之人才，如其尽为国家社会效用，则此新潮流大足以福国利民。如其不能尽为国家社会效用，则此新潮流徒足以消耗国家社会无数之金钱，实际不能收几何之效果，是空增国家社会之负担而已，于福国利民乎何有。"

穆氏对于派遣女学生留洋的态度，实际基于这一层考虑。称："然则竞言派遣女学生矣，而其未尝出洋以前如何坚立根柢，如何十分预备，则罕有计及者。以故被派遣之人，西文程度到彼能即入大学与否不问也，国文之程度更不问也，中西文学程度既不甚关心，更降一步叩其所习科学之目的，若西文也，若美术，若家政，若医学，也是为最普通之目的。"或非所急，或终身不嫁方能有成。"更进一步言，有高等学术之女子，方于社会有关系，然在社会上作事，非有思想不可，欲有思想，非有国学根柢不可，国学根柢既深，方能吸收他国精华，以补养内国之不足。欲吸收他国精神，且仅有国学根柢，亦有所未能。必也兼有极高深之西文程度，始能进彼大学。然而求之现在，欲觅若干中西兼长之女界人才恐不多得。即万一得此中西兼长之人才，游学耗金，即以留美论，岁必每人掷金二千元，卒业以五年计，是一人学费，须备金钱万元。借令中西兼长之女学界人才既得，每人万金之学费既备，学业既告大成，一旦回国，必在国家社会担任义务，始有裨益。然献身国家社会担任义务云云，求之男学生中，尚不多得，而况女学生也。"故其主张在此条件下，暂缓派遣女学生留洋。（穆湘玥：《来件·派遣女学生出洋游学意见书》，《申报》，1916年3月24日，第3张第11版）

3月 安徽省立第五师范学校学生周介弼发表《学生宜尊重国学》，主张国性乃立国之精神，国性存则国存，国性亡则国亡，而国性之成分"显扬而表彰之者"为国学，告诫学生不应畏难避读国学，而致国性沦丧。

其文称：

国于天地，必有与立。与立者何，厥为国性。国性者，立国之精神也。国性存则国存，国性亡则国亡。我中国之能永存，必国性有不可亡之故。夫所谓国性者非他，举凡一国之历史、政教、风俗、习惯、语言、文字种种，无一而非国性之成分，而所以显扬而表彰之者，则为国学。国学者，国性之所附丽以存者也。国性本无形，而寄之于有形，有形者即为国学。故历史有关于国性，则曰史乘；政治有关于国性，则曰治术；教化有关于国性，则曰教法。其他风俗、习惯、语言、文字种种，无不垂之简策，载之篇章，皆与国性有关，而即皆国学也。吾青年学生之祖若父，及其远祖远宗，继继承承，直至于今，而犹为中国之国民者，必我中国之国学，亦继继承承，直至于今，而罔或替也，希美哉，珍贵哉。吾青年学生，何幸而有此国学也。

或者曰：天无不变，时无不革，凡百皆然，学亦如是，方今欧学东渐，既挟其趋势之潮流，以波荡一世，何必仍以旧学兢兢自守，而不图所以变革之方乎。应之曰：唯唯否否，不然。我非谓我国国学完全无缺，我亦知今日诚有不可免于变革者，特所谓变革，乃由渐蜕化，非纯然弃绝之谓，因恐其弃绝也，故不容以不兢兢自守，更不容以不尊之重之矣。若尊重之心稍弛，其有不随世界潮流而波荡者几何，今何如乎。三传束阁，五经覆瓿，甚至一切载籍，概目之为陈腐，为无用。夫果为陈腐，为无用，尚有何说。吾每怪夫作是说者，实于国学绝未窥及，或窥矣，而苦于精深不易索解，遂肆然妄诋之云尔，此何异于不识英文字母，不晓各种科学，而竟谓英文、科学为陈腐，为无用，不亦谬乎。吾每深思吾国国学所以特难之故，盖非无因，吾国言文相殊太远，故书雅训，宛同异国方言，加以数百年来士子惑于功名，习于敷衍，真理渐湮，悟会愈难。为人师者，又皆模糊影响，不足以决人于疑，转不若习西语与科学者，能得教师设譬引喻，有疑即发之快，夫畏难而就易厌旧而喜新，人情之常。矧以晦涩艰深，穷年兀兀，而难得其意义之所在者，宜其放绝国学，而不稍顾惜也。

　　吾今谨为我青年学生告曰：吾曩所言国学之难，非国学高深之咎，实学者自致之咎。天下事解则不难，勿畏其难，则易矣。学问之道，无论中外，靡有不高深者，勿畏其高深，则浅近矣。若谓吾国国学，因古今之殊语，通之不易，试问习旁行之书者，苟非上智，能一览无余，了然于心乎。方且朝夕循诵不休，手披字典不释，多历寒暑，可以道早安呼密斯脱矣，而遇有学理深邃之书，恐亦如读周诰、商盘，敖牙诘屈，不知作何解也，岂可粗识文字便诩通达乎。最可怪者，学舍之内学生所咿唔者惟西文，所谭话者为西语，初未见有孜孜国籍，讽诵而兴道之者，非特闻者恶其喧哗，抑且读者引为愧耻。呜呼，厌弃国学如是，亦何怪国性之将次丧失也。吾青年学生乎，曷其稍分脑力一深考之，若虑其词意之难明也，则有先代流传之故训在，故训吾之候人也。若苦真义之未显也，则有西方发明之科学在，科学吾之参证也。苟由是优柔而餍饫之，则发辉光大，增美释回，继往开来，正在吾辈。国学有昌明之日，其有裨于国性之发荣滋长，不綦大哉。（周介弼：《学生宜尊重国学》，《学生杂志》，1916年第3卷第3期）

5月17日　闻一多发表《论振兴国学》。1912年闻一多考入清华学校，当年为中等科三年级学生。当时，清华为留美预备学校，学生多注意西学，而于国文、国学不甚留意。其课程分西学、国学

两部。国学课程为下午开课，即使不及格亦可毕业，中西学颇不平
衡。据说某些学生因不喜国学，常在国学课上演闹剧。（闻黎明、侯
菊坤编：《闻一多年谱长编》，湖北人民出版社，1994年，第31页）闻一多
有鉴于此，撰写此文，寄语清华同学，应保存国粹、扬我菁华，进
而期待"以吾国文字，发明新学"，振兴国学。文谓：

　　国于天地，必有与立，文字是也。文字者，文明之所寄，
而国粹之所凭也。希腊之兴以文，及文之衰也，而国亦随之。
罗马之强在奥开斯吞时代，及文气苶薾，礼沦乐弛，而铁骑遂
得肆其蹂躏焉！吾国汉唐之际，文章彪炳，而郅治跻于咸五登
三之盛。晋宋以还，文风不振，国势披靡。洎乎晚近，日趋而
伪，亦日趋而微。维新之士，醉心狄鞮，么么古学。学校之有
国文一科，只如告朔之饩羊耳。致有心之士，三五晨星，欲
作中流之柱，而亦以杯水车薪，多寡殊势，卒莫可如何焉。呜
呼！痛孰甚哉！痛孰甚哉！
　　吾国以幅员寥廓，人物骈阗之邦。而因循苟且，廓廱自大，
政治窳敝能是，工艺薜暴若是者，职是故也。夫赋一诗不能退
虏，撰一文不能送穷，恒年矻矻，心瘁肌瘦。而所谓诵《诗》
三百，使于四方，不能专对者，遍于天下，斯诚然矣。顾礼
《礼》节人，《乐》以发和，《书》以道事，《诗》以达意，《易》
以道化，《春秋》以道义。江河行地，日月经天，亘万世而不
渝，胪万事而一理者，古学之为用，亦既广且大矣。苟披天地
之纯，阐古人之真，俾内圣外王之道，昭然若日月之揭。且使
天下咸知圣人之学在实行，而戒多言。葆吾国粹，扬吾菁华，

则斯文不终丧，而五帝不足六矣。

尤有进者，以吾国文字，发明新学，俾不娴咭庐文字者，咸得窥其堂奥。则讵第新学日进，新理日昌而已耶。即科斗之文，亦将渡太平洋而西行矣。顾不盛欤？今乃管蠡自私，执新病旧，斥鹦笑鹏，泽鲵嗤鲲。新学浸盛而古学浸衰，古学浸衰，而国势浸危。呜呼！是岂首倡维新诸哲之初心耶？《易》曰：“硕果不食。”《诗》曰：“风雨如晦，鸡鸣不已。”吾言及吾国古学，吾不禁怃焉而悲。虽然，亡羊补牢，未为迟也。今之所谓胜朝遗逸，友麋鹿以终岁；骨鲠耆儒，似中风而狂走者，已无能为矣。而惟新学是骛者，既已习于新务，目不识丁，则振兴国学，尤非若辈之责。惟吾清华以预备游美之校，似不遑注重国学者，乃能不忘其旧，刻自濯磨。故晨鸡始唱，踞阜高吟，其惟吾辈之责乎！诸君勉旃。（闻一多：《论振兴国学》，转引自闻黎明、侯菊坤编：《闻一多年谱长编》，第38—39页）

6月25日 范姚蕴素发文称：“国学学之源，经史必心醉。所业贵有恒，功成慎一篑。”（范姚蕴素：《质言留别诸生》，《中华妇女界》，1916年第2卷第6期）

△ 上海神州女学校校长张昭汉发表其父行略，称其人昌明国学，以兴德育，补智育之不足。

其言称：“先君念今日学绝道丧，知育渐进，而德育不修，非拔本塞源，提醒其良知，则放心不收，即病根永在，请昌明国学，以勿欺良知为准则，以通经致用为指归。先是江南风气锢闭，闻兴学辄群起指而骇怪，阻碍横出。先君则排百障，任劳怨，力为整顿

者数年，所倡有若养正学堂，养正女塾，湖南旅宁公学等。"（张昭
汉：《张伯纯公行略》，《中华妇女界》，1916 年第 2 卷第 6 期）

7 月 22 日　国粹保存社发起人顽民在报章征文以代宣言。
文称：

> 慨自清政不纲，巍科告辍，八股罢废，艺林受厄，凡我同
> 志，销声匿迹，于深山穷谷者，十余年于兹矣。乃者当涂公觊
> 觎帝位，润色太平，道县之试，学绩之考，事事务求复古，而
> 独于吾人代圣希贤之艺，梦周演孔之风，吝然不少假借，盖老
> 兵粗犷之流，毫无艺林高尚之思，以至卤莽图功，身败名裂，
> 亦其宜矣。今者共和再建，日月重光，言论自由，悬诸约法，
> 商量旧学，端属吾侪。兹拟创设文会，名曰国粹保存社，每
> 月命题发课征文列榜，按其甲等酬以辛劳。凡我同志，尚其
> 踊跃奏技，幸毋金玉尔音。嗟呼中原逐鹿，几经浩劫之沧桑，
> 而小伎雕虫，何捐名山之事业。谨修短简，聊当宣言。（发起
> 人顽民：《游戏文章·国粹保存社征文启》，《申报》，1916 年 7 月 22 日，
> 第 4 张第 14 版）

8 月 11 日　博文女学校校董谭延闿、张美翊清、章梴致函《申
报》，推介博文女学校，声明其注意女德、提倡国学。
函称：

> 敬启者，中国自昔礼教修明，原于妇学有法。师氏之诲，
> 九嫔之教，载于诗礼者，犹可见焉。挽近倡言女学，而风俗颇

败，礼教陵迟，弊在稍得新知，遽弃旧德，女职不讲，国故罔知，画荻和熊之教已亡，平等自由之风弥盛，人道灭绝，国本将颠，明达之士，当所鉴及。兹有博文女学校，为北京女师范学校毕业钟镜芙女士所创设，提倡国学，注重妇功，开办已近三年，艰苦曾经百折，经汤济武先生长教育部时立案，近闻于原有国文讲习科、高初两等外增设缝纫刺绣科，授以家政常识应用技能。幼稚科亦日事推求，端重蒙养。同人嘉其行坚志笃，特为一言介绍于社会。（《来函·博文女校校董来函》,《申报》,1916年9月9日，第3张第11版）

9月1日 易白沙发表《孔子平议下》，主张发扬集合儒者之学、九家之学、域外之学的国学，将东方之古文明与西方之新思想相结合，扩展国学规模。

此文针对时人欲借孔学一统学术，并为专制帝制服务之说。故绝不以孔子一家学术，代表中国过去与未来之文明。称："中国古今学术之概括，有儒者之学，有九家之学，有域外之学。儒者孔子集其大成。九家者，道家、阴阳家、法家、名家、墨家、纵横家、杂家、农家、小说家，各思以学易天下而不相通。域外之学，则印度之佛，晳人物质及精神之科学，所以发挥增益吾学术者。"以上三者混成，是为国学。居今日世界，则"以东方之古文明，与西土之新思想，行正式结婚礼，神州国学，规模愈宏"。

故作者反对"以孔子一家学术，代表中国过去未来之文明也"，反对一扫诸家的读经尊孔。称："闭户时代之董仲舒，用强权手段，罢黜百家，独尊儒术；开关时代之董仲舒，用牢笼手段，附会百家，归宗孔氏。其悖于名实，摧沮学术之进化，则一而已矣。""孔子自有可尊崇者在，国人正无须如八股家之作截搭题，以牵引傅会今日学术，徒失儒家之本义耳。"

其文指出孔子之学的真相之一："古代学术，胚胎既早，流派亦歧。不仅创造文字不必归功孔子，即各家之学，亦无须定尊于一人。""各家学术，皆有统系，纲目既殊，支派亦分，不同之点，何可胜道！庄子所谓譬如耳、目、鼻、口，皆有所明，不能相通。当时思想之盛，文教之隆，即由各派分涂，风猋云疾，竞争纷起，应辩相持，故孔子不得称为素王，只能谓之显学。"

真相之二："证以事实，孔子固不得称素王。若论孔子宏愿，则不在素王，而在真王。盖孔子弟子，皆抱有帝王思想也。儒家规模宏远，欲统一当代之学术，更思统一当代之政治。彼之学术，所以运用政治者，无乎不备。""千载以后，遂无人敢道孔子革命之事。微言大义，湮没不彰。愚诚冒昧，敢为阐发，使人知独夫民贼利用孔子，实大悖孔子之精神。"

故称："孔子宏愿，诚欲统一学术、统一政治，不料为独夫民贼作百世之傀儡，惜哉！"（易白沙：《孔子平议下》，《新青年》，1916 年第 2 卷第 1 号）

9 月 3 日　时人发表谐文《保存国粹大会通告》，讽刺将帝制、跪拜、祭天祀孔、鸦片烟等视为国粹的社会现象。

其文谓：

　　我国自改建共和以来，所有前王制度，圣代规模，均已消灭殆尽，而民权自由等种种邪说，深中人心，不可救药。本会同人，或为从龙华胄，或为走狗元勋，不忍中国千百年相传之国粹，沦丧于吾辈倖生之日，爰联合军政绅烟各界，组织斯会，名曰保存国粹大会，必期各出死力，各本毒心，以达保存之目的而后已。兹将国粹中四大要纲标列于左，并附说明。

一帝制。吾国自五帝三王以及秦汉以来圣圣相承，未之或改，自民国举出大总统，即将清帝推翻，迨洪宪皇帝出而恢复，亦被民军摧灭，郁郁以死，此为吾辈最痛心之事，今欲保存此国粹，除一面阴结死党，收买报纸，拼命鼓吹外，一面联络洪宪时之王公侯伯，乘机匡复，至死方休。

一跪拜。吾国自古臣子见君，下吏见上司，小辈见尊长，皆以跪拜为唯一大礼，自民国废除跪拜，改用鞠躬，惟从前见洪宪皇帝时，犹用此礼，今则荡然无存，使吾辈膝盖之皮，顿厚三寸，不免有髀肉复生之叹。今欲保存此国粹，先由本会同人为始，如遇见某皇储某大帅，即当磕头如捣蒜，以补数月来之缺漏。

一祭天祀孔。前此洪宪皇帝，举行祭天祀孔大典时，衮冕朱履，何等堂皇，陪祀人员亦皆千奇百怪，如戏台上之装饰，不料近日国会议员提议废止，政府亦有允准之意，使数千年之巨典，断送于二三议员之手，岂不可惜。今欲保存此国粹，莫如将本总会移设天坛内，各省各县分会移设文庙内，由本会员按期举行，庶他日皇帝复出，不至茫无稽考。

一鸦片烟。吾国自烟禁大开，百有余年，人种中已大多含有烟质，实与以上三端同为国粹，不料清末下令禁烟，禁种禁运禁吃分头并举，以致已吃者因而戒绝，未吃者不敢尝试，再迟数年必至消灭净尽，欲求一吃烟种子而不可得，本会同人为保存国粹起见，大都以重价收藏密室深房，自由吞吐，今后尚拟联络议员军官，设法贩运，仍令全国人民同享普及之福。

其余条目尚多，诸君会心不远，均可积极进行，当不烦本会之胪举也。（懒枪：《谐文·保存国粹大会通告》，天津《益世报》，1916年9月3日，第10版）

9月　梁启超《国学蠡酌》由商务印书馆出版。

《国学蠡酌》一书，为梁启超编定《饮冰室丛著》的第五种。《饮冰室丛著》计"二百万言，四千余页。特制定价十二元，预约七元；常制定价八元，预约五元"。商务印书馆在《申报》刊登广告，称："梁任公先生学问文章，为近世之泰斗。每一文出世，读者争先恐后，非终篇不能释卷，其感人之深也如此。兹篇为先生手自编定，弃取甚严。所列各种，皆首尾完善，中有最近著作多篇。先生生平著作之精华，悉荟于此。特与本馆订立契约，印刷发行。诸君苟获是编而读之，即不啻与先生相聚一堂，增长学识，裨益文艺，良非浅鲜。"《饮冰室丛著》总目为："《新民说》《德育鉴》《墨学微》《国学蠡酌》《节本明儒学案》《史传今义》《中国之武士道》《西哲学说一脔》《外史鳞爪》《政闻时言》《饮冰室自由书》《新大陆游记》《小说零简》。"广告表示"七月预约截止，九月出书"。（见《申报》，1916年7月9日，第4张第14版）《国学蠡酌》一书，收录梁启超的《读〈孟子〉界说》（1897）、《读〈春秋〉界说》（1898）、《中国古代思潮》（1902）、《中国法理学发达史》（1904）、《国文语原解》（1907）、《中国古代币材考》（1908）六篇文章。每篇文章内容似无特别关联，与原文相比文字稍有删减。此书当年12月再版。

12月^①　王瀛洲创办《进社》杂志，以提倡风雅、维持国学为宗旨。

先是，王瀛洲"悯国学不昌，有进社之组织，于今周年矣"。（黄华杰：《序三》,《进社》，1917年第1期）

进社社章规定："一、本社以提倡风雅、维持国学为宗旨。二、凡海内同文，无论男女，宗旨与本社相同者，皆得入社。"入社须交纳社金一元，入社后每月须寄稿一至两次，汇刻于社刊中。社刊分诗、词、文三种，一年出四集。进社设社长一人，编辑一人，书记一人，评议四人。每年春秋两季举行雅集。（《进社社章》，《进社》，1917年第1期）

进社本"有翰墨缘刊行于世"，因"嫌不足以发扬光辉"，遂"有进社社刊之编"。（黄华杰：《序三》,《进社》，1917年第1期）

刘哲庐序文对此有所说明：

余年来颇好国学，以为中国文学，宇内哲学之至大者也。各国隽逸之士，莫不研究哲学，而中国士子亦尤而效之，不知哲理，但求之于简册足矣，乌用钻研估庐之文，而后始得谓明哲理钦？吾国文之深者其道深，文浅者道亦浅。先圣先哲之文，去我虽已数千百年，而其声容笑貌，一一存乎简牍，读其文字，便可想见其为人，而外国文字，明日一书出，则今日之书微矣，安有如我中国文字，递传邈绵，虽至数千年而不废者

---

① 序者皆题"民国五年腊月"，酌系于此。

哉。且吾国国运之转移，一视文字之盛衰，使果如浅见之士之言，改中国文字，而用世界语，则亦亡国之厉阶也，而我华胄人民，尚有噍类乎？天下断无其文亡而其种犹存者，斯余之提倡国学之微意也。王子汉彤，与余相交三年，余深知其为人扑〔朴〕淳，异于常士，而其保存国粹之心，与余尤合。进社之发起，于今十阅月矣。王子乃谓余进社将印社刊以行世，子宜为吾述之。余笑曰：保存国粹，余之夙志也，他年君着先鞭，我甘供君驱策，请悬斯语以俟异日，顾〔愿〕余与王君共勉之。（刘哲庐：《序二》，《进社》，1917年第1期）

是年　罗香林于梅州开设国学研究所。

罗香林《先考幼山府君年谱》谓1916年"门人罗素约自若、高佩蘅崇等又坚请府君设国学研究所于邑城容光巷曾氏宗祠，府君许之。自朝及晡，往来授课，夜则兀坐改文，劳顿殊甚"。后一年，"续设国学研究所于邑城容光巷张屋，从游者有陈凯宏礼元及高佩蘅、罗素约等四十余人"。（罗香林：《先考幼山府君年谱》，民国希山丛著本，第35—37页）

1917年（民国六年　丁巳）

1月1日　钱玄同转变对于国学的态度，弃保存国粹之心理。

新年伊始，钱玄同回顾自身对于国学之态度，谓："余自一九〇七年（丁未）以来，持保存国粹文论。盖当时从太炎□□□问学，师邃于国学，又丁满洲政府伪言维新改革之时，举国不见汉仪，满街尽是洋奴，师因昌国粹之说，冀国人发思古之幽情，振大汉之天声，光复旧物，宏我汉□□然。"（杨天石主编：《钱玄同日记（整理本）》，第296页）1月11日钱玄同又记："至国粹、欧化之争，吾自受洪宪天子之教训以来，弃保存国粹之心理已有大半年矣。"（杨天石主编：《钱玄同日记（整理本）》，第300页）

1月8日　舆论记新学书院数名学生聘刘避尘教授少林、太极等武术，并寄语新学诸学员，"努力研究武术，国粹之光明，此其见端也"。（《武术国粹之研究》，《教育周报》，1917年第149期）

1月14日　云南学术批评处刊登第十一次、第十三次考试取录的选文，题为《国学与科学，其性质有无矛盾，二者同时并修，其得失何如，试本思考之原理以明辨之》。

先是，1916年10月，云南省行政公署通令颁发学术批评处章程，设立学术批评处①。学术批评处之设，在于"唤起社会之好学心，使养成尊重学问之风习，以补学校教育之所不及，非由政府提倡奖励不为功"。故设立学术批评处，"劝令各界愿学各员平日各以职业余暇研究学术，每星期入场听讲，并受试验一次，随即阅卷计分，发表揭示，酌给奖励。并将试验成绩及其他稿件，按月汇印月刊一册，以广流传"。（《云南省行政公署通令颁发学术批评处章程文》，《云南学术批评处周刊》，1916 年第 1 期）

学术批评处第十一次考试，讨论国学与科学的性质及关系，取录甲等第二名为孙模。孙文以为科学为人为的学问，故为世界的学问；提倡用演绎与归纳的科学法则，将旧有思想整理无遗，纳之科学之中，以此发现新知。

其文首辨科学，称："科学者，采集宇宙间种种事物，或学术思想，依类而分别之，以成一种有系统有条理之学问之谓也。"科学又因性质不同，分为两类："第一类为天地间本无此学问，借人创造而始有者，如文学、史学之类是，此类谓之人造学。第二类为天地间本有此学问，人不过取其天成之事实而研究之，如博物理化之类是，此类谓之自然学。"总之，科学"乃吾人为研究学问之便利起见，依思考之自然作用，整理一切学术思想之编辑物，并非天地间自有"，各类科学间又有密切关系，则科学系"人为的学问也"。科学既为人为的学问，则"学术不分古今，思想无间中外，均可依是法则纳之科学之范围，以为研究之基础"。

因此，科学与国学之关系，可称："天下有尚未成为科学之学

———————————

① 该章程提到，1916 年 11 月 5 日为第一次学术批评处讲演，故将相关颁布时间酌定于当年 10 月。

问，未有不能成为科学之国学。"以此观照，则"顽固者流，本其半开之思想，视科学为他人之物，而以己国之学术思想，名之曰国学。一若二者之性质，绝相反对者，且谓修国学者，不宜兼修科学，其目光与数十年前谓科学为洋学者，直无以异"。如"天文理化博物等，宇宙间自然现象，为凡为人类所当具之普通知识"，是为世界之学问，非一国所独有，"不过他人先我发明"。

作者追究"欧人之所以科学炳然，吾国人之所以无科学智识者"之原因，在"中西人之思考力有完缺之殊"。所谓思考之作用有二，"一演绎推理，一归纳推理。演绎者由普通断定，推测特殊事理，而得应用既知之法则于一切新事物者也。归纳者，由特殊事理，推测普通事理或法则，而得发现宇宙间事物一般之原则者也。西人思考完全具此二者，故其旧有思想均得应用此法则整理无遗，以尽纳之种种科学之中，复本此而发见新知，以为研究之本，故前人植其基，后人阐其微，发挥光大，遂有今日灿烂之科学"。

因此总结："论学术于今日，新知固宜收取，而旧有之学术思想，亦宜以规律之思考，部居类别，厘为科学。……安见吾国无博大深赜，条理缜密之种种科学，足供世界之研求哉。若夫谓国学与科学不宜并修者，盖不知科学为何事，并不明国学为何物者也。可置而不论。"（孙樸：《国学与科学，其性质有无矛盾，二者同时并修，其得失何如，试本思考之原理以明辨之》，《云南学术批评处周刊》，1917年第7期）

第十一次考试取录甲等第一名为沈焕章。沈文从科学与学术的含义出发，求得国学与科学有一致的属性，证明两者不矛盾。

此文表示，西学东渐以来，新旧纷争出现三种状况：其一，"主持新学者，概置国学而不顾"；其二，"主持旧学者，力排西学而不闻，如水火之不相入"；其三，"妄自尊大者，又谓欧西科学出自吾国，吾国国学，可以包容科学"。作者指出，前二者为无益的争论，第三者为"皮毛之调和"，原因在于"皆未深究国学与科学果为何物"。

作者探究科学之义，称："凡关一类之事物，必完全记载，而记载又必有排列系统之方法以记载之，排列系统之纲目中，又必有一最高概念，足以统摄其纲目，于是始完成其为科学。"对于将西学等同于科学、国学不得为科学的说法不表认同。根据这一科学的含义，如"谓旧有之国学非科学，谓国学即非科学"，"岂国学即无一类之事物，与一类事物之最高概念耶"。如"谓非西学即非科学，岂西学始有一类之事物，与一类事物之最高概念耶"，则西学要成为科学，需经"系统排列之方法以整理"。"国学不过未经此排列方法，谓国学尚未成为科学则可，谓之不得为科学则非也。"

究国学之义，"凡一国之学皆属之，凡此国之人，旧所有者，与新发明者皆属之"，不分新旧。"历史国学也，今已成为科学。先圣格言，如《孝经》《论语》等，苟加以整理，可成为修身。管韩申商之学说，苟采今日之政治法律以参照评定之、排列之，可完成政治法律科学。采历代政治之沿革，以整理之，可成为政治史。采历代教育制度与方法而整理之，可成为教育史。其他如儒家之理学，老子之道学，杨子为我，墨子兼爱，则属于哲学，虽其见解有偏误，而亦所当研究者也。"

因此，作者以为国学皆可成为科学，与科学并无矛盾："一方面求整理旧有知识，以完成科学；一方面研究已完成之科学，兼以资助整理，其益岂浅鲜哉。"（沈焕章：《国学与科学，其性质有无矛盾，

二者同时并修，其得失何如，试本思考之原理以明辨之》，《云南学术批评处周刊》，1917年第7期）

　　第十三次考试取录甲等第一名为徐嘉瑞。徐文辨别科学与国学的真正含义，称科学"取同一之事物，聚于一处，依一定法则，而详究其外延内包者也"。国学"因中国学术，散无友纪，片羽吉光，间见杂出，语其书则浩如烟海，语其义则碎如珠玑，以一定法则绳之，不足以称科学。然其学实吾国所固有之物，吾无以名之，名之曰国学"。故而以为，国学与科学之分，不在国与国之分，乃缘于学问有无统系之分。

　　如科学与国学之分，在于是否有统系，则"近人之视国学，直以美术视之，而谓适于实用者，惟有科学"的看法显然大误，而"国学自国学，科学自科学，风马牛不相及"的错误认识，造成"研究国学者，不必研究科学，研究科学者，不必研究国学"的现象。

　　徐文承认，"国学之为美术固矣，然美术实不足以包国学。国学破碎支离，固矣，亦非全不适于实用"。科学与国学者，前者为"已经一定法则整齐之学术"，后者为"未经一定法则整齐之学术"，因此提出以学术法则整理国学，以成统系：

　　　　国学如七宝楼台，已经折卸，灿烂满目，不成片段。假令整理而支拄之，视浮屠庄严，何敢多让。故今日研究国学者，不在批览之富，记诵之多，而在取此种国学，依一定之法则而整齐之，使之化为科学。此一定之法则者何，即论理学是也。希腊自芝诺芬尼、梭格拉底，屡用辨证法。至亚里士多德，此学遂蔚为一科，倍根又从而发扬光大之。故泰西古代思想，集成于亚里士多德，而近世文明滥觞于倍根。盖论理者，学科之学科，法则之法则。一切学科，无非论理学之产出物。语曰：夏育、孟贲，不足以当介胄之士；介胄之士，不足以当持戟之士。使夏育、孟贲，介胄持戟，则无敌于天下矣。论理学者，学术之甲胄干橹也。至吾国学术发达之早，理想之高，实足以陵轹希脑。而其弊也，偏重想像。诚能补偏救弊，注重思考，取论理学与国学，同时研究，于国学有一分之心得，而此一分之心得，乃确实可靠，不惟确实也，而后乃可以求进夫深研极几之境。学术进步，庶几一日千里，中国文化，庶可与西人抗衡，而中国四千余年先圣先贤之脑力，庶无空费之叹。起千代之衰，发百世之蒙，关系学术存亡，实不小也。

因此，科学与国学并非相对的名词，两者也不是"此是彼非"的关系，"科学之于国学，相关之切如此"。故"吾人而不欲国学之生存也则已，苟欲国学之生存，则科学者，不可须臾离者也，何矛盾之有欤？"（徐嘉瑞：《国学与科学，其性质有无矛盾，二者同时并修，其得失何如，试本思考之原理以明辨之》，《云南学术批评处周刊》，1917 年第 7 期）

1 月 20 日　钱玄同谓昌明本国学术，应积极旁采域外知识。

钱玄同记："大凡学术之事，非知识极丰富，立论必多拘墟，前此闭关时代，苦于无域外事可参照，识见拘墟，原非得已。今幸五洲交通，学子正宜多求域外智识，以与本国参照。域外智识愈丰富者，其对于本国学问之观察亦愈见精美。乃年老者深闭固拒，不肯虚心研求，此尚不足怪，独怪青年诸公，亦以保存国粹者自标，抱残守缺，不屑与域外智识相印证，岂非至可惜之事？其实欲倡明本国学术，当从积极着想，不当从消极着想。旁搜博采域外之智识，与本国学术相发明，此所谓积极着想也，抱残守缺，深闭固拒，此所谓消极着想也。"（杨天石主编：《钱玄同日记（整理本）》，第303页）

2月1日　陈独秀复函《新青年》读者程演生，宣告其对于"国学及国文"的主张，乃"百家平等，不尚一尊"与"提倡通俗国民文学"。

程演生来函谓："读报得知足下近长北京大学文科，不胜欣祝，将于文科教授，必大有改革。西方实写之潮流，可输灌以入矣。其沉溺于陈旧腐浅古典文学及桐城派者，其亦闻而兴起乎？万望鼓勇而前，勿为俗见所阻。仆久欲作《予之中国近二十年文学观》一文，因循未果，然他日终必质之足下，以评论之。余不尽宣。"陈答曰："仆对于吾国国学及国文之主张，曰百家平等，不尚一尊，曰提倡通俗国民文学，誓将此二义遍播国中。不独主张于大学文科也。"（《通信》，《新青年》，1917年第2卷第6号）

2月7日　时人论中国学者之任务，乃保全国粹、发扬国光，并认为中国之古物文献与希腊、埃及之遗物，同为世界学问之菁华。

文略谓：

> 现今权利义务之说，风行宇内，以致政界骚然，迄无宁日。夫一国之盛衰，固以政治之良否为断，然使举国之民，但

知热中政治，毫无顾及他事之余裕，必至意兴索然，致历史传来之国民雅量全然丧失。加以近来西学渐兴，古器旧迹将有尽行破坏之势。消耗国家之元气，莫此为甚。盖保存国粹，乃爱国心之发露，若视国粹为野蛮，而必欲摧残毁灭之，则过去之国脉渺无可稽，将来之国命又将焉托。盖保守过度，固易流于腐旧，阻碍国家之进步，而不顾历史，只知冒进，尤足致国家于危险。必保守与急进两两相须，然后可导国运于中庸之途。此中国学者之任务也。吾人不禁希望考古学之勃兴，以保全中国之国粹，发扬中国之国光，使中国古昔之文献得与埃及希腊之遗物，同为世界学问上之菁华焉。（《中国学者之任务》，《顺天时报》，1917 年 2 月 7 日，第 2 版）

2 月 16 日　中国文学研究会发布成立通告，主张以维持国学为主，联络士人、启牖后进为辅。

中国文学研究会大致发起于 1916 年。1917 年 1 月 3 日，中国文学研究会已在《申报》刊登成立兼收学员广告，称："慨自异学蛮起，国粹渊沉。"故讲求国学，发起中国文学研究会，主任为陈衍。（《中国文学研究会成立兼收学员广告》，《申报》，1917 年 1 月 3 日，第 1 张第 1 版）

登载于《申报》的广告，偏向于招生。而登载于《中华编译社社刊》第 1 期的成立通告，则主要在发起会员。中国文学会简章规定：

第一条。本会以维持国学为主，联络士人启牖后进为辅。

第二条。凡隶于国籍之秀士淑媛皆可入会，惟以国学有心得者为限，否则拒绝。第三条。凡国学有心得，而经本会认可入会者，曰普通会员。第四条。凡国学优美，而有功于本会者，曰特别会员。第五条。凡著述等身，为全国宗仰，经本会主任敦邀，而维持本会者，曰名誉会员。第六条。普通会员入会时，须缴入会费二元，常年费全年四元。第七条。特别会员缴费与普通会员同。名誉会员概不纳费。第八条。无论普通会员特别会员名誉会员，皆有经本会主任聘请为职员之义务。第九条。本会职员暂设主任一员，理事长一员，常驻理事二员，理事八员，顾问四员，各省交际员十人。第十条。本会职员除主任由发起人公推外，其余一律由主任聘任，惟均为义务性质。第十一条。本会旨在保存国粹进行之初先分三部一曰出版部二曰教育部三曰俱乐部。第十二条。本会拟发行杂志书报，专以启牗后进，维系先河，故设出版部。第十三条。中国苦于无专门国学之学校，即有之，一般孜孜好学之徒又无暇晷从事于此，故设教育部。此部之设，以笔札从事，凡学者有疑义质问及课卷请改，无不循循善诱，以启迪之，另订简约。第十四条。联络感情，端赖俱乐部，故设俱乐部，凡书报室吟社雅叙等事均属之。……第十七条。凡会员有担任本会杂志撰述之义务。第十八条。本会以维持国学为宗旨，与平常之聚合结社大异，既不召集会议，复禁止招摇标榜，一切事宜皆借书函以通消息。

会址位于上海重庆路庆余里七百八十一号。（《中国文学研究会成立通告》，《中华编译社社刊》，1917年第1期）

此会以陈衍为主任，与林纾设立的中华编译社多有关系。中国文学研究会设有教育部，故之前《申报》广告有招生之意。招生教学，主要方式为函授。而中华编译社早有函授部招生，招生授课内容与中国文学研究会的招生授课内容非常相近，而陈衍同为中华编译社函授部的教员。中华编译社函授部的招生，以"通信教授造就高等职员及保存国粹为宗旨"。设三科，分别为文科、预科、免费科。教员为林纾、陈衍、易顺鼎等老辈。其办事处地址，即中国文学会会址。（《中华编译社函授部续招新生章程》，《中华编译社社刊》，1917年第1期）

3月1日　曾嵩崿发表《孔子未尝集大成（致〈太平洋〉记者)》，主张若要以国学维持国脉，需破除独尊孔子之心。

文谓：

孔子不过分得周以前全道之半体，岂能代表吾国数千年之学术，而树为宗主哉。顾自汉以后武帝推崇，历代独夫，皆假之以为羁束国民之术，遂使国民沉溺于此半体之学术，无以自拔，反辄被野蛮无学之民族所征服，西方学者推原吾邦溺爱和平安于苟且之故，亦莫不以为孔孟之学术所驯至。英儒哈蒲浩著社会学一书，衮然巨册，凡于各邦民习之生长发达，莫不穷源竟委，其论吾邦之国俗也，亦尝于孔孟之学三致意焉。历举孟子善战服上刑等语，特示奇骇，以为一国之民服膺如是学说，安得不流于溺爱和平，被人征服哉。故若谓吾邦国脉以孔学维持之者，尤须知吾邦国脉所以屡断不振之故，亦即因此学术仅为半体而非大成之故。故今人若欲以国学而维系国脉也，首当破除惟孔独尊之心，综吾国数千年所有诸家之学术而探究

之，孔子亦不在见摈之列而已。（曾嵩崎：《孔子未尝集大成（致
〈太平洋〉记者）》，《太平洋》，1917年第1卷第1号）

3月18日 署名守拙者在《申报》刊登《谜话》。

《谜话》称："灯谜一道，往岁吴中举行者极多。自清季国学
沦胥，通人凋谢，此风随以消歇。盖分曹射覆，虽系小道，然亦非
具有根底者，不能问津也。今正自程君冠卿设社举行以后，张君亦
安、汪君品人、顾君理琴等连袂继起，角奇争胜，佳作纷呈。守拙
任事学界，新岁多暇，是以偕老父日往参观，见闻所得，日事录
归。昨见黑子君已寄登若干则，此中间有即余所射出者，见猎心
喜，爰亦择尤录供同好，效颦之诮，知不免也。四子谜如（韩氏与
孔氏相背而驰）射'非不说子之道'，（牵涉士大夫）射'拖绅'，
（人数不多先开会）射'未足与议也'，（哑议员）射'有言责者，
似不能言者'。人名谜如（梁夫人）射'孟光'，（师生）射'申详'
（按：申详系子张之子，子张名师）。诗品谜如（听人闲谭）射'语
不涉己'，（对影成双）射卷帘格'明月前身'。六书谜如（屠门）
射'肩'，（卉）射'茗'，（民国制服）射'党'。聊目谜如（缀白
裘）射'狐联'，（御容）射'王者象'。韵目谜如（三七）射'十
药'，（枸）射'六月'，（上医之次）射'十药九佳'（此条或射
十九效），（公明）射不连数三字为'宋江号'，皆极自然。"（守拙：
《谜话》，《申报》，1917年3月18日，第4张第14版）

4月14日 史童威刊文《本社函授部同学录序》，谓国学为国
之基，国学昌则国强。

史童威是中华编译社函授部文科第一届学员，此文即发表于中

华编译社创办的《学生周刊》创刊号上。文称：

国于天地，莫不各有其国学。国学者，国之基也，民之本也。故国学日昌，其国乃强，国学日衰，其国必亡，此不易之理也。我国自西学东渐，青年学子，莫不趋新舍旧，欣欣向往，响集景附，如水走下，四方无择也，而于国学，则视之如草芥，弃之若敝屣，以为此迂阔之论，何足利国。夫西学浅而重实，中学精核深奥，二者皆精，乃西学盛称于世。夫放浪不羁，学而无恒，少涉西学，作妄语以眩晃众心，固无可言者。至若逾海负笈，不远万里之跋涉，费数载之辛勤，绞几许之脑汁，挟其新智，归布全国，良可嘉也。然询以国学，则类多瞠目不能对，或且不能作国语者，亦可慨矣。我非谓西学之无当也，盖不揣其本而齐其末耳，譬之舍食饮水，以度长日，愚莫大焉。今夫我国之学，历数千年之久远，经十余代之变迁，磅礴郁积，蔚为大观。上古之世，荒诞杳邈，第勿深考，自伏羲画八卦仓颉作六书，为我国学术之嚆矢，唐虞三代以来，圣作明述，创制相承，礼乐诗书，焕然大备，迄乎春秋战国，众家并起，各标新异，十家九流，支分派别。吁，何其盛也！孔子尚崇义理，阐明哲学，重人事略天道，孟子荀子宗之，是为儒学。老子创立道家，其说为孔子导源，然说多矫枉过正，至庄子益恢而大之。他如杨朱之为我，墨翟之兼爱，苏秦张仪之纵横，韩非商鞅之任法，此尤章明较著者也。余如汉之质实，宋之笃诚，晋之玄旷，清之精博，要莫不各有其条理指归，而探厥源流，或远在中古，惟中间自魏晋以至元明，佛老盛矣，而云流川止，仍以儒为归。盖艺文以相阐而明，事理以相绎而达，优而游之，显而阐之，修身齐家，治国平天下之道，尽在是矣。乃今之学子，被为迂阔之论无用之学，不亦过乎？忆昔某报，论今日西学盛行，数十年后恐无通中文者，此虽过论，然年来国学衰颓，不可隐也。余前岁肄业校中，尝设一保存国学社，后以从者鲜，不果。今海上刘锦江先生，慨风俗之颓败，惧国学之将绝，乃创国文函授科，以晓学者，发聋振聩，良足钦佩。且其分门别类，有条不紊，注重实学，而以六艺为宗，今复刊印同学录以联络学者声气，意良善也。（史童威：《本社函授部同学录序》，《学生周刊》，1917年第1期）

4月26日　上海工业专门学校举办建校二十周年纪念大会，自总统、总理到交通部长、省长，皆有祝词。江苏省省长齐耀琳，盛赞该校既发扬物质文明，"确定工业专门"，又能保卫国学，拓宽精神文明。

齐耀琳《上海工业专门学校二十周纪念祝词》称："吾华立国，以精神文明著称于世界，有清之季，国势陵夷，将采取东西各国物质文明，补其缺失，于是以兴学风天下。贵校独于国家未颁兴学令以前，革新教育，岿然峙于江海之滨，盖开校以来，已二十周矣。二十年来，时势万变，贵校事业不随与俱变，更迭演进，迄于今兹，且确定工业专门，以发扬其物质文明。""夫贵校教育物质文明之教育也，校长唐先生更兼引伸其精神文明。近者图书馆之创设，搜集国学诸书，庋藏其中，供学人考览。国学所在，国性系之，则是唐先生教育之趣旨，岂徒储养实业人材，靳供国用，其远谟宏愿，固将以保卫国学自任，使全校诸生，积其有体有用之学，立吾华不拔之基。"（《本埠新闻·上海工业专门学校二十周纪念祝词》,《申报》，1917 年 4 月 27 日，第 3 张第 10 版）

4 月 28 日　成舍我在《民国日报》发文，批评不知国学门径而诋毁中国文学者，倡导格调宜旧、理想宜新。

文称："今之少年，因未窥国学门径，遂放言无忌，妄肆诋毁，甚者且欲并中国文字而废之，此真妄人不足教也。亚子论文学，谓格调宜旧，理想宜新，此诚不磨之论。譬之于国，中国格调也，专制共和，理想也。谓中国须由专制改共和可也，谓中国须改为英国，或改为法国，则又乌乎可哉！此足与亚子之论互相发明也。"（成舍我：《无题》[1]，《民国日报》，1917 年 4 月 28 日，第 12 版）

4 月　蔡方忱发表《振兴文学以保存国粹说》，主张保存国粹，确立国志特性、特质。

此文开篇征诸世界国内形势，以为"俄罗斯之灭波兰也，禁其人民用波兰语言文字，匈牙利之与奥合也，而其人民犹沿用马加语言文字。此无他，一以消灭人之国粹，一则以保存己之国粹耳。夫国既不能存立，何为兢兢于国粹哉？"缘于"既灭人之国而不灭其国粹，乃不足以使人国与己国镕为一国，人或将因此而复国，最可患也，故禁其语言文字，以消灭其国粹。己之国虽与人国合，而国粹不受人之同化，乃犹足以留其特别之界限，划然分为两国，己或将因此而自强独立，大可望也"。因此，俄罗斯、匈牙利两国之所以注重国粹，在于保存本国语言文字。而以清朝为例，"其语言有

---

[1]　原文无标题，题目为编者所拟。

满语，其文字有满文"，入关后"尽摈其语言文字而从事于汉语汉文，至于今日，东三省与内地各行省，绝无异点"，以此证"不注重国粹之所致也"。

因此，语言文字足以保存国粹，而文学乃"文字之学也"。"是以保存国粹，实以振兴文学为惟一之主义"，并详述其义：

> 国粹者何？国之特性也，国之特质也，若国法、国典、圣经、历史皆是也。吾人固常以吾国之文，译记东西各国之法律、典制、圣经、历史矣。而彼东西各国，亦未尝以此译著为彼之国粹也，岂法律、典制、圣经、历史之不同哉，其文有以异耳。文异即国粹不得为国粹，文学顾可不振兴哉。今世之能文者多矣，似已足保存我国粹，又何事振兴文学为。虽然，以平庸无味之文，欲立不朽之言，不可得也。而以平庸无味之文，欲记不朽之事，又不可达也。言不得立，辞不可达，则国粹乌乎存？是以有孔子之文，而后可以作《春秋》，有马迁之文，而后可以撰《史记》，有孟德斯鸠之文，而后可以著法律政治诸书。故凡欲保存其国粹者，又必振兴其文学焉！嗟我中国，自八股兴，举业盛，举数千年文学之国粹，从此日下。迨满清末叶，国人虽已知八股之无用，而不能挽回文学之流弊，乃竞尚西学，惟外国文学之是习，而吾国国粹之文学，视之若腐朽之不足道。以至今日，阿卑遂帝之声，几乎洋溢中国，而堂堂学士，且不能识之无焉。推厥原因，初则八股之咎，继则咎在不能挽回八股之流弊也。向使朝野早以振兴中国之文学为方针，学校亦皆以振兴中国之文学为急务，则青年学子，必不致流于

今日之此极也。愿我国人，自今以往，昕夕莫忘，以波兰为前车之鉴，以匈牙利为乡导之师，则中华民国之前途，庶几有济。不然则国粹先国而亡，国亡如烟消火灭焉，不其惨哉！（蔡方忱：《振兴文学以保存国粹说》，《艺文杂志》，1917 年第 1 期）

△　上海南洋公学中学三年乙级诸同学组壬戌级会，刊行《壬戌》杂志。

黄世祚（字虞荪）为《壬戌》作序，提倡兼容中西学，以国学根柢，治西学新理。称："有文始有国，亦有文始有人。文字为一国之国粹，不信然欤。"以为"国学不知，而竞言西学，则所学虽精，而于国俗民情，扞隔不通，乌能将欧美精深之学理，发挥光大，以转饷吾同胞乎。于此可知，研究西学者，必借国学为根柢，则本末兼赅，体用咸备，始可当大任而收实效"，主张"镕冶中西新旧于一炉"。（黄虞荪：《序》，《壬戌》，1917 年第 1 期）

故南洋公学虽偏重工科、注重新学，对于国文国学之道，也颇为讲求。乙卯国文大会全校第五名殷信笃撰《拟通告全国学校广设国学传习会议》，其述国粹当保存，而文字为国粹之理：

国之不振，必保其粹。世未有本不培而木华，源不清而水流者。然则国粹之不保，亦岂非治国者之大忧哉。夫人之所以能养者，以其有精神而已；国之所以能立者，亦以其有精神而已。人无精神，则必将疾病而死亡；国无精神，则必将覆国而灭种。所谓立国之精神者何，即语言、文字、风俗是也，三者以文字为尤要，而语言、风俗次之，盖语言、风俗欲骤变之，或未能几。……且语言根于文字，而风俗又为语言文字所造成，然则文字之于人国，顾不重要乎哉。凡一国之强弱，实系于人民之贤愚。人民之贤愚，实系于读书之士之多寡。书者，牖民智之具也。古之人既死，而其言不死者，有文字以为之丽也。后人读之，而资以考镜焉，有所见，而亦为文字以传之，如此以递于无穷。由是观之，不有文字，其何由知。夫文以载道，文亡而道何存。字以达言，字灭而言亦灭。

既知"文字为一国之精神，无文字必不能立国"，然"今中国之学校亦多矣，学者亦为不少矣，顾何以吾中国之陵夷，一至于此？"原因在于"学校之当重国学也明"，而"今日中国之学校"并未用力于此。在西学昌盛之时，"一旦欲使之返本，必不可得"，只能"稍图补救之道"，而补救之道在于"广设国学传习会"。

国学传习会"为学者课外研究国学之所"。因"今者自中学以上，国文外凡科学之书，无非用西文者，即普通之集会，友朋之交际，明明中国人也，而必英语以达之。朝夕濡染于不觉，流弊所及，何可胜穷"。故以为"苟使有国学传习会者，常鞭策以随其后，提撕而警觉之，使国粹不及于沦亡，此教者职也，亦学者责也"。故号召全国学校广设国学传习会。（殷信笃：《拟通告全国学校广设国学传习会议》，《壬戌》，1917年第1期）

陈寿彝《国粹保存论》谓："精华英蕊，物之粹也。心思智虑，人之粹也。语言文字，学术道德，国之粹也。彼巍巍而存乎大地者，无国无国粹。彼泯泯而臻乎灭亡者，无国粹因以无国。而一国之盛衰强弱，更以国粹之优劣为衡断焉。"作者以之为世界普遍之理，由此进而言中国之国粹为何。称：

> 粤自羲皇画卦，仓颉造书，山泽雷风，形声转假，文字语言，于是乎生。五帝开基，三王绍绪，周公制礼，孔子删经，著圣神文武之鸿谟，垂忠恕敬恭之懿行，道德于是乎备。老庄守虚无之旨，墨翟推博爱之怀，管商谈法律之宗，公孙倡异同之辨，苏张演纵横之术，孙吴明战阵之机，谈天说地者，风涌而云起，学术于是乎隆。秦汉以还，述而不作。神仙夸诞，未足语夫清高，释佛寂幽，讵能补于家国。由此言之，吾国之道德优美，学术精纯，罔有逾于战国之前者，即谓之为国粹可也。

作者以为此国粹"优美无伦，其不优者，后人不能保存之过也"，并言不能保存之原因：其一，"秦承六国，燔灭'六经'，蚩蚩之氓，罔由师则。逮汉虽除秦苛禁，而儒林博士，收典籍于散亡之后，较真讹于章句之间，至于礼坏乐崩，人亡道息"；其二，"魏晋六朝，佛老腾播。经籍束于高阁，淫词盛在篇章。说理谈玄，不识干戈之攘扰，咏诗赋物，不闻家国之兴衰。廉耻之道既乖，仁义之风斯废"；其三，"唐宋而后，益臻衰替，朝廷以制艺取士，草茅以章句求官。雕虫本属晦经，画虎徒然类犬，虽以朱程张陆，犹不免空虚乏实之讥，下此更无所论。其名则曰尊经重道，实则圣人之蟊贼，犹之纨绔之子，日事淫荒，至于畎亩废荒，园池颓败，犹执契券以示人曰，此吾先人之遗泽也，吾犹守之勿失，彼拾圣人之糟粕、遗先哲之英华者，正五十步与百步之别"。

作者指出，保存国粹事关一国之兴旺。"盖吾尝稽之往古焉，五胡元魏，威逼一时，卒为汉族所战胜，以无国粹故也。蒙古满洲，入主中夏，不一世而同化，以无国粹故也。又尝征之于外焉，犹太之国粹为耶教，以不能保存而国亡。印度之国粹为释氏，以不能保存而国亡。今夫吾国士夫，欲征服欧美，同化白人耶？抑欲为犹太印度之续耶？如吾之愚，诚不足以知之。吾所知者，惟保存国粹。"

国粹亟待保存，则重在讲求保存之道。其论保存之法谓：

先哲有言，见善则迁，有过则改。于人如此，国粹何独不然。持此五常六艺，四库三仓，谓已完全无缺，即使周孔复生，恐亦否认。而挽近文明程度，愈进愈高，善法妙能，正不知其凡几，墨守遗规，将归陶汰之列。故泰西学术，本可撷其英华，挹彼注兹，是所望于明哲。又历代士子，争趋干禄之途，贱视技艺，已成风气。浸至今日工商不振，农植荒芜，医药之材，仰人鼻息，财帑之用，恃人手援。殊不知墨翟贤而好技，子贡智而懋迁，农圃亦研于孔门，射御并容乎六艺。苟百姓日用而不知，何以比于君子。故欲挽此狂澜者，必先除此恶习，而后道德学术，两两无疵。盖迁善为一问题，改过为一问题，其要则归于保存而已。至于排斥百家，攘摈佛老，适成斗筲之器，非大雅所宜。夫先民有作，何思何虑，亦同归而殊途，一致而百虑云尔。故儒术为本干，百家为支流，道德其体，学术其用，奚庸轩轻于其间哉。（陈寿彝：《国粹保存论》，《壬戌》，1917年第1期）

此刊只出一期。

5月　吴桂年记录向仙桥在金陵大学发表的演讲《国学根本问题》，并将其刊于《金陵光》杂志。

演说称："今日与诸君商榷国学根本问题。夫吾国当然有吾国之根本学，根本学何，即语言文字之学也。而留学归来者，专谈天文地理物理化学等，而置语言文字于不顾，以之为不足学，以之为非学问。"讲者对此不以为然，提出："世界无论何国，均以语言文字为一切学问之单位之学。不有语言文字，安能使一切哲学科学，示之当时，传之后世。不有语言文字，安能使个人知识意见，宣达他人。故语言文字，为万有之母，亦即出人于野蛮，而入于文明之境者也。"

讲者认为中国语言文字之学衰弱之极，主张言文一致，称：

> 吾国地广人稠，各蜗居于一省，乏交通知识，致语言不能统一。读书者寡，人民愚昧无知，国家因而贫弱。救济之法无他，文言一致而已。有识时务者痛国学之将亡，或以正音，或以官话，使语言与文字相通，文字与官话相合，语言因而得统一，文字因而得发达。呜呼尚矣，惟此问题之研究，当然有参考之书。吾国字书，除字典而外则无之。而所谓最完善最有价值之字典，如《康熙字典》者，为逐末的，而非根本的。只解字之意，而不及其源，只说字之用法，而不及其构造，此其对于正音官话，无参考之价值，不待智者而知也。当晚周之际，为文字极盛时代，如老庄等，各立门户，各自立说。未尽完善者，受天演之淘汰。其完善者，为促进文明之良器。秦时而统

一，汉魏时尤极力提倡奖励，故能雄峙于百代之下。厥后文字命运，与汉魏俱衰，迄唐之初叶，为文字中兴时代，灿然可观，至今世可谓衰极矣。

讲者认为"吾人今日当研究国学根本之目的有三：一曰读书自由，二曰下笔自由，三曰教育普及是也"。演说于"读书自由""姑置不论"，就"下笔自由""教育普及"，称：

近十年来，有三潮流，先后而来，社会相率入其旋涡之中。第一潮流，为汉字统一会，日本人在吾国所创立者，张之洞、端方先后为名誉会长。日人忌吾国汉字之发张包藏祸心，取缔汉字，以弱吾国，谓文字太繁，普通日用者三千字已足。愚人不知，蒙其害者不少，幸章太炎先生，出而极端反对之、抵抗之，日本人遂不克遂志，而此会亦不能发达矣。第二潮流，为西洋留学生所设之万国新语会。留学生鉴于中国之名词不敷，书写不便，写法不便，而用世界语代之。吁，斯何言哉，世界语为俄人因与波兰人语言不通，而特创者，吾国自有吾高尚之文字，何须舍近求远，而沦亡国学。名词何常不敷，特彼不知，少研究，不善利用之耳。即不然，以数字连成一意亦可，以会意谐声等拼成一字亦可。印度佛教，传入吾国，因字之不敷，而添加之，如獭獭猻猻狘猗犗等，均各有别，其他可知，此其前例也。书法何常不便，特政府未规定草书字体耳，各国文字均有正草之别，苟吾人用草书记录甚便也。写法更何常不便，西国字横写，取其便也，吾国字直写，亦以取其便也，强令西国字直写，必不便甚，强令吾国字横写，亦必不便，甚势然耳，非人力所能改者也。因种种之理由不充足，遂未能通行，而会亦就消灭矣。第三潮流，为简笔画字会，劳乃宣所发起。劳因日人创汉字统一会，教育权为所握，遂假名此会，以夺回之，惜未能盛行耳。维时二十年来，正值此三旋涡潮流之中，有读音统一会起，作中流之砥柱，著国语学，使文言一致。夫国语之善者，莫官话若，易于学，亦易于知焉。字之要义凡三，语根形根义根是也。语根者，语字之本源也，若白众源于盘旋盘桓蹒跚趑趄媻屑，轻浮曰千翻，奈何曰老火等皆是。形根者，语字之象形者也，若日月云雨等皆是。义根者，语字之会意者也，若天从一、大，师意佩巾，衡为将，霸为伯者皆是。诸君以此求之，语根不足，形根以补救之，义根以维持之，则迎刃而解，可断言也。

因此认为："今日之大患，在语言不能统一，苟语言统一，徐谋教育之普及，亦不难矣。教育普及，则人民之知识程度、生活程度，并见增高，国家何畏乎贫弱。夫外人不学吾国之语言文字不足虑，吾中国人，安可不学吾中国之语言文字，以求言语统一，文言一致，以使国学之根本巩固，国基巩固耶。"（吴桂年：《记向仙桥先生国学根本问题演词》，《金陵光》，1917 年第 8 卷第 3 期）

6 月 21 日　江亢虎发通告，召集自费留美生，表示相关响应学生除学习赴美公学课程外，每晚另需在寓所研习国学两小时。

江氏交代缘起，称："不佞避地新大陆，承乏嘉省大学讲师。舍弟及儿女均随同留学，于兹四年。今以暑假受美国国会图书馆之委托，向我中央及地方政府采集官书，秋间仍将遄返。因念彼中学风之美，吾人求学之亟，而自费生渡美之难，愿趁便携带若干人，特订简约数则，告有志者。"简约其一为"饮食起居均从美俗，学生与美人同赴公学，每晚回寓特课国学两小时"。(《来件·江亢虎告有志自费游美者》，《申报》，1917年6月21日，第3张第11版)

7月2日　女子高等专修学校附设初等小学校发布简章，特别注重国学。

女子高等专修学校附设初等小学校发布秋季学期招生简章，称："宗旨：遵章教授各科，惟于国学一方面特别注重。年限：四年毕业。资格：以六岁以上九岁以下者为限，男女兼收。课程：修身每周二时，解识方字（以说文解字一书为主）每周六时，读书（选读章句短简之古籍，重在诵习，不在解释）每周六时，诵诗（古诗及唐诗）每周二时，习字（临印唐以前之字体）每周三时，笔算每周四时，珠算（三四年级加入）每周二时，图画每周三时，唱歌每周二时，手工每周二时，游戏及体操每周四时。"校址位于西门外江苏省教育会后女子高等专修学校内。(《来件·女子高等专修学校附设初等小学校简章（民国六年秋季始业）》，《申报》，1917年7月2日，第3张第11版)

8月20日　广智商业学校组织国学补余夜社，于本日正式开课。

《申报》记，"闸北宾山路义品里广智商业学校创办以来已届三载"，"该校现组织一国学补余夜社"，定于阴历七月初三开课。(《本埠新闻·各学校消息汇志》，《申报》，1917年7月16日，第3张第11版)该校亦在《民国日报》《时报》等刊载名为《研究国学之机会》《国学补余夜社之组织》的广告，谓："近有热心教育家在沪闸北宝山路义品里广智商业学校内组织一国学补余夜社，其内容计分国文、公牍、论说、札记、笔算及文法、文学史等诸科，聘请通儒专科教授，已订于阴历本年七月初三日开学，想此后有愿习国学而苦无捷径者，不致有歧路亡羊之恨矣。"（《研究国学之机会》，《民国日报》，1917 年 7 月 16 日，第 10 版；《国学补余夜社之组织》，《时报》，1917 年 7 月 16 日，第 6 版）

9 月 12 日　李淡愚在上海四川路青年会演讲《统一字切》。

青年会在《申报》发布预告，称四川路青年会于当晚八时请李淡愚莅会演讲《统一字切》，"于我国国学上颇有关系，凡学界分子届时均可往听，无需证券"。（《本埠新闻·青年会今晚之演讲》，《申报》，1917 年 9 月 12 日，第 3 张第 10 版）

△　钱玄同记自己谈国粹，专在文字，并无尊孔之念。

钱玄同记自己于 1908 年春夏之交，"其时与董特生、康心孚、龚未生、朱遏先、朱蓬仙诸人请太炎师谈小学，自是直至十六年之春，专以保存国粹为志。惟予之初谈国粹也，实专在文字之一部分，至于尊孔则脑筋中尚未作此想"。（杨天石主编：《钱玄同日记（整理本）》，第 315—316 页）

9 月 13、14、16、18 日　署名越俘者刊文《论北京戏剧亟宜改良以保存国粹》。（见《顺天时报》，1917 年 9 月 13、14、16、18 日，第 5 版）

10 月 1 日　《爱俪园筹赈会之第二日》广告："售物助赈处昨又加添康太镜架店、国学维持社售书。"（《本埠新闻·爱俪园筹赈会之第二日》，《申报》，1917 年 10 月 1 日，第 3 张第 10 版）

10 月 21 日　顾颉刚致信叶圣陶，谈及自己在北大的学习情况："同意日间为校课，夜中自为国故。"（顾颉刚：《顾颉刚书信集》卷一，第 24 页）

10月29日　《上海青年》刊登范子美名为《中国国学之研究》的演说词，由王文蔚记录。讲者表示，国学大体分为学问与文字，而学校偏重文字，于学问一道讲求不多。

演说称："吾国国学之分类，约计二种，曰学问，曰文字。近日学校中，大率偏于文字，而不知求学问。殊不知文如舟车，文字能载学问，如舟车之能载物也。若舍其学问则文字又何所附丽乎。"演说大体根据四库提要，又自分门类，将"中国国学分类条析"，分为二十类，加以条理说明。

一经学，演说将之分为两派，"曰汉学，曰宋学。汉学重考据，宋学言义理。汉学为汉儒所传，如郑玄、京房、费氏、何休诸先儒，而盛衍于清如戴东原、江慎修、汪容甫诸先生，皆汉学中佼佼者也。宋学始于北宋周濂溪、张横渠、程明道、伊川诸先儒，而前清如倭艮峰、唐镜海诸先生，亦以宋学称。盖传汉学者有清季《汉学师承记》一书，传宋学者有《诸儒学案》一书，皆有源流可求也"。二史学，分为五类："（一）纪传体。如马史班书等皆是。（二）编年体。始于《春秋》，涑水《通鉴》其最著者也。（三）纪事本末体。袁枢之《通鉴纪事本末》，实尸其始，实则根原于《尚书》。（四）野史。如《涑水纪闻》《明季稗史》之类。（五）杂史。如《山海经》《周穆王传》是也。"三博物学，演说称："吾国最古之书，有《尔雅》《毛诗》足供考据。其他如《本草群芳谱》之类，亦博物之一助。"四算学，分两种："言测窥者，有《周髀算经》。言计数者，有《九章算法》。至元代有《天元算法》。即今日代数之权舆，其法至简，惟以一代物，其后代推衍至四，名曰四元。清代梅氏最精其学，传有专书云。"五地理，分两派："一以山水分区域，如《禹贡》《水经》、郑夹漈《通志·舆地略》皆是也。一以郡县分区域者，如正史中《地理志》是也。然郡县代有沿革，而水流有时变迁，惟以山分区为千载不易。"六运动。称："中国古传有文舞武舞。文舞权舆于宗庙乐生之舞八佾，武舞权舆于乡饮酒射礼。三国时华佗创五禽戏，宋时有八段锦。实则文舞犹今之柔术体操，武舞犹今之兵式体操也。"七哲学，称："越希腊苏格来的而前者，其惟支那之哲学乎。吾国哲学约分二种，一曰形上学，言道者也，如无极、太极、阴阳之类。一曰性理或伦理学，言格物、诚意及孝弟之道。惟《子思子》一书，二者备焉。"八政治学，称："吾国最大之政书，有杜佑《通典》，马端临《通考》，郑樵《通志》，及续三通、清朝三通，是为九通。"九文学，分三类："一骈文。有韵为文，无韵为笔。骈文即有韵之文，是为正宗。二散文。散文与骈文同，亦须气势声调格律，惟不尚对仗耳。三诗词。骈文讲平仄，至诗词又尚韵矣。"十法律学，称："中国最古之律有吕刑，郑国侨曾铸刑书。其余如管仲、卫鞅、邓析、韩非等，皆著名之法家。近日西人有研究吾国唐律与罗马古律参考，亦吾国古法彰明之一助也。"十一音乐，称："音乐始于黄帝，相传有五声，曰宫商角徵羽。后又推衍曰变宫、变徵，即今日西人之七音也。"十二画图，分两派："曰南派，曰北派。南派贵工细，北派尚写意。南派以神韵胜，北派以魄力胜。"十三农学，称："吾国以农学著名，所出米谷之数，皆无其俦，其学曰园圃术。农业专书有《齐民要术》《救荒刍言》之类。"十四工学，称："吾国固尝以工业见称矣。西人名吾国曰支那，支那者，陶器也。其他如茶丝之类，亦皆著名。《周礼·考工记》，工学之专书也。"十五兵学，称："世传孙吴善用兵，传有孙吴二子，而司马兵法亦其类也。明戚继光传有兵法，即清代曾文正公之得力处。"十六医学，称："最古之书曰《灵枢》，曰《素问》，黄帝所传也。《素问》言受病之理，《灵枢》言人生之支配及作用。"十七音韵学，称："自沈约而四声始辨，今以至浅之言语之，不外二端，曰收声，曰发声。发声即反切之上音，收声即反切之下音。"十八雄辩学，称："战国时有苏张二人，言纵横之学，天下从风。其余坚白同异、谈龙说天之徒，如邹衍、公孙龙之徒，皆著名者也。"十九文字学，"言字学有许、段之《说文》，内言文字之所以然，及作何解。"二十金石学，称："钟鼎之属为金，碑玉之类为石，皆考古及研究文字所必求也。"（王文蔚：《记范子美先生演说辞（中国国学之研究）》，《上海青年》，1917年第1卷第35期）

11月15日　曹焕猷刊文《敬告全国保存国粹书》，警告国粹堕则国永亡，呼吁"膺学务之责者注意及之，而不使国粹湮没"。（《顺天时报》，1917年11月15日，第3版）

1918 年（民国七年　戊午）

　　1月6日　时人从美国驻华公使芮恩施的演说得到启发，提出保存国粹之论。

　　此文以为"美使芮恩施博士，关于中国美术保存之讲演，深足使中国人士，有所启发。博士之言曰，现今中国，宜先将固有的美术上之传说及感念，完全保存，然后更与西洋之科学的文明接触，以谋国民的发达。此等美术的感念，足以修养国民的生命，并使之美化。若待其澌灭，然后漫然与西洋文明相接触，恐中国国民崇高之气质，将见消亡，而沉沦于鄙野之物质的文明矣。故博士所以对中国人士，有两种劝告者，一则不可徒取西洋文明之外形，而遗其真相。一则不可忘却固有之艺术及国民的传说是也"。

　　作者将此事与日本由欧化而到保存国粹等而视之。称："日本当明治十七八年时，心醉欧化主义，凡属固有之文明，无论有形无形，一概吐弃，后因反动，保存国粹之论勃兴，乃比较内外，弃短取长，遂有今日，而当时尽力唤起此国粹保存论者，则为久居日本之法国人福尔别基博士。今美使能如福博士与否，虽未可知，然博士之演说，实足与国人以一种刺激。"（《国粹保存论》，《顺天时报》，

1918年1月6日，第2版）

1月　蒋兆燮自言"承乏教授以来，于中学三年级以上学子之研求国学者，恒遴庄子书为读本之一"。（蒋兆燮：《庄子浅训例言》，《复旦》，1918年第1卷第5期）

2月20日—3月6日　中国寰球学友会发起创办，先后发布七次简讯广而告之。

广告称："吾国今日立会结社之风，久已为社会诟病，良以斯文败类多半假学会之名，行罔利之实，其实能有裨士林者几于百不得一。本会由华侨黄君添寿等十余人热心国学捐资创办，本以文会友之义务，事事致力于实际，全部会务已推定浙省名宿倪轶池、张织孙两先生为临时正、副会长，公同主干。"（《中国寰球学友会广征国内外会友》，《申报》，1918年2月20日，第4张第15版）

3月1日　上海存古学校自本日起连续五天在《申报》刊登广告，招收面授及函授学生。

广告称："本校为保存国粹起见，特请精经宏儒专授经学，兼修国文，每月学费四元，寄宿亦可，如不能来校，通函遥从者，每月学费一元。凡四书五经中有疑字疑义，均可函问，并修改国文二篇。章程函索，附邮票三分。合意者请过哈同路民厚东里北三弄四二四号本校接洽可也。"（《存古学校招面函授生》，《申报》，1918年3月1日，第4张第14版）

3月15日　愈之发表译文《印度之美术及其近代美术思想之变迁》，称印度青年习于欧化、诋弃印度国学，致使印度旧式美术无人问津，有灭亡之患。

此文译自美国《亚细亚杂志》，其中涉及印度固有美术之式微，称："自英国占领印度后，欧洲写实派之美术盛行一时。印度青年，读欧西之文，习欧西之学，于祖国国粹敝弃无遗，甚且诋国学为野蛮，不屑闻问。近代印度王室及公共地方各种建筑，皆模拟欧式，绘画雕刻，悉尚西洋派，旧式美术已无人过问。冠绝世界之印度美术，渐有灭亡之惧。"（愈之：《印度之美术及其近代美术思想之变迁》，《东方杂志》，1918年第15卷第3号）

4月15日　陈独秀刊文驳斥盲从之国粹论，主张学术无古今中外之别，但当论粹不粹，不当论国不国。

《新青年》自第4卷第4号开始设立"随感录"栏目，陈独秀此同名文章即发表于此。陈文主张不尊古、不尊圣、不尊国，唯求其是、其粹，对于国粹论者分类批评。文谓：

> 学术何以可贵，曰以牖吾德慧，厚吾生。文明之别于野蛮，人类之别于其他动物也，以此学术为吾人类公有之利器，无古今中外之别，此学术之要旨也。必明乎此，始可与言学术。盲同之国粹论者，不明此义也。吾人之于学术，只当论其是不是，不当论其古不古。只当论其粹不粹，不当论其国不国。以其无中外古今之别也。中国学术，隆于晚周，差比欧罗巴古之希腊，所不同者，欧罗巴之学术，自希腊讫今，日进不已，近数百年，百科朋兴，益非古人所能梦见，中国之学术，则自晚周而后，日就衰落耳。以保存国粹论晚周以来之学术，披沙岂不可以得金，然今之欧罗巴学术之隆，远迈往古。吾人直径取用，较之取法二千年前学术初兴之晚周希腊，诚劳少而获多。犹之欲得金玉者，不必舍五都之市，而远适迂道披沙以

求之也。况夫沙中之金，量少而不易识别。彼盲目之国粹论者，守缺抱残，往往国而不粹，以沙为金，岂不更可悯乎？

吾人尚论学术，必守三戒：一曰勿尊圣。尊圣者以为群言必折中于圣人，而圣人岂耶教所谓全知全能之上帝乎？二曰勿尊古。尊古者以为学不师古，则卑无足取。岂知古人亦无所师乎？犯此二戒，则学术将无进步之可言。三曰勿尊国。尊国者以为"鄙弃国闻，外励进民德之道（用《重组中国学报缘起》之语）"，夫尊习国闻，曾足以励进民德乎？国闻以外，皆不足以励进民德乎？吾以为此种国粹论，以之励进民德而不足，杜塞民智而有余……

国粹论者有三派：第一派以为欧洲夷学，不及中国圣人之道。此派人最昏聩不可以理喻。第二派以为欧学诚美矣，吾中国固有之学术，首当尊习，不必舍己而从人也。不知中国学术，差足观者，惟文史美术而已。此为各国私有之学术，非人类公有之文明，即此亦必取长于欧化，以史不明进化之因果，文不合语言之自然，音乐绘画雕刻，皆极简单也，其他益智厚生之各种学术，欧洲人之进步，一日千里，吾人捷足追之，犹恐不及，奈何自画。第三派以为[欧]洲人之学，吾中国皆有之，格致古微时代之老维新党无论矣，即今之闻人，大学教授，亦每喜以经传比附科学，图博其学贯中西之虚誉。此种人即著书满家，亦与世界学术，无所增益，反不若抱残守缺之国粹家，使中国私有之文史及伦理学说，在世界学术史上得存其相当之价值也。例如今之妄人，往往举《大学》"生众食寡为疾用舒"之说，以为孔门经济学。不知近世经济学说"分配论"居重大之部分，《大学》未尝及之。
（陈独秀：《随感录（一）》，《新青年》，1918年第4卷第4号）

5月30日　报载东京帝国大学拟于9月起新设国学科。

《顺天时报》记："东京帝国大学已决定从九月起新设国学一科。"（《大学新设国学科》，《顺天时报》，1918年5月30日，第7版）

6月1日　江苏省议会第一届第三年第三次临时会议第二日第六提案，即蔡璜提议请定学校课程特立国学一科案，遭到否决。（醒民：《要闻一·苏省议会临时会纪事（二）》，《申报》，1918年6月3日，第1张第3版）

蔡璜提议云：

> 国事日非，综一切现象，绝无希望可言，识者唯教育系一息救亡种子。然计今兴学有年，灌输东西洋思想学说，不为不多。一为深维细察，言自由不以增福利而破秩序，言平等不以重责任而蔑伦常，言竞争不以御外侮而滋内乱，言权利不以图公益而饰私营，岂先进各国所由文明富强之学说，独迁地弗良欤？亦思其本原所在？要思想高尚，品性纯全，公义公德，滋荣发达，不握其本而事其末，曷有济乎？且立国大地，经数千年绵延勿替，亦自必有其本原所在，所谓国粹是也。一国之有国粹，犹树木之有本，即果实不良，只可取良种之枝干接殖，若竟拔去本根，无论能否生活繁硕，木已非木，即国蚤不国矣。今所最惧者，国粹日就沦丧，道德藩篱尽撤，缘附皮毛新说，以济其私而逞其欲，风俗人心，遂如江河之日下而不可挽，盖道学之敝，有好名伪善者流，犹以行恶为耻；迨科举之

散，假占毕词章以猎功名，则不知耻矣。而犹非所好也。由今
之道无变今之俗，将群以作恶为荣，其势已横流莫遏。钻营则
美其名曰运动，诈伪则美其名曰手段，奢靡淫汰则美其名曰物
质文明，至历来士林不齿之博戏狎妓，且公然诩为达权通变。
反之者笑为曲谨迂拘。夫至人人以作恶为荣，其祸之烈，岂洪
水猛兽能喻，其救济之方，较内讧外患倍难。窃以为方今急
务，要在保存群视为迂腐不急之国粹，而保存真正国粹，在昌
明数千年范围人心之国学。夫今之学校非不倡言德育，并备列
国文一科，然文者末焉，日讲诵论说一篇，与占毕词章何异？
当知学可以赅文，文不足以概学也。抑今之所谓德育，实不离
乎智育范围，竞标种种主义，只可供研究资料，于本原之地丝
毫无与也。拟建议省长，咨请教育部，定学校课程，特立国学
一科，择取古圣贤微言大义，讲明立身行己之要，存心养性之
功，以立道德之础，参以宋明诸儒之格言语录，遗粕撷精，用
正礼义廉耻大防，为风俗人心之障，则国粹不丧，斯人心不
死，而播种子以贻将来，即至不忍言之末日，当有绝而复苏之
望，此虽迂远，实为急要，请交大会公决。(《苏省议员议立国学
科》，《教育周报》，1918年第205期）

6月26日 上海老靶子路广东崇德女学校举行暑假成绩展览
会，"各科成绩均有可观，而于中国文辞为尤胜"。

《申报》记："老靶子路广东崇德女学校于二十六日举行暑假成
绩展览会，幕设北四川路怀恩堂，各科成绩均有可观，而于中国文辞
为尤胜。查该校系美国浸信会所创立，而能注重中国文学，虽属施教

育者之能尽责，抑亦受教者好学之诚也。于此益见国学感人之深矣。"
（《本埠新闻·学校记事一束》，《申报》，1918 年 6 月 28 日，第 3 张第 10 版）

　　6 月　署名子英者刊文谈国学为国之精髓，应竭力提倡。

　　其文谓："自欧风东渐，美雨西来，蟹行文字大盛，学校注重之，人民竞尚之，国学则反视如敝屣，轻若弁髦，《论语》难免当薪之灾，'六经'终罹束阁之弃，而数千年先圣先贤之遗旨，几荡焉无存，于是廉耻扫地，道德沦亡，放僻邪侈，日见其夥，风俗因之颓靡矣。呜呼，国学者，国之精髓也。精髓亡，国岂能久存乎？故我甚愿国人之有心者，竭力提倡之，则五千年文化之邦，来日兴强，庶有豸乎。"（子英：《养拙居杂谈》，《沪江月》，1918 年第 3 期）

　　7 月 23 日　上海圣约翰大学毕业生在无锡组织国学会，创办辅仁中学校，发布招生广告。

　　广告称："上海梵王渡圣约翰大学已毕业授有学位诸君，在锡组织国学会，捐集巨款，创办辅仁中学校。校中教职员均由圣约翰大学中毕业生担任，章程完美，布置周详，现已租定城中书院弄刘府园为校舍，定于九月五号开学，请圣公会美教士慕高文为校长，兹正从事招生矣。"（《地方通信·无锡·教育勃兴》，《申报》，1918 年 7 月 23 日，第 2 张第 7 版）

　　9 月 10 日　尊孔中学校举行开学礼，师长训言，大致以昌明孔道、研究国学为旨趣。

　　《申报》记其情形，称："尊孔中学校自今春筹办以来，迄已半载。租借信成银行旧址，作为校舍，房屋宏敞，而所聘教师，皆一时名士。如闽侯林传甲，向系京师大学教员。王潜山，系同文翻译馆译员。业于昨日（十号）行开学礼，由校长张仲屏致训词。毕，请修身讲师林传甲宣示，以孝弟忠信礼义廉耻八德为校训，次学监姚玉孙、西文教员陈巢鹰相继演说，大致以昌明孔道、研究国学为挽救世道人心唯一之要务。"(《本埠新闻·尊孔中学校开学》,《申报》，1918年9月12日，第3张第11版)

9月15日 署名冰弦者刊文《蔗渣谭》，针对法国汉学大家夏樊纳（沙畹）之死引起国粹派哀悼不已，而对国粹派加以极大讽刺，讥之为嚼甘蔗渣之徒。

此文因"法国夏樊纳教授，精研中国文字，比者然溘长逝，东西人士，哀悼不置，傅增湘氏之唁函，尤为悲恻。苟他日李提摩太、傅兰雅辈死，其动人凄感也将无同，则其影响于学术思想也不可谓细"，故有所论说。作者一面因"夏先生死矣，我固为好学不倦者哭"，一面则对引夏氏"为增重陈编腐简之价值"加以批驳。

> 嚼甘蔗渣之徒，所谓"国粹派"者向有"东学西渐"之说，谓东方学术，行将广被西土也。彼其所谓"东学"，又率以中国学术代表之；所常引以自豪者，不过据"水手游历"辈之游记（吴稚晖谓康有为之三绕全球，为水手游历）。每言某国大藏书楼中，庋存中国书若干万卷；某国大学，特设汉文科，即为东学西渐之证据。不思举秦火烬余，以逮今日所有之汉字书，无论其汗牛汗马，乃至摩托车万辆所不能尽载；又无论其充栋充梁，乃至充满纽约五十二层楼之高屋，究竟其中有几片几段，足当"学术"二字者，尚属一大疑问。"东学"美名，西人纵举而媚我，我犹面作紫霞红也。
>
> ……

国粹派曰：不然，请看夏樊纳。

呜！夏樊纳乎，请拉杂书吾所见——

香港对面的九龙洋关有英国关员某者，不特深通汉文，尤擅瘟臭的公牍。"呈为……事，窃……伏乞批示只遵"，"……等由，据此，相应照详，贵□，迅予施行"的死恶滥调，摇笔即成！

香港某洋行"大班"某者，名挂孔教会为会员，"今夫武备者保邦之具也"的八股起讲，"丹陛瞻宸采，濡毫颂圣明"的试帖诗，吟哦不绝，一笔"赵松雪"的字，更写得妩媚非常！

人类中之蠢懒恶劣者，缅甸的和尚，可称第一。吾于缅甸佛寺中，竟见有勾鼻绿眼、红髯白肤的僧人，手一经，喃喃终日。

夏樊纳氏"东学瘾"之深，彼数人者，亦何多让。国粹派要引以自重，除吾所见者尚多，何必一夏樊纳。

国粹派曰：东学大家夏樊纳者，所读为"经史子集"，所译为司马迁的《史记》，方之以作公牍，读八股试帖，诵缅甸佛经之数人，固亵夏氏，且经史子集而无当于学术，夏氏胡为萃毕生精力以穷之？

嗟夫！夏先生死矣，吾亦何尝不洒一掬泪，为天下之劬于学问孜孜屹屹者哭？然以此为增重陈编腐简之价值，甚且扬眉动色，谓为东学广被西土之先河者，吾犹有说也——

欧洲文人，举无不嗜读 Arabian Night 一书，即吾国译本之《天方夜谭》也。"神话"原为欧洲文学界中一佳品，况是书为阿拉伯文学哲学之代表，欧人一面取此老古董以娱心目，亦一

面尽窥回教诸国人民之心理；小亚诸国，遂可取而有之。当欧
人重译是书时，阿拉伯之国粹派，亦何尝不相夸以东学西渐，
想其兴致正复不减于诸公耳。三四年前，有欧人采得吾国《春
秋繁露》一书，辄谓人曰，"是书可为支那学术之代表；吾将
译之，以公诸欧人，他日盛名，当不让初译《天方夜谭》者"。
呜呼！其言之深曲，真耐人久久寻味。惟不嗜嚼蔗渣如我辈
者，始恧然有惭色；更不敢昂头张喙，与人言学术耳。《春秋
繁露》为支那学术代表之言，我辈所闻而狂震心悸，汗流浃背
者也；然而国粹家每不问其"粹"不"粹"，而只论其"国"
不"国"：故夏樊纳之所读为"经史子集"，所译为《史记》，
诸公固必引以自重；即其所读所译为《千字文》《千家诗》，亦
何尝不足以动诸公"东学西渐"之兴，起"未丧斯文"之快慰
也。（冰弦：《蔗渣谭》，《新青年》，1918 年第 5 卷第 3 号）

10月 贾丰臻刊文《教育宜保存国粹》，主张保存国粹应重伦
常、复礼教、崇信义、保平和、尚勤俭。

作者写作此文，针对当时谈教育者，"日日言欧化主义、日化
主义，而忘其固有之教化也。日日言人格教育，职业教育，而忘其
固有之人格教育、固有之职业教育也"，其结果"不仅他国之良法
美意迁地而勿能为良，即其故家之遗俗流风善政，亦将荡焉而无
存"。因此以为在"青黄不接之交，新陈代谢之会，与其画饼充饥，
毋宁数米为炊也。故曰教育宜保存国粹"。

作者将自己的主张，与"顽固者之所谓保存国粹""嗜古者之
所谓保存国粹"相区分。称："顽固者食古不化，执一不通。非先

王之服不敢服，非先王之言不敢言，非先王之行不敢行。甚至以尊孔为标题而垄断公产，以复古为主旨而豚尾终身。""嗜古者之所为，一读法也，而极之于经史诸子。一书法也，而穷之于汉魏六朝，甚至孔席颜瓢，悉为书丐之具，秦砖汉瓦，借充文宝之需。用其糟粕而弃其菁华，则又非予所敢附和矣。"与此二者相区别，作者"所谓保存国粹"，在于"重伦常，复礼教，崇信义，保和平，尚勤俭"，以之为"教育之大本"。后文一一言之。

文章论"重伦常"，称："吾国之重视家族主义，为世界各国所共知，然自光复以来，一般故老遗民，辄谓世道日非、人心日下，而伦常日浇薄矣。养口体之微而子女有德色，理家庭之事而闺房多恶声。破镜离缘，群主自由择配；阋墙起衅，且谓大义灭亲，极其弊将不识亲亲长长为何物。岂非吾国之隐忧乎。为教育者当知吾国之所以立国，名教中自有乐地，纲常外别无完人，则保存国粹之道得矣。"

论"复礼教"，称："吾国古代礼教最繁，为世界各国所罕见。综言之，为经礼三百，曲礼三千。析言之，即冠、昏、丧、祭、射、御、朝、聘、乡饮酒、士相见各种繁文缛节，实吾国特有之物。今则礼失求野，学在四夷。且变本而加厉矣。放诞者以滑稽为能，苟且者以私便为利。文人无行以放浪为自由，商贾慢客以诚恳为不屑。此亦吾国之忧也。为教育者，苟知礼教之当重于女学校、小学校等，增教礼仪、作法一面，实验之于家庭社会间，亦保存国粹之道也。"

论"崇信义"，称："吾国人之信义是好，为世界各国所艳称。赤手成家而衣食原料可赊欠，究未闻多数延偿者。红楼富女而婚姻

大事借片言，仅见有两姓涉讼者。斯民也，三代之所以直道而行
也。夫岂法治国之规规于印信，拘拘于字义间，所可同日而语哉。
为教育者，诚能扩而充之，一饮食之微而时刻必遵约，一寻常之事
而举动必合宜，则于保存国粹之道，岂有涯哉。"

　　论"保平和"，称："吾国人之爱平和久，为世界各国所不及。
试思西洋黑暗时代历千余年，日本战国时代历数百年，吾国则从未
有若是之久者也。西历一千九百十四年，欧洲大战争起，至今已历
四年，兴酣势盛，正未有艾。吾国则无论一次革命、二次革命、三
次革命，而从未有过半载者。双方时闻议和之声，四民争集弭兵之
费，亦可见酷爱和平之至矣。虽间有捣乱派奔走于朝野，革命家群
集于边隅。然究属少数人之野心，不足以代表全国民之心理。为教
育者，诚能扩而充之，则于保存国粹之道无遗憾矣。"

　　论"尚勤俭"，称："吾国人之克勤克俭亦为世界各国所乐道。
农工商贾自朝至暮，自少至老，兢兢业业，不遑宁居。试问有如各
国人之每日常休憩者乎？无有也。试问有如各国人之七日一来复者
乎？无有也。是以各国工厂喜用华工，各国商船来雇水手。非惟爱
其作事之勤，且取其工资之廉也。为教育者，诚能扩而充之，无论
大小学校于敏事勤学之外，尽力提倡储蓄，则异日之致富强，岂浅
鲜哉。此保存国粹之大效也。"（贾丰臻：《教育宜保存国粹》，《教育杂
志》，1918年第10卷第2期）

　　此文后又载《昆明教育月刊》1919年第3卷第3期。

　　11月2日　徐世昌在怀仁堂设宴招待参众两院议员，到场议员
共四百余人。议员在演说中表示风俗及国学情形为事关国家与民族
盛衰的大事。

徐氏演说略谓："吾国年来，数经忧患，外交内政弛废不修，言治者任举一端，何莫非当务之急。顾鄙人以为今日国人所当弹力聚策以赴之者，厥为欧战议和问题，与战后吾国在世界上之新地位，此实为世界大势变迁之要键，而吾国兴替所关。"安福国会参议院议长梁士诒代表议员致辞，略谓："我两院同人必当一本斯旨，协助政府以求达世界永久和平之目的，而增进吾国国际上将来优越之地位也。……他如风俗颓靡，国学沦亡，任举一端，要皆国家荣瘁之所关，亦即民族盛衰之所系，但使行政方面有挽救之方，则两院同人亦必尽扶持之责。"（《要闻二·公府筵宴议员详志》，《申报》，1918年11月6日，第2张第6版）

11月15日　鲁迅发表《随感录三十五》《随感录三十六》，批评保存国粹的论调。

《随感录三十五》所谈，主要表达一国独有之物，未必即值得保存；主张能保存"我们"为第一义，是否"国粹"并非关键。称：

> 从清朝末年，直到现在，常常听人说"保存国粹"这一句话。
>
> 前清末年说这话的人，大约有两种：一是爱国志士，一是出洋游历的大官。他们在这题目的背后，各各藏着别的意思。志士说保存国粹，是光复旧物的意思；大官说保存国粹，是教留学生不要去剪辫子的意思。
>
> 现在成了民国了。以上所说的两个问题，已经完全消灭。所以我不能知道现在说这话的是那一流人，这话的背后藏着什

么意思了。

可是保存国粹的正面意思，我也不懂。

什么叫"国粹"？照字面看来，必是一国独有，他国所无的事物了。改一句话，便是特别的东西。但特别未必定是好，何以应该保存？

譬如一个人，脸上长了一个瘤，额上肿出一颗疮，的确是与众不同，显出他特别的样子，可以算他的"粹"。然而据我看来，还不如将这"粹"割去了，同别人一样的好。

倘说：中国的国粹，特别而且好；又何以现在糟到如此情形？新派摇头，旧派也叹气。

倘说：这便是不能保存国粹的缘故，开了海禁的缘故，所以必须保存。但海禁未开以前，全国都是"国粹"，理应好了；何以春秋战国五胡十六国闹个不休？古人也都叹气。

倘说：这是不学成汤文武周公的缘故；何以真正成汤文武周公时代，也先有桀纣暴虐，后有殷顽作乱；后来仍旧弄出春秋战国五胡十六国闹个不休？古人也都叹气。

我有一位朋友说得好："要我们保存国粹，也须国粹能保存我们。"

保存我们，的确是第一义。只要问他有无保存我们的力量，不管他是否国粹。

《随感录三十六》所谈，认为若要在世界上生存并站住脚跟，需要进步的智识、道德、品格、思想，而并非有太多的"国粹"。文称：

现在许多人有大恐惧；我也有大恐惧。

许多人所怕的，是"中国人"这名目要消灭；我所怕的，是中国人要从"世界人"中挤出。

我以为"中国人"这名目，决不会消灭；只要人种还在，总是中国人。譬如埃及犹太人，无论他们还有"国粹"没有，现在总叫他埃及犹太人，未尝改了称呼。可见保存名目，全不必劳力费心。

但是想在现今的世界上，协同生长，挣一地位，却须有相当的进步的智识、道德、品格、思想，才能够站得住脚：这事极须劳力费心。而"国粹"多的国民，尤为劳力费心，因为他的"粹"太多。粹太多，便太特别。太特别，便难与种种人协同生长，挣得地位。

有人说："我们要特别生长；不然，何以为中国人！"

于是乎从"世界人"中挤出。

于是乎中国人失了世界，却又暂时仍要在这世界上住！——这便是我的大恐惧。（鲁迅：《随感录三十五》《随感录三十六》，《新青年》，1918 年第 5 卷第 5 号）

11 月 15 日　钱玄同在复函中论世界语，反对保存国粹，主张废弃国语。

钱玄同《答姚寄人论 Esperanto》，言及不应保存国粹，谓："至于有人说国语是国魂国粹，废国语是消灭国魂国粹，国将不国：这是十六七年前老新党的议论，动辄引俄灭波兰兼灭其语为言；……我意且以为国魂国粹要是永远保存，甚或昌大之，力行之，则国真要"不国"了。……照这样做去，中国人总有一天被逐出于文明人之外。……所以依我看来，要想立国于二十世纪，还是少保存些国魂国粹的好！"（《中国文字与Esperanto》,《新青年》, 1918年第5卷第5号）

11月　恽代英发起国学研究会，未几中辍。（恽代英：《民国七年回想录》,《恽代英全集》第三卷，人民出版社，2014年，第358页）

1919年（民国八年　己未）

　　1月8日　《文艺丛报》社在《申报》发布广告。该刊物由陈衍主撰，以振起国学为宗旨。

　　广告称："侯官陈石遗先生，经史文章冠天下，久为海内宗仰，当世之以文章名家者，非出先生门下，即为其友，一言许与，即执为能文之券。其弟子有为显宦者，劝先生出仕，则恬然不顾，惟竭力于文字。著作之已刊者，有《石遗室丛书》一百卷。梁任公办《庸言报》，聘先生撰述诗话，海内翕然，称为巨著。任公亦尝以诗请益，一时文家争相求教，其负鼎鼎之盛名为士大夫所崇拜者，盖有由来矣。兹避地来沪，鉴于国学之衰，拟自办旬报一种，冀挽垂绪，定名曰《文艺丛报》，先生自行主撰，并请当世名家分任撰述。每月三册，每册定价大洋二角，兹发行特价预定二百部，每预定全年一份只收半价大洋三元六角外加邮费每册一分，挂号另加。半年及一月不定。并赠送先生手书四尺对联一副及其女弟子翠微女士书四尺屏条四幅（纸须自备）。"（《文艺丛报广告》，《申报》，1919年1月8日，第4张第14版）

　　3月4日的《申报》记之更详，内容亦异。谓陈衍"以闽乱避地

来沪，与二三至友谈及国学飘零，辄为怆然涕下。于是毅然以挽救
坠绪自任，自行创办《文艺丛报》一种"。1月发布的广告称其为旬
报，月出三册，此则谓"月出一厚册"。此报"体例与时下杂志大
异。宗旨专重文艺，内容经史子学诗文词文法诗法词法书法画法笔
记小说丛话游戏文无一不备。每册约一百余页。先生自撰者居半，
其余撰述皆为先生至友"，预告"先生亲将前编京师大学堂国文讲
义十余种逐一校勘，分期刊登本报，俾后学者得奉为师承。其余名
贵之作如《石遗室师友诗录》，皆先生师友撰著古近体诗。《石遗
室诗话》乃先生说诗之精华。《石遗室诗文集》为先生最近之著作。
《海内诗文录》乃先生精选海内能诗能文者之著述。《尺牍观止》凡
近代名人尺牍之可观者，皆精选刊登。《清诗三百首》乃有清一代
之诗。《骈文指南》学骈文者得此可以循序而进。《诗法津梁》学诗
者必不可少。余若《读史蠡测》《词学丛谈》《小说丛话》《尺牍规
范》皆为学者所当备之智识。以上所列各种精华，皆于本报第一年
刊全，首尾完足，名虽杂志，然购满一年分订即成数十种有用之书
籍，洵堪宝贵珍异者也。石遗先生主任此报，聚精汇神，不肯苟
且。即以小说一栏而论，在本报不过聊备一格，并不重要，然先生
亦以全神注之，除自撰小说外，特请当今小说大家林琴南先生担任
撰译，此外邀请海上小说家数辈，分任其事，盖必使此报自首至
尾，成为完美无瑕之璧而后已也。定价每册大洋六角，全年七元二
角，邮费自备。兹为优待预订者起见，凡预订本报一年减为大洋四
元，邮票代洋九五折入（邮费每月三分），并赠送石遗先生手书对
联一付，翠微女士手书屏条四幅。先生法书高古绝伦，世不经见，
赠送及减价期限以阴历二月十四为止"，宣称"第一期准阴历二月

十五出版"。(《文艺丛报广告》,《申报》,1919年3月4日, 第4张第15版)

实际上,《文艺丛报》并未如《申报》广告所说如期发刊, 直到当年阴历四月, 才正式发刊。《文艺丛报》第1期有《介绍购阅本报者注意》一文, 交代发刊缘起与主要旨趣, 称:"吾国文学至今日而衰敝已极, 将沦亡矣, 上无悦学之大人先生提倡而宏奖之, 下有功名利禄诸奔竞, 声色饮博诸娱乐, 使灵特优秀之子日消耗聪明才力于文学以外, 余窃不知其所可也。光绪末叶, 能为桐城言及古近体诗者尚错出千里百里间, 虽肤廓浮俗不足与语深, 然告朔之羊可爱者礼也, 今则新体竞尚, 吸欧糟而吹美粕者, 与国粹为大敌, 贸然欲推翻之, 国粹而亡, 国将不国, 同人忧之。爰请东越陈石遗先生主办本报, 先生为海内老名士, 艺林泰斗, 久著声誉, 举凡名公巨卿文家诗老, 皆深加钦佩, 以先生之学问德望, 膺中兴国学之任, 庶震旦一线光明得存, 而区区保存国粹之心, 亦可稍遂。惟是世风不古, 读者心理随时会而运变, 郑卫之声, 耽耽不倦, 雅乐之音, 闻之欲睡。此后本报之销行, 不可预必然。愚意爱国粹者必推爱本报, 介绍畅销之事, 非众心协力不能使垂久远。所冀爱好诸君, 广为介绍, 国学前途, 实利赖之绍介。"(《介绍购阅本报者注意》,《文艺丛报》, 1919年第1期)

《文艺丛报》的编辑主任为陈衍, 编辑为苦海余生(陈哲庐)。

1月10日　恽代英拟文规定武汉中华大学附中"教育之全部的目的"包含"国民常识之养成""生活技能之养成""公民资格之养成""升学能力之养成", 其中"国民常识"包括"国学常识""科学常识""世界常识"。

恽代英在当日的日记写道:"又规定教育之全部的目的如下:

（一）国民常识之养成：国学常识，科学常识，世界常识。（二）生活技能之养成：手工制造，化学制造，国文改良，小学教育研究。（三）公民资格之养成：公民知识，公民道德，协同生活之训练，社会服务之提倡。（四）升学能力之养成：英文程度提高，各科平均注重，每上课时口问、月考，提倡预习，提倡自由研究，择校之辅助。"（恽代英：《民国八年日记》,《恽代英全集》第三卷，第148—149页）

当年5月6日，恽代英致信胡适，告知："代英办中学事，将近一年，于此中利弊颇有心得，现正草《中学改制论》一篇。"（恽代英：《致胡适》,《恽代英全集》第三卷，第8页）此文当是恽代英改制中学的计划之一。当年1月，恽代英与友人讨论学人与学术，涉及"国学"的主张。1月7日，"天豪言，学人浅而多言，故研究一种学问，便挂出一种招牌，洎至他人厌恶引为笑柄。余意此诚可戒。然总是自安于一学者，故时露出学者气派，若发大心做真人，即学问亦是次等事。诚中形外者，是道非学其少厌恶者乎？"（恽代英：《民国八年日记》,《恽代英全集》第三卷，第146页）1月13日，"告天豪，中国人不好学是根本病，故无研究兴味，研究能力。国学无人研究，科学亦无人研究，今乃断断争新文学、旧文学，新名词、旧名词，实尚第二层事也。"（恽代英：《民国八年日记》,《恽代英全集》第三卷，第150—151页）可见其注意实际的研究，不赞成新旧对立与此是彼非。

恽代英主张"利用旧思想以推行新思想"，尤其是"利用旧思想之正确者，以传播新思想"，认为"必欲将旧思想一概抹煞，以启争辩，而碍事机之进行，若非为自己好奇立异，殊不必也"。因此谓："孔子之学说，自然不尽可信，然苟确有所见之大学者，其根本观念每每不谬，其余则受当时社会之影响，有不正确处，亦有不可讳者。如孔子《礼运》《大同》及《论语·道之以政》章，何曾不好。至谓女子比于小人，事君期于尽礼，则囿于时见，此人之常情。以此责孔子，犹责其不用阳历而行夏之时，不坐摩托车而乘殷之辂，此岂非可笑事耶！"（恽代英：《民国八年日记》，《恽代英全集》第三卷，第219页）可以视为其对于国学的态度。5月19日致信胡适道："代英每疑与旧势力不必过于直接作敌。一则所谓新人物不尽有完全之新修养，故旧势力即完全推倒，新人物仍无起而代之之能力。一则若用稍委曲之方法，旧势力既不生反感，虽全盘与之推翻，亦不知觉。一如以孔子之道治自命为孔子之徒，比用直接之方法，成效远优。代英尝谓朝三暮四，朝四暮三，虽同是一样，然以此欺世人，极为有效。譬如恋爱自由，闻者必诧为妖言。然若与言结婚自由，则自命为时髦者，不肯反对。再与言离婚自由，则头脑略清者，亦易懂解。实则自由结婚加自由离婚，去恋爱自由不远矣。代英即用此法以立说，颇觉有收效处。再劝人互助，此亦无人反对之事，且去其自私与懒惰之恶习。彼于大同学说，及新人生观，自另有一番领会之能力。此则新声社诸君及代英自身所觉亲受之益也。未知假定此番新旧大决战后，设为旧势力战胜，上述方法，先生以为可供吾党之采取否？"（恽代英：《致胡适》，《恽代英全集》第三卷，第24—25页）其实即是主张以旧思想推行新思想。

1月15日　时人批评《新青年》破坏国粹，陈独秀刊文辩护。

陈独秀《本志罪案之答辩书》称："社会上非难本志的人，约分二种：一是爱护本志的，一是反对本志的。"第二种人"对于本志的主张，是根本上立在反对的地位了"。所非难者，"无非是破坏孔教，破坏礼法，破坏国粹，破坏贞节，破坏旧伦理（忠、孝、节），破坏旧艺术（中国戏），破坏旧宗教（鬼神），破坏旧文学，破坏旧政治（特权人治），这几条罪案"。陈独秀以为，"因为拥护那德英克拉西（Democracy）和赛因斯（Science）两位先生，才犯了这几条滔天的大罪。要拥护那德先生，便不得不反对孔教，礼法，贞节，旧伦理，旧政治。要拥护那赛先生，便不得不反对旧艺术，旧宗教。要拥护德先生又要拥护赛先生，便不得不反对国粹和旧文学"。（陈独秀：《本志罪案之答辩书》，《新青年》，1919年第6卷第1号）

1月26日 北大学生陈钟凡、张煊等数十人发起成立国故月刊社，刘师培、黄侃被推为总编辑。其简章经蔡元培过目，出版经费由北京大学垫付。

先是"岁初俞士镇、薛祥绥、杨湜生、张煊慨然于国学沦夷，欲发起学报以图挽救，遂定期于张煊处讨论一次，并草定简章数条，决定首谒教员征求同意，次向校长陈述。嗣谒诸教员，皆蒙赞允，同学加入者甚夥，遂谒校长，请助经费，校长允与垫办，俟社中经费充裕时，再行偿还。次日用发起人二十人名义上校长函请款，支领开办费三百元，本社遂以成立矣"。（《本社记事录》，《国故月刊》，1919年第1期）

国故月刊社于"一月二十六号开成立大会于刘申叔先生宅内，教员至者六人，同学至者数十人。当即提出章程，讨论修改第二条为'本月刊以昌明中国固有之学术为宗旨'，第三条图书讲演门删去，第七条编辑十六人改为若干人，第九条全行删去，定于阳历三月二十号出版，所有投稿统于二月二十号前缴齐，其印刷发行等事请康心孚先生担任。议毕，当即推举职员，并定翌日午后开职员会

议，遂散会"。(《本社记事录》,《国故学刊》, 1919 年第 1 期)

国故月刊社"以昌明中国固有之学术为宗旨"。月刊内容，约分九门：（一）通论；（二）专著；（三）遗著；（四）艺文；（五）杂组；（六）记事；（七）外稿选录；（八）著述提要；（九）通讯。每月刊行一次。"凡北京大学同学有赞成本月刊宗旨者，皆得为本社社员。本社经济，由本社募捐。开办之初，暂由校中担任垫款。本社职员分编辑、干事二部。本社编辑部设总编辑二人，编辑若干人，名誉编辑若干人。本社干事部设总务主任一人，总务四人，文牍四人，庶务四人。本月刊所登稿件，无论社员非社员，悉无金钱之报酬。本社设于北京大学文科①。本月刊发行及募捐章程另订之。本章程有未尽善处，得由社员五人以上之同意，提出修改。"(《本社记事录》,《国故学刊》, 1919 年第 1 期)

国故月刊社职员如下：

编辑部：总编辑为刘师培、黄侃。编辑为陈汉章、朱希祖②、马叙伦、屠孝寔、梁漱溟、康宝忠等（并表示"尚拟请编辑数人，俟得同意后再布"）。

干事部：总务主任为康宝忠。总务为杨湜生、顾名、王保黄。文牍为胡文豹、区文雄、罗常培、张介麻。庶务为刘翰章、董威、孙延杲、胡永声。(《国故月刊社成立会纪事》,《北京大学日刊》, 1919 年 1 月 28 日，第 4 版)

---

① 2 月 22 日，国故月刊社在《北京大学日刊》发布声明，表示月刊社已定址于文科大楼第三层三十三号。
② 1 月 28 日，朱希祖在《北京大学日刊》发表《朱希祖启事》，声明因事务繁忙，特辞《国故月刊》编辑一职。

2—3月 虽《国故月刊》于3月20日方正式刊行，然其主张与宗旨早已经《北京大学日刊》在北京大学内传播。因《国故月刊》晚出，与先前同在北京大学之《新青年》《新潮》《每周评论》旨趣相异，又牵涉北京大学内本就存在的学术与思想倾向的不同派系，遂引起一系列反响。

2月，《小说新报》之"滑稽新语"栏目，以《新谜》"秀才造反"讥北京大学新旧之争。文谓："比来京师大学新旧二派风潮极烈，新派提倡文学革命，变本加厉，大为识者所嗤。旧派抱残守缺，斤斤以保存国粹为旨。平心论之，旧派所持理由，实较充足，吾尝见新派所撰诗词，似歌谣非歌谣，似俚谚非俚谚，简直一句不通。友人苦海余生尝语余曰，今以'文学革命'四字为谜面，打俗谚一。余曰其'秀才造反'乎？友称善。嗟乎，今之提倡文学革命者，真所谓秀才造反也。"（《新谜》，《小说新报》，1919年第2期）以保存国粹与文学革命为新旧宗旨之不同，大体反映《国故月刊》与《新青年》《新潮》等杂志旨趣之差异，而文章作者似倾向于保存国粹一系学人之主张。

3月6日，署名静观者（张厚载）在《申报》发表《北京大学新旧之暗潮》，从北京大学新旧学派的争议立言，谓老师辈学风分新旧，学生各主其师说，亦截然两分，并以《国故月刊》与《新青年》《新潮》《每周评论》相对立。

其文谓："国立北京大学自蔡子民氏任校长后气象为之一新，尤以文科为最有声色，文科学长陈独秀氏以新派首领自居，平昔主张新文学甚力，教员中与陈氏沆瀣一气者有胡适、钱玄同、刘半农、沈尹默等，学生闻风兴起，服膺师说，张大其辞者，亦不乏人。其主张以为文学须应世界思潮之趋势，若吾中国历代相传者乃为雕琢的阿谀的贵族文学，陈腐的铺张的古典文学，迂晦的艰涩的山林文学，应根本推翻，代以平民的抒情的国民文学，新鲜的立诚的写实文学，明了的通俗的社会文学，此其文学革命之主旨也。"此系学人前后抒其议论于《新青年》，"近又由其同派之学生组织一种杂志，曰《新潮》者，以张皇其学说。《新潮》之外，更有《每周评论》之印刷物发行，其思想议论之所及不仅反对旧派文学，冀收摧残廓清之功，即于社会所传留之思想，亦直接间接发见其不适合之点，而加以抨击"。

与此派相对峙者，"有旧文学一派"。"旧派中以刘师培氏为之首，其他如黄侃、马叙伦等，则与刘氏结合，互为声援者也。加以国史馆之耆老先生如屠敬山、张相文之流，亦复视新文学派若蛇蝎，而深表同情于刘黄。刘黄之学以研究音韵说文训诂为一切学问之根，以综博考据讲究古典古制接迹汉代经师之轨。文章则重视八代而轻唐宋，目介甫、子瞻为浅陋寡学，其于清代所谓桐城派之古文家则深致不满，谓彼辈学无所根，而徒斤斤于声调，更借文以载道之说，假义理为文章之面具，殊不值通人一笑。从前大学讲坛为桐城派古文家所占领者，迄入民国，章太炎学派代之以兴，在姚叔节、林琴南辈目击刘黄诸后生之皋比坐拥，已不免有文艺衰微之感，然若视新文学派之所主张，更当认为怪诞不经，似为其祸之及于人群直无异于洪水猛兽，转顾太炎新派，反若涂轨之犹能接近矣。"此系学人"乃亦组织一种杂志，曰《国故》。组织之名义，出于学生，而主笔政之健将，教员实居其多数。盖学生中固亦分旧新两派，而各主其师说者也。二派杂志旗鼓相当，互相争辩，将来真理可以由之而明，界说可以由之而定。绞学者之脑筋，当然有裨于文化，第不愿忘其辩论之范围。纯任意气，各以恶声相报复耳"。

"至于介乎二派而具有调和之能力者，则有海盐朱希祖氏，朱亦太炎之高足弟子也。邃于国学，且明于世界文学进化之途径，故于整理旧文学之外，兼冀组织新文学，惟彼之所谓新者，非脱却旧之范围，盖其手段不在于破坏，而在于改良。"

此文最后提到："日前喧传教育部有训令达大学，令其将陈、钱、胡三氏辞退，并谓此议发自元首，而元首之所以发动者，由于国史馆内一二耆老之进言。但经记者之详细调查，则知确无其事，此语何自而来，殊不可解。寄语新文学诸君子，中国文学腐败已极，理应顺世界之潮流，力谋改革，诸君之提倡改革，不恤冒世俗之不韪，求文学之革新，用意亦复至善，第宜缓和其手段，毋多树敌，且不宜将旧文学上价值一笔抹杀也。"（静观：《要闻·北京大学新旧之暗潮》，《申报》，1919年3月6日，第2张第6版）

此文用心殊深。一是不仅如《小说新报》之文，言及北大内部学人新旧学术与思想之对立，更是公开点名《国故月刊》乃针对主张新文学、新学说的胡适一系人物，也包括《新青年》《新潮》《每周评论》等相关刊物。此文虽一面表示不信舆论之说，但还是揭出舆论风传教育部训令将陈独秀、钱玄同、胡适等人辞退的信息，并将矛头指向国史馆内的耆老。

3月18日，《公言报》刊发《请看北京学界思潮变迁之近状》，加一前言，谓："北京近日教育虽不甚发达，而大学教师各人所鼓吹之各式学说，则五花八门，颇有足纪者。"全文大体内容即是上述《申报》文。

北京大学对此事的反应，显然不论新旧，较为统一。3月21日，蔡元培在《北京大学日刊》撰文反驳。(《蔡校长致公言报函并附答林琴南君函》,《北京大学日刊》, 1919年3月21日, 第1—2版) 3月24日，《北京大学日刊》附张发表《刘师培致公言报函》, 文谓:"读十八日贵报《北京学界思潮变迁》一则，多与事实不符。鄙人虽主大学讲席，然抱疾岁余，闭关谢客，于校中教员素鲜接洽，安有结合之事？又《国故月刊》由文科学员发起，虽以保存国粹为宗旨，亦非与《新潮》诸杂志互相争辩也。祈即查照更正，是为至荷。"(《刘师培致公言报函》,《北京大学日刊》, 1919年3月24日, 第6版) 同时刊登《国故月刊社致公言报函》:"阅本校日刊，得悉十八日贵报有论北京大学新旧学派一条，所云《国故月刊》情形与真象不符，特将敝社经过事实略为陈述，请详览焉。《国故月刊》纯由学生发起，其初议定简章即送呈校长阅览，当蒙极端赞成，并允垫给经费，本社遂以成立。嗣以社中尽属同学，于稿件之去取未便决定；又因同学才识简陋，恐贻陨越，箴规纠正，端赖师资；故敦请本校教员及国史馆职员为总编辑及特别编辑，而社中编辑十人，则全为学生。由此以观，则学生为主体，教员亦不过负赞助上之职务耳。而贵报所谓'顷者刘、黄诸氏，以陈、胡等与学生结合，有种种印刷物发行也，故组织一种杂志，曰《国故》。组织之名义出于学生，而主笔政之健将，教员居其多数'，毋乃全背事实，而蹈捕风捉影之讥乎？至于本社成立之初，同人尝立一规律，以研究学术，实事求是，不得肆击他人，亦不得妄涉讪骂，至今恪守，罔敢逾越。盖以学术大同，百科并重，各尊所闻，各行所是，只求学理之是非，而无意见之争执。而贵报不察，既未明本社真象，复故猜测其词，以为且轶

范围而涉意气。"（《国故月刊社致公言报函》,《北京大学日刊》, 1919年3月24日, 第6版）

3月6日　中华编译社在十余天内发布八次广告, 称敦请林纾、陈衍等, 创办文学函授部, 以振国学。

广告称：

> 　　文学之范围甚广, 盖包有经学、古文、诗词、书牍、小说而言之也。中国今日文学衰堕极矣, 学者尽其晨夕之力以研究西洋科学, 置中国最古之文学于不顾, 是所谓弃本逐末、舍近求远也。本社同人忧之, 于是有文学函授部之设, 敦请文学名家林琴南先生为主干, 陈石遗先生为文科主任, 其余分任教员亦皆知名之士, 如词学教员易实甫, 诗词教员天虚我生, 史学教员许指严, 文学教员李涵秋, 小说教员李定夷, 国文教员蒋箸超, 尺牍教员苦海余生, 杂文教员胡寄尘, 新闻教员王钝根, 骈文教员吴东园, 皆于文学界负鼎鼎之盛名, 均经本社聘为教员, 每人担任讲义数种, 并请蒋箸超、苦海余生、李定夷诸先生驻社担任修改文字, 洵为中国独一无二之函授。愿存心国学者, 急起而直追之。（《林琴南主任文学函授部招生》,《申报》, 1919年3月6日, 第4张第14版）

3月19日　署名一之者, 论日本与中国两国的海外归国人士对于本国学问态度之迥异。

署名茂敏者, 自1919年2月4日起, 在《申报》连载《旅美观察谈》。自第二次起, 署名一之。3月19日, 作者谈道："日本人之往美国者，即系寻常侨民，亦必慎加选择，若将负笈游学，其难盖什伯于我国。我国寻常中学程度不足之人，只须学得殊方异域之文言归国不难，敝履国学，菲薄先贤，举国瞠目结舌，不辨孰是孰非。而日本人之归国者，环境皆通人，新学中正多耆宿，后生小子自万不能轻忽。若是日本人中竟有留欧精研法学十三年归国，仅得一寻常大学之法学教授者。故旅美诸日本人大抵藐视吾华，其尤著要之点，谓我华学子外国大学甫毕业，本国情势或未知，便欲担当国家大事而目空一世，信手推翻一切云。纽约日本文报纸之短评尝有'生为中国青年机遇至堪艳羡令人盼想不到'等语。呜呼，此岂真堪艳羡，真足盼想者耶？"（一之：《新谈·旅美观察谈（四十四）》，《申报》，1919年3月19日，第4张第14版）

3月20日　《国故月刊》正式发刊。

先是，3月15日《顺天时报》刊登《发行国故月刊》，谓："北京大学出版部近发起《国故月刊》以昌明中国固有之学术为主旨，材料丰富，印刷精良。其撰述诸稿，皆当代名人暨海内先贤鸿文懿著，美不胜收。内容分通论、专著、遗著、艺文、杂俎五类，月出一册，每册售价大洋三角。闻第一期定于本月二十号出版，其总发行所即在该大学出版部内。研究国学者谅必以先睹为快云。"（《发行国故月刊》，《顺天时报》，1919年3月15日，第7版）

黄侃在《国故月刊》创刊号上，发表《国故月刊题辞》。称：

　　昔者老聃，睹文胜之蔽，著书示后，以为绝学无忧。原伯鲁之徒，盖习闻其说，遂曰可以不学，不学无害。闵马父忧之，著于传记，为世大戒。盖君子立言，不可不慎如此也。然学之兴废在人。世或云有命，则不谛周、秦之际，九流百家，蜂涌旁午，秦政、李斯一旦焚《诗》《书》而坑儒士，道术由是遂亡，惟伏生、张苍、浮丘伯三数人者，抱残守缺于人间，卒延古学之一绽。假使诸君子委废兴于天命，任典籍之散亡，则是文、武之道，终于坠地，六艺之传，永绝萌芽，故曰"人能弘道"，岂虚言也！晚近三百年中，古学至盛，自顾、黄、惠、戴而还，辅弱扶微者多有，钩深致远者比肩。物盛则衰，以有今日，国乱俗坏，谗慝弘多。《诗》刺具曰予圣，《书》戒侮昔无闻，《传》讥数典忘祖，《孟子》诃倍师变学，此皆古人已知之矣。夫化之文野，不以强弱判也；道之非题，不以新旧殊也。或者伤国势之陵夷，见异物而思改，遂乃扫荡故言，诮为无用。虽意存矫枉，毋亦太过其直乎？

《诗》曰："国虽靡止，或圣或否；民虽靡膴，或哲或谋。"诸夏虽衰，老成典刑，未尽丧也。有志之士，诚能振颓纲以绍前载，鼓芳风以扇游尘，识大识小，各尽尔能。宁过而存，毋过而废，则可以免绝学之忧，可以收藏书之绩。硕果不食，其在兹乎？是编之作，聊欲以讲习之勤，图商兑之庆。邦人诸友，庶几比意同力，求得废遗。传不云乎，斯文未丧，乐亦在其中矣！（黄侃：《国故月刊题辞》，《国故月刊》，1919年第1期）

4月1日 国学商兑会完成换届选举，仍以高燮为编辑长，姚光为理事长。

据报："张堰镇之国学商兑会，本届改选职员，至前月底止，共收到选举票四十八张，编辑长一席，高吹万君得三十六票，胡朴庵君得六票，姚石子君得三票，金松岑君高君介君叶守仁君各得一票，理事长一席，姚石子君得四十二票，高君介君得三票，高吹万君得一票，张蓬洲君得一票，现已由书记员高君介发布通告，应仍以高吹万君为编辑长，姚石子君为理事长矣。"（《要闻二·国学商兑会职员连任》，《民国日报》，1919 年 4 月 1 日，第 7 版）

△　报章记《华侨热心国学》。

文称："华侨傅溪水君，爪哇富商也，去岁因公来沪，补助慈善事业不遗余力，且傅君虽生长异邦，而研求国学，仍不稍辍，近因全国青年协会，有竞销青年进步杂志之举，傅君承青年会干事李允臣君之请，慨然应诺为黄队队长，傅君交游既广，杂志销路必更多矣。"（《本埠新闻·华侨热心国学》，《民国日报》，1919 年 4 月 1 日，第 11 版）

△　康白情发表《太极图与 Phallicism》，批评"只要是国的，就是粹的"观念，主张应研究"又国又粹"的国粹。

康白情批评有一种"'国而不粹'的国粹家——就是说只要是国的，就是粹的，就是该敬奉的、该阐扬的"。主张"'国而不粹'的国粹，值不得研究"，而应研究"'又国又粹'的国粹。"（康白情：《"太极图"与 Phallicism》，《新潮》，1919 年第 1 卷第 4 号）

△　傅斯年发表《清代学问的门径书几种》，表示自己并非怀有国粹主义，而是要整理历史上的学问。

其文称：

　　我希望有人在清代的朴学上用功夫，并不是怀着什么国粹主义，也不是误认朴学可和科学并等，是觉着有几种事业，非借朴学家的方法和精神做不来，这事业就是——（1）整理中国历史上的一切学问。中国学问不论那一派，现在都在不曾整理的状态之下，必须加一番整理，有条贯了，才可给大家晓得研究。（2）清朝人的第一大发明是文字学，至于中国的言语学，不过有个萌芽，还不能有详密的条理，若是继续研究下去，竟把中国语言的起源演变发明了，也是件痛快事。（3）中国古代的社会学正待发明。以上的三种事业，必须用清代朴学家的精神，才能成功，但是若直用朴学家的方法，不问西洋人的研究学问法，仍然是一无是处，仍不能得结果。所以现在的学者，断不容有丝毫"抱残守缺"的意味了。（傅斯年：《清代学问的门径书几种》,《新潮》, 1919年第1卷第4号）

4月3日　署名一之者续刊《旅美观察谈》。

其称："外国赴美大学教授，其第一种利用法，即以授课之暇，出向各大埠演说，隐为祖国任鼓吹。此类大学教授，第一必须国学精深，第二必须擅长英文，第三必须习于辞令。三者不可缺一，而以第一种为更重要。因国学不精深者，不独不能因大学教授一席宣扬祖国文化，且反因此骈拇枝指之人物，而为外人所轻视也。"（一之:《新谈·旅美观察谈（五十九）》,《申报》, 1919年4月3日，第4张第14版）

4月　朱荣泉论《国粹与欧化》，谓"固有精华曰粹"，国无精华，国将不国。主张保存国粹，斟酌欧化。

文章以为，单以国粹治国，虽或弱国但不致亡国；单以欧化治国，国虽存而实已亡。其文详道：

固有精华曰粹，与人同化曰化。国粹者，我国历世相传四千余年，日积月累之精华也。欧化者，十九世纪欧风墨雨横扫东来之文化也。民国肇建，万象维新，文人学士醉心欧化。尊西学为经典，弃国学如糟粕。祖传国粹荡焉无存。呜呼，何其不爱国若是甚也。今姑不论国粹与欧化之优劣。试问，国无精华，国将焉国。随欧同化，国又焉存。我国立国以国粹为基础乎，抑以欧化为根本乎。如以欧化为本，则我国立国之初，固无欧化输入也。如以国粹为基，则今日方群谋去基，国能保不倾耶。何文人学士之不反本三思也。或曰我国死守国粹，积弱已深，非采取欧化不足以反弱为强。应之曰，国粹弱国，我未敢断。欧化反强，我未敢信。成吉思汗横扫欧亚，彼时固无欧化之东来也。清季以来，我国醉心欧化者数十年矣。留学之博士技师数多于鲫，何国之愈化愈衰也。国粹弱国欤？欧化反强欤？不待指而明矣。我国国粹固有不适用于今者，则采取欧洲各国之所长者，以补我短可也。何化之有。欧化固有为我国所无者，则择其有益于我国者，与国粹酌中而采取之可也。何化之有。夫我国国粹所无者，厥惟科学，则以我国固有之文字研究之可也。哲学、名学、政治、教育，我国国粹间有出入，则用以备参考，补不足而已。固不必均采也。至于文学，则我国学精而且美，固绝对不容欧化之输入也。乃有丧心病狂之徒，谋改我国粹固有之文式诗式而从欧化之白话体。呜呼，是不啻欲改我国国人之乌发黑睛而从欧种之黄发碧眼也。乌乎可哉。香山之诗，妇孺都解。诗三百篇多采歌咏，几见其用白话体哉。是欲亡我国国粹之文体也。彼文体果关于国之强弱耶，不特此也。彼航海万里，茹苦含辛出洋求学者，考其所求，多无益祖国之文学。间有求哲学而得博士头衔者矣，试叩以中国固有之哲学则又瞠目莫应也。亦有求科学者，然我未见其以所学应用于祖国。又未见其鼓吹提倡科学于祖国也。最可痛者，一习西学则衣西服，行西礼，言西语，著西文，是不特学术欧化，衣服、礼法、言语、文字，所谓国之根本者，亦随欧俱化矣。闭目默思，果全国人民尽如此辈，世界尚复有中国乎。即有之，亦何以自别于他国哉。彼衣服礼法言语文字，国粹者，果足以弱国耶。抑不适用于今耶。而欧化者，果足以反强耶。抑有益于我国耶。弃我精华，袭人皮毛，东施效颦，愈见其丑。此我国今日学者之大病也。国粹致之乎？欧化致之乎？总之，单守国粹以治国，弱则有之，亡则断无。其理至于专求欧化以治国，则国已随欧同化，不待亡而自亡矣。考诸中外古今，诸国兴亡，固无自亡者也。然而自亡将自中国始矣。全国同胞之热心救国，努力图存与否，我不能知。如果有救亡志士，则我将正色告之曰，请自保守国粹，斟酌欧化始。（朱荣泉：《国粹与欧化》，《天籁》，1919年第8卷第1号）

5月1日 毛子水在《新潮》刊文，题名《国故和科学的精神》。主张学术是天下之公器，并无国与不国之分别，并提出研究国故必须要有科学的精神。傅斯年于文末呼应此意。

毛子水此文讨论国故与科学的精神，国故与科学为两大关键词，因此首先讨论国故的名义。毛子水认为，"讲国故的人"，所讲"国故"各不相同，"有些必定说国故就是'三纲五常'；有些必定说国故就是'四书五经'；有些必定说《学海堂经解》是国故；更有些必把《骈体文钞》《古文辞类纂》《钟鼎款识》……等东西当作国故"，"国故这个名词，没有狠清楚狠一定的意义"，因此"要先知道清楚什么叫得国故"。

毛子水从国故大家章太炎的《国故论衡》谈起。他认为此书"在近来讨论国故的书籍里面，纵未必是最精审的，亦必是最精审的一种了"。根据此书内容，"上卷论语言文字，中卷论文学，下卷论学术思想。……可以说'国故就是中国古代的学术思想'"。毛子水依据此说，又以为"中国民族过去的历史，章先生的书里虽然没有论到，亦正当的可以叫得国故"。[①] 因此，对国故作出定义："国故就是中国古代的学术思想和中国民族过去的历史。"

基于这一定义，国故为"故"，而其与今日世界学术的关系，便成为毛子水接下来论述的重心。与国故相对，毛子水所说"欧化"，为"欧洲现代的学术思想"，两者相对，但非"对等的名称"。就"学术思想"论，"国故是过去的已死的东西，欧化是正在生长的东西；国故是杂乱无章的零碎智识，欧化是有系统的学术"。两者"万万没有对等的道理"，不可并列。

由"国故"，毛子水又引申出"国新"，以"是否生长"来区分故与新。他以为"把国故和'国新'并列，亦觉得不伦不类，因为'国新'亦是正在生长的东西"。"国故"与"国新"的区分，牵涉对中国旧有学术与欧洲学术的态度，以及如何创新学术与文化的问

---

① 　章太炎其实非常重视历史，以之为国粹、国故、国学的重要一部分。尝说："为甚提倡国粹？不是要人尊信孔教，只是要人爱惜我们汉种的历史。这个历史，是就广义说的，其中可分为三项：一是语言文字，二是典章制度，三是人物事迹。"

题，以为"新"并不论国与不国：

　　"国新"就是现在我们中国人的学术思想——是一个正当的名称。倘若现在我们中国人的学术思想的程度，还是同数百年或数千年前的一样，这个"国新"就同国故不分，——这就是我们中国人的学术思想没有进步；这就是过去的这几千年或几百年的时间，我们都让他白白过去了。倘若现在我们中国人的学术思想的程度，同欧洲人的一样，这个"国新"就和欧化一样。这个和欧化一样的"国新"，无论是我们自己创造的，或从欧化里面吸收来的，都是正当的。学术这个东西，同那太阳光一样。这个太阳，不是北京人私有的，亦不是上海人私有的。有太阳光的地方，不能说这太阳光是他的；没有太阳光的地方，——譬如在密郁郁的树林里，或在黑洞洞的房子里——亦不能说这个太阳他是没分的。我们倘若要这太阳光，我们不要躲在那密郁郁的树林里或那黑洞洞的房子里就得了。学术思想，并不是欧洲人专有的，所以"国新"不妨和欧化雷同。还有一层：一个人能够把别个人的东西，用合法的手续取来，这个东西就是他的。我们买来药剂师制造的补品，吃了下去，经过消化作用，长了许多筋力：这个筋力，是我们的，并不是药剂师的。一国的人吸收别国的人的文化，亦是一样。所以我们现在把欧洲人的学术思想，"买"了过来，"吃"了下去，经过"消化作用"，长了许多"筋力"：这个"筋力"，亦就可以叫得我们的"国新"。

由此，可以反观"国故的性质和功用"："（1）国故的一部分是中国一段学术思想史的材料。（2）国故的大部分是中国民族过去的历史的材料。"进而确定"国故在今日世界学术上的位置"——"中国的学术史，就重要的方面讲起来，不要说比不上欧洲近世的学术史，还比不上希腊罗马的。讲数学名学等历史的人，必定首先讲到希腊诸学者；讲民法的人，亦必研究罗马法。这样的例，在我们的学术史里面，实在寻不出来。还有一层，因为我们中国民族，从前没有什么重要的事业：对于世界的文明，没有重大的贡献；所以我们的历史，亦就不见得有什么重要。有这些缘故，所以国故在今日世界学术上，占不了什么重要的位置"。

既然"国故"在今日世界学术上不占重要位置，那么"国故是应当研究的么？"毛子水认为"国故是应当研究的"，其理由"一是因为国故特有的长处，一是因为国故偶有的长处"。毛子水认为"国故特有的长处"在于"国故是中国一段学术史和中国民族过去历史的材料。一国的学术史和一国民族的历史，无论重要不重要，在世界学术上，总算占了一个位置"，"研究国故的结果"，"就可以知道中国从前的学术思想和中国民族所以不狠发达的缘故；我们亦就可以知道用什么法子去救济他"。国故"偶有的长处"，在于"国故的研究，大半的事情就是疏证。三百年来，这种疏证的学问，倒是一天比一天精密。他的最大的利益，就是能够使人'生成重征''求是'的心习。这种心习，是研究各种科学的根本"。

国故虽有应当研究的理由，然"比较起现在世人所应当研究的科学起来，直是'九牛一毛'。宇宙没有限际，真理日见幽远，几段过去的历史算得了什么东西。现在我们中国人最要紧的事情，就是吸收欧洲现代确有价值的学术，一来医治我们学术思想上的痼疾，二来造成一个能够和欧化'并驾齐驱'的'国新'"。

正因如此，毛子水强调：

> 倘若要研究国故，亦必须具有"科学的精神"的人，才能和上等医生解剖尸体一样得了病理学上的好材料。不然，非特没有益处，自己恐怕还要受着传染病而死。至于究竟有几个有"科学的精神"的人，应当去研究国故，是很容易从国故在今日世界学术上的位置知道的。

研究国故，需要"科学的精神"，"科学的精神"究竟何指？毛子水称："包括许多意义，大旨就是从前人所说的'求是'。凡立一说，须有证据，证据完备，才可以下判断。对于一种事实，有一个精确的，公平的解析：不盲从他人的说话，不固守自己的意思，择善而从。这都是'科学的精神'。"

基于"求是"（科学的精神），"国故的一部分，是已死的过去的学术思想，古人的学术思想，不能一定的是，亦不能一定的非"。因此研究国故，"第一须把古人自己的意思理会清楚，然后再放出我们自己的眼光，是是非非，评论个透彻，就算完事了"。

具体则称：

> 第一件事就是用科学的精神去采取材料。凡考古的学问，和他种的学问相同，最要的事情就是有精确的材料。论断的价值，和材料有密切的关系；材料不精确，依据这个材料而立的

论断，就没有价值了。譬如作一部中国哲学史，引了许多《洪范》的话：倘若《洪范》这篇书，是后人假托的，他所证明的事理，就没有价值了。又如做一篇孔子的传，引了许多纬书的说话做证据，孔子亦就可以变成《封神传》里的人物了。这种事比引用三代鼎彝的款识来说三代的文字更不可靠。总而言之，能够用科学的精神去研究国故，便能够用科学的精神去选择材料；能够用科学的精神去选择材料，就没有这样的毛病。

毛子水基于科学的精神与国故研究的关系，认为"我们中国古代的学者，多没有科学的精神；所以国故里面，虽然含有各种科学的零碎材料，实在没有一种学术有现代科学的形式的"。今人的国故学书籍，"章太炎先生的《文始》《检论》和《国故论衡》，又他的杂文如《五朝学》《五朝法律索隐》《五朝官制索隐》等，马建忠的《马氏文通》，胡适之先生的《墨家哲学》和《中国上古哲学史大纲》，就大体而言，都是精审的著作"。追溯其故，"马胡二君，都是研究过科学的。章君少时研究经学，实在是得疏证学所发生的'重征''求是'的心习的。这个心习，就是科学的精神"。毛子水以此论"国内讲国故学的杂志"，认为"前有《国粹学报》等，最近有《国故》，用意皆狠好。但是他们里面所登的，有许多亦似乎缺点科学的精神"。

毛子水最后总结：

我说研究国故必须有"科学的精神"的人，我并没有把"有科学的精神的人便知道国故"这个意思包括进去。"科学的精神"虽然是研究国故学的——实在是研究凡百学术的——根本；但是国故这个题目实在狠大，要得一个狠精确狠有价值的结果，亦非用狠大的苦功不成。中国民族过去的历史，和中国古代的学术思想，——这些大题目，不容说了。单说研究"国故学"的基本学问，就是古代语言文字的学问，亦非几年苦功不成。

傅斯年在毛子水文后有一段附识——"两三个月以前，我就想做篇《国故论》"，显示从胡适到傅斯年、毛子水一系旨趣相近的学人，对于国故学有一大体相通的大旨，即不取追慕国故与保存国粹的态度，而是将国故视为承载中国历史与学术思想的材料，运用科学的方法与精神加以研究，以补充世界学术。傅文称：

（1）研究国故有两种手段：一，整理国故；二，追摹国故。由前一说，是我所最佩服的：把我中国已往的学术、政治、社会等等，做材料研究出些有系统的事物来，不特有益于中国学问界，或者有补于"世界的"科学。中国是个很长的历史文化的民族，所以中华国故在"世界的"人类学、考古学、社会学、言语学等等的材料上，占个重要的部分。或者因为中华国故的整理的发明，"世界的"学问界上，生一小部分新采色，——如梵文的发明；使得欧洲言语学上得个新生命，婆罗门经典入欧洲便有叔本华派的哲学；澳洲生物界的发明，进化论的原理上得些切实的证据，等等：——亦未可知。我不是说中华国故里面有若干完全的系统，为近代欧洲所不及的；我是说中华国故里面或者有几项可以提醒我们（Suggestions）。至于追摹国故，忘了理性，忘了自己，真所谓"其愚不可及"了。

（2）所以国故的研究是学术上的事，不是文学上的事；国故是材料不是主义。若是本着"大国故主义"行下去，—— 一切以古义为断，——在社会上有非常的危险。

（3）国粹不成一个名词，（请问国而且粹的有几？）实在不如国故妥协。至于保存国粹，尤其可笑。凡是一件事物，讲到保存两字，就把往博物院去的运命和盘托出了。我们若真要做古人的肖子，也当创造国粹，（就是我们自己发明点新事物），不当保存国粹。天地间事，不进就退，没有可以保存得住的。

（4）研究国故必须用科学的主义和方法，决不是"抱残守缺"的人所能办到的。

（5）研究国故好像和输入新知立于对待的地位，其实两件事的范围，分量需要，是一和百的比例。（毛子水：《国故和科学的精神》，《新潮》，1919 年第 1 卷第 5 号）

5 月 3 日　王鹤年创设中央国粹学会，经京师警察厅批示照准。

《晨报》5 月 5 日载《组立国粹学会》，称："闻有王鹤年者，集合同志，在安福胡同创立中央国粹学会，厘定详章，具呈警察厅立案，该厅于三号批示照准矣。"（《本京新闻·组立国粹学会》，《晨报》，1919 年 5 月 5 日，第 3 版）

5 月 8 日　报章记中学添设武术。

记者记"中学添设武术"，称："吾国固有武术，极合锻炼身体之用。上年全国中学校长会议议决，全国中学校添习武术一案。（一）培养师资（一）预备教本（一）提倡方法。擘划甚为详尽。闻现在实行添习者已复不少，小学继起者，亦所在多有。国学昌明，体育精进，此举关系于人种体质者，实非寻常可比。"（《中学添设武术》，《京兆通俗周刊》，1919年第14期）

5月20日　张煊发表《驳新潮国故和科学的精神篇》，谓毛子水《国故和科学的精神》一篇，"其言偏而无当，姑就私见，为正厥非"。主张欧化与国故，皆为研究的对象与改造之材料，非有轩轾，视学者之态度而言。科学的精神，即是从善服义，与所治对象无关。

张文驳毛文，论点之开端，即是指出毛文将国故与科学对立为新旧，而张文力言科学为世界各国古代学术思想所演化之物。

对应毛文，张文首辨"何谓国故何谓科学？"，关键亦在辨析国故与科学名义。称：

> 毛君谓国故即中国古代之学术思想与中国民族已过之历史，吾谓科学者，世界各国古代学术思想所演化之物也。夫古者，过去之通称。十口相传，即成为古。科学之非创于今日今时，而为古代学者递次所发明，实不可掩之事实。以此称之，适当其分。中国古代学术思想之所演化，当然为国故之一部，而不在国故以外，此尤显而易见者也。

进而论"国故在今日世界学术上之位置"，不赞同欧化与国故一者为新一者为旧，而更强调对待欧化与国故者的态度与眼界。张文强调学术与文化的因创相继，称："今日之所谓欧化者，初非突然以生、勃焉以长，为无源之水、无根之花，依然为欧洲古代学术思想之所演化，与国故但有国别之殊。"两者并无生与死的区分，不应将国故称为"已死"，而重视"前修未密，后起转精"，以为是"国故中之通例"，新旧实相互转化，而其生机即在此。而且国故与国人生活相关，"若谓科学为今日人类所使用，故谓之生。则我国古代学术思想所演化之国故，现方支配我国多数人之心理，于四万万人之心中，依然生存，未尝死也"，提出：

> 国故之生死，将视治之者之何如。使国人皆弃置之勿复顾，或即治之，而但为陈死人之陈列，不求进步，不肯推故演新，则信乎其且死矣。使国人之治之者尚众，肯推已知而求未知，为之补苴罅漏，张皇幽眇，使之日新月异，以应时势之需，则国故亦方生未艾也。即今日之所谓欧化者，若不更求进步，而但自画于此，吾恐其亦将为陈死人，与国故正等。今之治国故者尚大有人在，以抱残守缺为已足者固偶有之，而肯精益求精不甘自封故步者，亦未尝无其人，谓之已死可乎？

此处将精益求精研究国故、不甘故步自封者，与抱残守缺的国故研究者相区分。精益求精，实际是温故知新，"故"与"新"并不对立。所谓：

> 学者之所孜孜以求者，未知者也；新也，其所根据以求未知与新者，已知者也，故也。今日固有得矣，不当即以今日之

所得为已足，且将根据之以求明日之新。故以进化言，新者，未来之称号，故者，求新之根据。新之初得，固谓之新，及其既得，即合于故，吾人固不当轻视故而弃置之，以为彼实无足重轻也。哲姆斯之言曰："实验主义者，旧思想之以新形色表出之者也。"旧学术思想之更易形色而为更新之学术思想者，岂惟实验主义为然哉？各著名哲学学说，类同然也，故可弃乎？今之论学者，莫不分东西洋文明为二，且谓将来世界之文明，必为二者配合而产生者。国故，东洋文明之代表也；欧化，西洋文明之代表也，今日东西洋之文明，当然处对等地位。

强调欧化与国故实居于对等的地位，并非如毛文所称不可并列而代表新旧之不同。同时针对毛文研究国故的理由，特别就"醉心西说蔑视国故者之谬解"，提出"吾人研究国故之理由"。张文称学无新旧，欧化与国故皆应视为研究之对象、改造之材料，并无对立高下，各国皆然，反讥醉心西说者无世界眼光。称：

所谓求学者，非保守也，进取也，非抄写旧有即已足也，将以求吾所未知者也。今日之所谓欧化者，与所谓国故者，在学者视之，不过供吾人参考，备吾人改造之材，二者皆未有当于绝对之真理。譬诸造纸，将来之新文明为新纸，国故犹败布，欧化犹破纸，为造新纸故，破纸固不可弃，败布亦所当宝，败布与破纸，其能改造为新纸则一也。今执破纸以示人曰："是纸也，败布者非纸，持之无益，宜速弃之。"彼造纸厂之主人，且从而笑其后矣。执国故以排欧化，持欧化而蔑视国故者，病正同是。吾人之研究国故，非为保存败布，实欲制造新纸。收拾国故之材料者，犹之拾败布之工人，整理国故，犹之退败布各种色彩污秽之化学工作，虽非亲自造纸之人，而其有功于造纸则与造纸工人正等。不过造纸工业不当止于收拾败布及退其色耳。譬之研究声韵，其目的非为得声韵学史也，亦非为欲得重征求是之心习也，为欲知声音变化之通例，知将来之声音究应如何也。以古音推古通借字而得古书之真诠，特其副产品耳。由我国历代声音转变之故推之，则音声之变，可得而言，盖皆由难发变而为易发，由用力多者变而为用力少者，由浊变而为清，由少变而为繁。征诸西国音学，则昔之以一字表一音者，今乃以一字表数音，是由少变繁也。G、D、B常变为K、T、P，是由难发而用力多者常变为易发而用力少者也。惟亦有由清变浊，由用力少而变为用力多者，与我国声韵学所得之条理不同。然细考之，则凡由用力少而变为用力多者，由清变为浊者，皆为借用外国语。盖借用外国语时，每加重其势力，欲使人注意，故其结果遂相反也。从知吾人所得之声音转变通例为不误，方音中由来、娘、明、疑等浊音变而为清音之声，吾人在理固当采用，纵今日舍之勿用，将来必能复生，不如及今采用之为得，非特研究声韵为然也。其余各学，莫不皆然。但整理之使为学术史之材料，实未足以满吾人研究斯学之望也，实未足以得研究斯学之最后果也。

吾敢正告今日之学者曰：凡学无论其属于国故，抑属于欧化，皆有研究之价值，皆当尽力发挥。收拾国故与输入欧化，

皆为拾败布收破纸之事业，虽俱有功于造纸，而其非即造纸则
一，二者正宜相助而不宜相斥。今之但知抄写欧化者，恒谓研
究国故者无世界眼光。夫以国故为至高之学，谓即此已足，无
事外求者，信乎其无世界眼光矣。然但知欧化而蔑视国故者，
其无世界眼光正与之等。在世界学术方面观之，与其得一抄拾
欧化之人，毋宁得一整理国故之人。抄拾欧化，欧化之本身不
加长也，整理国故，以贡诸世界学术界，世界反多有所得。

　　吾故曰：蔑视国故者，无世界眼光。吾为斯言，非反对输
入欧化也。输入欧洲物质文明，实亦今日当务之急，要不可谓
即此已足耳。抑吾又有进者，欧洲之物质文明，实东亚所最缺
乏者，楚材晋用，分所当然。至于精神学术，各国类有历史地
理上之关系，英之哲学多含实际主义之色彩，德之哲学恒带理
想主义之具味，美因欧洲大陆与英伦三岛皆有移民，故遂成理
想主义而佐以实验主义之新说，而此种新说，又与美国之历史
有不可离之关系。是数国者，非不研究他国之学说，特因历史
上有特别关系，终不去己说之根株，不过借外说以补己说之不
足耳。主尽弃其旧而拾人之余者，直可谓之无历史上之眼光。

　　张文最后辨析国故研究与科学精神，论"国故与所谓科学之
精神者"。称非难国故者，"其所谓科学之精神者何，即从善服义是
也"，但往往违背此科学精神。张文称：

　　夫能从善服义与否，属于人之天性。使其人而为刚愎自用
者，则虽为科学家，亦不胥从善服义，使其人本谦谨，则研究

国故，亦每肯取诸人以为善，未必科学家便能从善服义也。科学之精神云乎哉？哲姆斯于其 The will to Believe 文中第三节言曰："友人某，美洲近年之科学大家也。一日，谓余曰：吾闻近有所谓传心术者出，此说若能成立，科学之根本原则将发生危险。此术之信否可不计，苟有持此说者，吾侪非痛驳之使不能成立不可。"哲姆斯非诳语者，其言必可征信。科学家果能从善服义否乎。吾故曰："从善服义之精神，与人性有关，而与研究之学料无关，与其称谓科学之精神，不若称谓问学之正道之为当。"夫从善服义，固问学之正道，假令其所谓善者非善，而所谓义者非义，而责人从责人服，是谓纳人于邪，非正道也。盲从他人之说，好作偏激之论，蔑视历史上有根之学说，善乎义乎，抑不善不义者乎，当从服之乎否乎，明者自能知之。至于谓国故无条理无统系，则旧籍俱在，可勿辩。（张煊：《驳新潮国故和科学的精神篇》，《国故月刊》，1919 年第 3 期）

6月　郑逸梅刊文讽刺时人一面抵制外物，一面使用新名词。

郑逸梅《新名词亦当抵制》（署名逸梅）称："近来抵制风潮甚烈，某文士更热心苦劝，常用国货，且以身作则，人咸称之。一日某方临文，有不速客来访，曰：'子虽爱国，尚有未尽处也。'文士询之。曰：'尊著多'目的''团体'等新名词，任国粹之沦亡，惟仇词之是用，子何忽略乃尔。'文士笑曰，滑稽哉是言，有理哉是言。"（逸梅：《新名词亦当抵制》，《小说新报》，1919 年第 6 期）

6月17日　顾颉刚致信叶圣陶，谈及傅斯年与《国故月刊》中其同学的关系。

函称："学生中国故派——孟真在同班中孤立，而《国故月刊》便是他同班所组织，而且他的同班除了他外，无不在内。感情学问既相差甚远，偏又刻刻见面，自然有许多微讽托意之词，自然仇怨渐渐的深固了。"（顾颉刚：《致叶圣陶》，《顾颉刚书信集》卷一，第65页）

9月16日　中华文学社夜校发布宣言书及简章，以"昌明国粹、厘正文风"为宗旨。

宣言书称：

> 为世界发异彩，为历史增光华，为人民长志气，品类万殊，不外实业武术文学三端而已。实业不振，国家无以自活；武术不精，国家无以自卫；文学不贯，国家无以自宏。孔子曰，人能宏道，非道宏人。夫人何以能宏道哉？文学为之作用也。耶氏曰非以役人，乃役于人。夫代人作公仆，何以能一为人役，而慰众人之望哉？文学为之根柢也。有文学而武术益足以任重，有文学而实业益足以致远，而谓文学可偏废欤。科学昌明，非科学之能自昌明也，借文学为之沟通也。工商发达，非工商之能自发达也，赖文学为之绍介也。英才蔚起，非英才之能自蔚起也，因文学为之鼓舞也。报纸何以风行，国蠹何以日灭，知识何以交换，契约何以妥适，探原挹要，若舍文学其奚由哉。谁能出不由户，谁能学不由文，讵自前清预备立宪以前，文学日形芜秽，且自民国光复成功而后，文学日益凋零，政教乖张，道德堕落，及今不治，后患奚堪。中华子弟有志于此者，本不乏人，既乏机缘，又患职务因循坐废，悔恨无穷，

兹何幸而有此立社之基，则以余力游息，识修于本身，学术问题非无小补。

简章规定其宗旨为昌明国粹、厘正文风。定名缘由，则系"本校同人为保存国学起见，援孔子行有余力则以学文语意，组织斯校，俾有志者便于研究，故定名曰中华文学社夜校"。科目分普通、高等两班。普通科分古文、尺牍、作文。高等科分经书、词章、笔录。（《来件·中华文学社夜校宣言书及简章》，《申报》，1919年9月16日，第3张第11版）

10月19日　浦东周浦镇国学研究社借藏书楼开会追悼"对于社会事业热心提倡"的于蓬石。（《本埠新闻·周浦镇追悼于蓬石纪》，《申报》，1919年10月21日，第3张第11版）

10月30日　毛子水发表《驳〈新潮〉〈国故和科学的精神〉篇订误》一文，就张煊的文章作出反驳。

毛子水开宗明义为二人之前的文章定调，称："我那篇文章，意在提出一种研究国故的方法，所有说话，虽然不是十分精到的，却是很公平的。"相对自己的文章，"张君的文章，说来说去，不过要把'国'和'故'争一个地位，并没有讨论到我的主旨上面"。进而基于张文驳正其说，申说己文主旨。

首先，就"科学"的见解，毛文对于张文"吾谓科学者，世界各国古代学术思想所演化之物也"提出驳议，称之"有根本上的误缪，对于学术的进步，阻力很大"。毛文承认"在学术上面，往往有从旧意思生出新意思的事情；如台卡儿的解析几何，达尔文的进化学说，都是近世学术界里的大发明，但是他们的意思，都是同在他以前几个学者的意思有关系的"，但是"我们不能因此就说科学都是古代学术思想所演化的东西"。其立论理据之一，即"好像苹果的落地对于牛顿万有引力的定律和沸水壶对于瓦特的蒸气机一般，不过开发一种心思或引起一种兴趣罢了，我们能够说牛顿的万有引力的定律是从苹果的落地演化出来的么？"另外提出，"要纠正错误，固然要翻古人的成案；要补苴缺点，亦不是'温故'所能了事的"。"我们现在要研究一种学术，先要考求古人所已知道的，亦不过如探险的人要经过前人所走过的路一般，是要为我们'自己'前进的地步，并不是要想专从古人的思想演化出新思想来。至于我们研究学术所以要从古人所已知道的入手，不过是一种节省时间和脑力的方法：这是学术所以进步的道理，并不是学术所以生产的道理。"

毛文进而反驳张文对于"国故为已死"的驳论，称：

我说中国古代的学术思想是已死的东西，一来因为他生长终止，二来因为他日就腐败。怎么见得生长终止呢？古代的学术思想，只有古人能够使他生长，古人已往，他的生长就终止乎。我们现在虽然能够知道古人所不知道的，但是这是我们的学术思想，便不是古人的了。有时我们的学术思想，虽然也从古人那边得来的，但是我们不能因此就说"古代的"学术思想还没有死。譬如子女的体中，虽然也有父母体中的细胞，但是子女的生存，算不得父母的生存。这个非特中国古代学术思想如此，倘若欧洲人倡"欧故"，那个"欧故"亦是一般已死的东西。怎么叫得日就腐败呢？时势的变迁，学术的进步，都是一天快似一天的；所以我们中国古代的学术思想，对于我们的生活，一天比一天不适用；对于我们研究学术的参考，亦一天比一天没有价值。有这些缘故，所以中国古代的学术思想，是已死的东西。

同时，毛文区分国故与国故学，来反驳张文"国故亦何尝限人发明"一义，称："我们讲到研究国故，有'前修未密后起转精'的说话，是指着诠释国故的而言，是指着'国故学'而言，并非说国故的自身。"基于此，毛文对于张文"国故之生死，将视治之者之何如"提出反驳，进而进一步申说"国新"与"国故"的区别。国故学与国故不同，国故学为"国新"的一部分。称："所谓'补苴罅漏'，纯粹是国新；所谓'张皇幽眇'，纯粹是国故学，亦就是国新的一种。大概张君的胸中，横着一个他自己的'大国故主义'，所以不肯细细寻思别人的说话就妄行辩驳。"

毛文指出张文"学者之所孜孜以求者，未知者也，新也。其所根据以求未知与新者，已知者也，故也。……故以进化言，新者，未来之称号，故者，求新之根据。新之初得，固谓之新，及其已得，即合于故"是"张君'大国故主义'的注脚"。由此表示："已知的就叫做'故'，那么我们中国人所有的学术都是国故，欧洲人所有的学术亦都是'欧故'了。那么，'故'字就是学术思想的同义字。"

对于"新"与"故"，毛文反驳张文，"以已知的为故，便不得不以未知的为新"，指出"新是一件东西的性质"，如以未知为"新"，那么张氏"新之初得故谓之新及其已得即合于故"为违背逻辑。因为世界上并无"'初得'的但不是'已得'的东西"。

同时，毛文对于东西洋文明的对应，以及国故是否可以代表中国文明、更进而代表东洋文明，都有质疑。称：

> 将来世界的文明，是否为东西洋文明配合而产生的，非等到将来不好说。国故为东洋文明代表的说话，我不敢承认。我以为国故还不够代表中国的文明，——因为国故只是中国古代文明的一部分，——怎样能够代表东洋的文明呢！欧化为西洋文明代表的说话，亦有语病。"欧化"的广义，就是全副的西洋文明，有什么代表不代表。至于"今日之东西洋文明当然处对等地位"的说话，真可以叫得武断。我们用"当然""自然"等等的字样，万万不应该这样草率。东洋文明和西洋文明，怎样能够处于对等地位呢？照我的意思，东洋文明和西洋文明，无论在程度上面或在分量上面，都不是立于对等地位的。就算将来世界的文明是从东西洋文明配合而产生的，我们亦不能就说他们立于对等的地位。一两和十五两成为一斤：这个一两和这个十五两，除同为加法中的一个相加的数目外，并没有对等的道理。现在西洋文明和东洋文明的比，何止十五和一的比呢！再退一步说，就算东西洋文明处于对等的地位，我们亦不能用此证明国故和欧化是处于对等地位的；因为国故并没有代表东洋文明的资格。

> 将来世界的文明，不能骤然完全除去东洋文明的痕迹，是可以瞎猜的。若说中国古代的文明能够有什么大影响在将来世界的文明上面，我实在不敢妄忖。一个民族的文明，必

定要适应那个民族的生活，方能存在。中国古代的学术思想里面，有什么东西是适应现在中国民族的生活的？有什么东西能够适应将来世界人类的生活的？这不是我们自己短气的说话：我们要空泛泛说几句夸言，是很容易的事情，不过在事实上没有什么益处。我们要是从今以后，奋力精进，将来世界的文明，亦何尝不可完全由我们手中造出。倘若只知道向国故里面找寻什么将来世界文明的材料，恐怕孟二爷要笑我们"缘木求鱼"呢！

对于"国故和将来世界文明的关系，同国故和欧化对于究竟真理地位的比较"，毛文进一步反驳张文。称："我们如果要在将来世界新文明上面立一点功劳，我们就应当赶快动手，向最要紧最正当的事情做去。这个最要紧最正当的事情的第一步，就是研究近世的科学。倘若要从国故里面求什么将来的新文明，要'缘木求鱼'，恐怕枉费心机，'折损本钱'呢！"

进而重申国故学对于世界学术的益处不会太大，同时需要具备科学精神方有成效：

　　倘若我们把国故整理起来，世界的学术界亦许得着一点益处，不过一定是没有多大的，但是怎样的人，用什么方法，才可以整理国故呢？我现在敢说，不是曾经抄拾过欧化的人，不是用科学的方法，一定不能整理国故，——就是整理起来，对于世界的学术界，也是没有什么益处的。至于蔑视国故的人，我们应当说他没有"方隅的眼光"，不应当说他没有世界的眼光。就世界所有的学术看起来，比国故更有用的有许多，比国故更要紧的亦有许多，因此有人蔑视国故，亦是在情理中的事情。但是国故也有国故的好处，我们当然不可绝对的蔑视他。凡是绝对的蔑视国故的人，就是没有方隅的眼光。我们要评论一种学术的价值，要具世界的眼光，亦要具方隅的眼光。

毛文进而辨析"科学的精神"，称其"包括许多意义，并非专指从善服义"，强调"合法"（即符合科学方法）的学术：

　　我们在现在的时候要研究学术，应当研究合法的学术。因为研究学术的最正当的方法就是科学的方法，所以科学——广义的科学——就是合法的学术。因此，我们现在要研究学术，便应当从研究现代的科学入手。我们就是把哲学从科学里分出来，但是哲学所用的材料，必是从科学里取来的才能合式，所以若要专治哲学，亦不能不预先研究科学。至于研究希腊的学术或我们的国故，本不是研究学术的最正当的法门：我们所以要做这种事情，也不过想得着一种研究现代科学的参考品。因为希腊学术的大部分和我们的国故，都不是从用科学的方法所得的结果，所以都不能算得合法的学术，——只可以算得未成形的科学。因这个缘故，不是知道现代科学的人，要去研究希腊的学术或我们的国故，一定不能得着什么有用的结果。我们的国故学者，多存一种国故和科学并立的意思，实在是很不对的。我写出《国故和科学的精神》那篇文章，就是要向那班梦梦的国故学者说法。至于我们的青年学者，自然应以拼命研究现代的科学为最要紧的事情：万一要研究国故，也应该先知道一点现代的科学。

胡适事实上也参与了相关讨论，主要集中于国故学的性质，其见解被毛子水抄录于文后。他对毛子水表示：

> 张君的大病是不解"国故学"的性质，如他说的："使国人之治之者尚众，肯推已知而求未知，为之补苴罅漏，张皇幽眇，使之日新月异，以应时势之需，则国故亦方生未艾也。""补苴罅漏，张皇幽眇"，还可说得过去。"使之……应时势之需"，便是大错，便是完全不懂"国故学"的性质。"国故学"的性质不外乎要懂得国故，这是人类求知的天性所要求的。若说是"应时势之需"，便是古人"通经而致治平"的梦想了。

同时，胡适认为毛子水的主张"也有一点太偏了的地方"，主要即在学术与功利的关系，提倡"为真理而求真理"。称：

> 我以为我们做学问不当先存这个狭义的功利观念。做学问的人当看自己性之所近，拣选所要做的学问；拣定之后，当存一个"为真理而求真理"的态度。研究学术史的人更当用"为真理而求真理"的标准去批评各家的学术。学问是平等的，发明一个字的古义，与发现一颗恒星，都是一大功绩。
> 况且现在整理国故的必要，实在很多。我们应该尽力指

导"国故家"用科学的研究法去做国故的研究，不当先存一个
"有用无用"的成见，致生出许多无谓的意见。你以为何如？

**并进一步强调，清代汉学家之所以能对国故学有大发明，原因
正在于其方法暗合科学方法：**

　　还有一层意思，你不曾发挥得尽致。清朝的"汉学家"所
以能有国故学的大发明者，正因为他们用的方法无形之中都暗
合科学的方法。钱大昕的古音之研究，王引之的《经传释词》，
俞樾的《古书疑义举例》都是科学方法的出产品。这还是"不
自觉的"（Unconcious）科学方法，已能有这样的成绩了。我
们若能用自觉的科学方法，加上许多防弊的法子，用来研究国
故，将来的成绩一定更大了。这种劝法，似乎更动听一点，你
以为何如？

　　我前夜把《汉学家的科学方法》一文做完寄出。这文的
本意，是要把"汉学家"所用的"不自觉的"方法变为"自
觉的"。方法"不自觉"，最容易有弊。如科学方法最浅最要的
一部分就是"求否定的例"。（Negatiue instance exceptions）顾
亭林讲易音，把《革》传"炳、蔚、君"三字轻轻放过不题，
《未济》传"极、正"二字，亦然。这便不是好汉。钱大昕把
这两个例外也寻出"韵"来，方才使顾氏的通例无有否定的
例。若我们有自觉的方法，处处存心防弊，岂不更圆满吗？（毛
子水：《驳〈新潮〉〈国故和科学的精神〉篇订误》，《新潮》，1919年第2
卷第1号）

10月　范皕诲论《我之国粹保存观》，主张"国粹保存，无伤于进化，且保存之界限，决不至拒绝他文化之采用。深一层言之，非采用他文化，亦无以保存其国粹"。

此文旨在说明国粹为一国文化精神生命的传承，保存国粹即在于保存一国的精神命脉。其文称：

> 一种言语文字，湮灭之，则其寄托于此言语文字之精神生命死，一种古迹或美术，破坏之，则寄托于此古迹此美术之精神生命死，一国之精神生命皆死，而留此血肉的生命之国，其精神则已久为他民族之奴隶矣。是故国粹保存者，即一国精神命脉之保存也。

> 国粹保存，无伤于进化，且保存之界限，决不至拒绝他文化之采用。深一层言之，非采用他文化，亦无以保存其国粹。……吾国文化，周秦以来，为南北之大调和，六朝以来，为东西（指印度哲学）之大调和。一度调和，必昌盛而发达，故南北调和之结果，为两汉之经学绵绵千余年，至唐中叶而始衰，伏流而复兴于清。东西调和之结果，为宋之理学，亦绵绵七百余年，至清之中叶，汉学复兴而始衰，其支流余裔犹在也。清之一代，为南北与东西古代两大文化潮流之结束，而为输入欧美新文化之起点。……则欧亚文化调和之结果，而产生最新中国之文化，其期殆不远也。

> 今之论者，或抱残守阙，以古为足，而拒绝新文化，谬袭国粹保存之名。其反对此而过者，以本国固有之文化，为毫无价值，必欲毁灭之，使无遗种，而完全易以新文化，是二者愈

激而愈偏。由前之说，似家有不肖子而愿其世世象贤，由后之说，弃其亲生而育他人之子为后，皆惑之甚者也。

推而言之，吾国之国粹，不但关系于吾国，亦关系于世界人类精神之绝续也。世界文化，东西两大系，为人类全体文明之代表。……东西两系文明之性质不同，而同为人类精神命脉之所寄，于历史上初无轩轾，各自传衍，经过五千余载，而光华不灭。忽焉相遇于今日，自外方之形势观之，阳刚阴柔，西系之动性的文明，与东系之静性的文明，暂时间不无强弱之分。而自内涵之精神观之，则互相灌输，互相调剂，将为孕育世界将来大同新文明之预备，人类文化而犹有进步，两者固不可相无也。……

故中国国粹而灭亡，不啻灭亡人类精神的系统之半，中国国粹而保存，不啻保存人类精神的系统之半矣。我之国粹保存，作如是观。至于何者为国粹，何者当名之曰国瘤，不能混入国粹之列，非本论所能详，俟诸异日。（丽诲：《我之国粹保存观》，《青年进步》，1919年第26册）

11月1日　胡适因时人对于新思潮性质的解释或失于琐碎、笼统，特拈出"研究问题、输入学理、整理国故、再造文明"，以明"新思潮的意义"。

胡适在《新思潮的意义》一文中列举时人对于新思潮的解读，以为如包世杰《新思潮是什么》，"列举新思潮的内容，何尝不详细"，但未能指出新思潮的共同意义。如陈独秀所举出的《新青年》"两大罪案"，即民主与科学，虽简明，但又以为太过笼统。

胡适提出："据我个人的观察，新思潮的根本意义只是一种新态度"，即"评判的态度"——这是新思潮"根本上同有"的"公共的一点"。

胡适又称："这种评判的态度，在实际上表现时，有两种趋势。一方面是讨论社会上，政治上，宗教上，文学上种种问题。一方面是介绍西洋的新思想，[新] 学术，新文学，新信仰。前者是'研究问题'，后者是'输入学理'。这两项是新思潮的手段。"

以上两项为"'评判的精神'在实际上的两种表现"。另一层是，"新思潮的运动对于中国旧有的学术思想，持什么态度呢？"胡适以为"也是评判的态度"。"分开来说，我们对于旧有的学术思想有三种态度。第一，反对盲从；第二，反对调和；第三，主张整理国故。"对于"旧有的学术思想，积极的只有一个主张，——就是'整理国故'"，称：

　　整理就是从乱七八糟里面寻出一个条理脉络来；从无头无脑里面寻出一个前因后果来；从胡说谬解里面寻出一个真意义来；从武断迷信里面寻出一个真价值来。为什么要整理呢？因为古代的学术思想向来没有条理，没有头绪，没有系统，故第一步是条理系统的整理。因为前人研究古书，狠少有历史进化的眼光的，故从来不讲究一种学术的渊源，一种思想的前因后果，所以第二步是要寻出每种学术思想怎样发生，发生之后有什么影响效果。因为前人读古书，除极少数学者以外，大都是以讹传讹的谬说，——如太极图，爻辰，先天图，卦气……之类，——故第三步是要用科学的方法，作精确的考证，把古人的意义弄得明白清楚。因为前人对于古代的学术思想，有种种武断的成见，有种种可笑的迷信，——如骂杨朱墨翟为禽兽，却尊孔丘为德配天地，道冠古今！——故第四步是综合前三步的研究，各家都还他一个本来真面目，各家都还他一个真价值。这叫做"整理国故"。现在有许多人自己不懂得国粹是什么东西，却偏要高谈"保存国粹"。林琴南先生做文章论古文之不当废，他说，"吾知其理而不能言其所以然"！现在许多国粹党，有几个不是这样糊涂懵懂的？这种人如何配谈国粹？若要知道什么是国粹，什么是国渣，先须要用评判的态度，科学的精神，去做一番整理国故的工夫。

最终，研究问题、输入新理、整理国故后，新思潮的唯一目的即是再造文明。（胡适：《新思潮的意义》，《新青年》，1919年第7卷第1号）

11月20日　刘师培因肺结核病逝于北京。

时人记北京学界要人的凋谢，其一为刘师培，指刘"自居于国故派首领"。称："刘君师培字申叔，江苏仪征人，粹于经术，其历史世多能道之。蔡子民长北大后，延为国文门教授。讲授文学，学生信仰之者，颇不乏人。自北大有新文学之提倡，刘氏极不谓然，自居于国故派首领，学生笃于旧学者，辄趋和之，至编辑《国故》杂志以示与《新潮》杂志相对抗。近年患肺病极剧，然时犹力疾入校任事，前日竟卒于京师寓所。身后萧条，一无所有，历二日始入殓，所有殓资均系陈君独秀代为经理。现闻北大方面已议给恤金若干，而学生中亦已提议为开追悼会云。"（野云：《国内要闻·京学界要人之凋谢》，《申报》，1919年11月27日，第2张第7版）

　　钱玄同将刘师培定位于国故运动之中而述其学问。其文称："最近五十余年以来，为中国学术思想之革新时代。其中对于国故研究之新运动，进步最速，贡献最多，影响于社会政治思想文化者亦最巨。此新运动当分为两期：第一期始于民元前二十八年甲申（公元一八八四），第二期始于民国六年丁巳（一九一七）。第二期较第一期，研究之方法更为精密，研究之结论更为正确。""第一期之开始，值清政不纲，……好学深思之硕彦，慷慨倜傥之奇材，嫉政治之腐败，痛学术之将沦，皆思出其邃密之旧学与夫深沉之新知，以启牖颛蒙，拯救危亡。在此黎明运动中最为卓特者，……为南海康君长素（有为），平阳宋君平子（衡），浏阳谭君壮飞（嗣同），新会梁君任公（启超），闽侯严君几道（复），杭县夏君穗卿（曾佑），先师余杭章公太炎（炳麟），瑞安孙君籀庼（诒让），绍兴蔡君子民（元培），仪征刘君申叔（光汉），海宁王君静庵（国维），先师吴兴崔公觯甫（适）。……虽趋向有殊，持论多异，有一志于学术之研究者，亦有怀抱经世之志愿而兼从事于政治之活动者，然皆能发舒心得，故创获极多。此黎明运动在当时之学术界，如雷雨作而百果草木皆甲坼，方面广博，波澜壮阔，沾溉来学，实无穷极。"

　　其中，刘师培"家传朴学"，"年齿最稚"，"故刘君最初发表其著述之时，对于康、梁、严、夏、章、孙诸先生之作，皆尝博观而受其影响。刘君著述之时间，凡十七年，始民元前九年癸卯，迄民国八年己未（一九〇三——一九一九）。因前后见解之不同，可别为二期：癸卯至戊申（一九〇三——一九〇八）凡六年为前期，己酉至己未（一九〇九——一九一九）凡十一年为后期。估较言之，前期以实事求是为鹄，近于戴学；后期以笃信古义为鹄，近于惠学。又，前期趋于革新，后期趋于循旧"。总结其著述所及最精要者有四事：
"一为论古今学术思想，二为论小学，三为论经学，四为校释群
书。"（钱玄同：《序五》，见〔清〕刘师培著、万仕国点校：《仪征刘申叔遗
书》，第68—69页）

12月21日　署名木欢者刊文质问留学生保存国粹而反对新文
化运动的行径。

此文文如其题——《他们为什么要反对！》称："新思潮已经传
播到全国去了！用白话做文章的人，一天比一天多了！'五四'运动
以前，还有好些'老前辈'起来反抗，到如今他们都已经'反舌无
声'了！可是有一班人，——部分的留学生——又要起来反对了！"
这些留学生"主张保存国粹，他们说：文言比白话怎样怎样的好；
他们对于新文化运动，挑剔的无所不至。'激烈''太过''蔑弃国
学'的话，他们是常说的。奇怪！奇怪！！"

文中质问留学生："为什么要反对？难道他们不知道世界的大
势么？他们看不见中国社会现在腐败的情形么？他们不明白中国国
粹的价值么？奇怪！有人说：他们是被六成票搭四成现洋的薪俸迷
了心窍咧！有人说：不对！新文化运动首先是由新青年鼓吹的，白
话文也是胡适之提倡的，他们同胡先生们都是同学。现在胡先生们
得名了，他们怎么不挑眼呢。自然不得不反对，挑剔几下，以泄自
己心中的嫉妒了。""我固然是不敢以'小人之腹度君子之心'，也
说你们是有嫉妒的心理，保位的意思，然而你们为什么要反对？我
真'百思不得其解'！……日本的文明，全是他们留学外国的人给
介绍来的。中国派遣你们到欧美去的，也不在少数了，你们为什么
不介绍一些文明回来？羞！羞！！羞！！！你们还有什么脸来反对

现在几个人苦心孤诣所提倡的新文化运动的根苗。"作者表示希望他们早些觉悟。（木欢：《他们为什么要反对！》《新社会》，1919 年 12 月 21 日，第 4 版）

文中所谓留学生或是梅光迪、吴宓等，随后的 1922 年，他们创办《学衡》，主张昌明国粹、融化新知。

是年　奉天开办教育实业厅，谢荫昌任厅长。谢氏上任后，遂整顿当地教育，重视国粹与国民教育。

谢荫昌自述《演苍年史》记有其与王岷源（本名王永江，主管奉天财政）之谈话。王岷源称："我之意在整理内部之教育，奉省兴学以来，师范派为自己地盘势力，不求美善，只知扩张，设无数之师范，而教科设备无一完善，乡村小学一县动辄数百，而佳者绝少。君为学界元老，以决心辣手，首先打破师范派独踞地盘主义，将各县有名无实之师范小学为之酌量归并，各校教科除习科学外，令注重读经，以重国粹，端国本。君固深于国学者，谅匪余言。"谢荫昌答："整理内部乃余当然之事。师范派踞学界地盘，乃选举家含血口吻，未可凭信。教育用人，先用师范，乃天经地义，以师范本为教育而设也。譬之煮饭须雇厨司，乃怨其主人曰汝何以不用木工铁工而专用厨工盘踞尔灶，此语尚得谓为通乎？惟奉省师范又自分党派，互相倾陷，未免贻人口实。余任职后用人公开，此风自戢，分区师范乃普及教育之准备，用意甚是，而用人未能尽善，因人以废学，是因噎以废食也。小学乃国民教育，当积极筹备，多一受国民教育之人，对内即少一胡匪，对外亦少一奸民。……至于学校读经，可令于正课外讲解，于培养民德亦关系匪浅。"（谢荫昌：《演苍年史》，民国吉林吉东印刷社印本，第 22—23 页）

图书在版编目（CIP）数据

近代中国国学编年史.第二卷,1909—1919 / 桑兵,关晓红主编;陈欣,於梅舫著. -- 北京:北京师范大学出版社, 2025. 4. -- ISBN 978-7-303-30554-4

Ⅰ. Z126.275

中国国家版本馆 CIP 数据核字第 202587DF24 号

JINDAI ZHONGGUO GUOXUE BIANNIANSHI. DIERJUAN

出版发行：北京师范大学出版社 https://www.bnupg.com
　　　　　北京市西城区新街口外大街 12-3 号
　　　　　邮政编码：100088
印　　刷：北京盛通印刷股份有限公司
经　　销：全国新华书店
开　　本：787mm×1092mm　1/32
印　　张：12.25
字　　数：284 千字
版　　次：2025 年 4 月第 1 版
印　　次：2025 年 4 月第 1 次印刷
定　　价：168.00 元

策划编辑：宋旭景　　　　责任编辑：张梦旗
美术编辑：书妆文化　　　　装帧设计：王齐云
责任校对：王志远　　　　责任印制：赵　龙